B2 C1

Isabelle Chollet
Jean-Michel Robert

ORTHOGRAPHE PROGRESSIVE DU FRANÇAIS

Avec 405 exercices

CLE
INTERNATIONAL

www.cle-international.com

Direction de production éditoriale : B. Rego
Édition : V. Poitrasson
Composition : Arts Graphiques Drouais (28100 Dreux)
Couverture : F. San Martin
Enregistrement : Quali'sons

AVANT-PROPOS

■ L'*Orthographe progressive du français niveau avancé* s'adresse à des étudiants adultes et adolescents de niveau avancé.

Cet ouvrage a été conçu pour être utilisé aussi bien en classe qu'en autoapprentissage. Il offre à l'étudiant les outils nécessaires pour maîtriser l'orthographe du français.

Le **CD audio inclus** contient les enregistrements des dictées et des activités communicatives, repérés par le signe ∩.

Les **corrigés** des exercices se trouvent dans un livret séparé.

Par une méthode progressive, ce manuel présente les chapitres en trois parties : l'orthographe grammaticale, l'orthographe d'usage et les particularités.

■ L'*Orthographe progressive du français* est une méthode d'orthographe qui présente en général :

- **sur la page de gauche,** la leçon d'orthographe proprement dite :
  - un corpus de quelques phrases, dans un encadré, met en valeur le point à étudier,
  - les règles énoncées sont illustrées d'exemples,
  - des mises en garde, accompagnées également d'exemples, attirent l'attention sur une difficulté particulière et sont repérées par le signe ⚠.
- **sur la page de droite,** des exercices d'entraînement :
  - ces **exercices d'application** permettent d'utiliser immédiatement ce qui vient d'être expliqué sur la page de gauche : des activités communicatives sont insérées dans ces exercices ; elles se composent de dialogues, de jeux (rébus, charades, mots croisés, devinettes),
  - cet ouvrage propose aussi des **dictées** à faire en écoutant le CD audio.

Des exercices complémentaires apparaissent dans les **bilans**. Ils ont une valeur d'évaluation formative.

Un **test d'évaluation**, en fin d'ouvrage, permet d'évaluer les compétences.

■ L'*Orthographe progressive du français* constitue un outil indispensable à l'apprentissage de l'écrit du français langue étrangère, du français langue seconde, mais aussi du français langue maternelle.

LA PHONÉTIQUE DU FRANÇAIS

Les voyelles orales

[i] : jol**i**, v**i**lle, **î**le
[e] : **é**t**é**, **é**tudi**er**, caf**é**
[ɛ] : m**è**re, m**ai**, t**ê**te
[y] : m**u**r, s**û**r, t**u**
[ø] : j**eu**di, f**eu**, mili**eu**
[œ] : j**eu**ne, **œ**il, b**eu**rre
[ə] : c**e**, j**e**, **re**garder
[u] : **où**, d**ou**ce, bij**ou**
[o] : b**eau**, dr**ô**le, **o**asis
[ɔ] : **o**r, s**o**l, P**au**l
[a] : p**a**p**a**, l**à**, **a**mi
[ɑ] : **â**ne, p**â**te, thé**â**tre

Les voyelles nasales

[ɛ̃] : **in**stant, p**ain**, v**in**
[œ̃] : **un**, br**un**, parf**um***
[ɔ̃] : b**on**, l**on**gue, **on**ze
[ã] : **en**, Fr**an**ce, **an**tique

* Beaucoup de Français ne font plus la différence entre [ɛ̃] et [œ̃] et prononcent [ɛ̃].

Les semi-voyelles

[j] : prem**i**er, p**i**ano, **y**eux
[w] : **ou**i, **ou**est, l**ou**er
[ɥ] : n**u**it, l**u**i, n**u**age

Les consonnes

[p] : ca**p**, **p**oule, cha**p**eau
[b] : **b**on, dé**b**ut, **b**ien
[t] : au**t**o, **t**able, ne**t**
[d] : **d**ire, ai**d**er, ma**d**ame
[k] : **c**roire, la**c**, **ch**ocolat
[g] : **g**arçon, Portu**g**al, fati**gu**é
[f] : **f**ille, che**f**, a**ff**aires
[v] : **v**ent, ou**v**rir, rê**v**er
[s] : **s**ens, poi**ss**on, **c**e**c**i
[z] : cou**s**in, ro**s**e, ga**z**
[ʃ] : **ch**at, a**ch**eter, **ch**aud
[ʒ] : **j**our, man**g**er, **g**entil
[l] : **l**ent, ma**l**, a**ll**er
[r] : **r**apide, e**rr**eur, ba**r**
[m] : **m**idi, po**mm**ier, i**m**age
[n] : **n**euf, fi**n**i, do**nn**er
[ŋ] : a**gn**eau, ma**gn**ifique, si**gn**er

Comment prononcer les lettres

A, a	[a]	N, n	[ɛn]
B, b	[be]	O, o	[o]
C, c	[se]	P, p	[pe]
D, d	[de]	Q, q	[ky]
E, e	[ə]	R, r	[ɛr]
F, f	[ɛf]	S, s	[ɛs]
G, g	[ʒe]	T, t	[te]
H, h	[aʃ]	U, u	[y]
I, i	[i]	V, v	[ve]
J, j	[ʒi]	W, w	[dubləve]
K, k	[ka]	X, x	[iks]
L, l	[ɛl]	Y, y	[igrɛk]
M, m	[ɛm]	Z, z	[zɛd]

SOMMAIRE

VERBES : -É, -EZ OU -ER ?

> Marc est all**é** cherch**er** du pain.
> L'e-mail que tu m'as envoy**é** vient juste d'arriv**er**.
> Pierre s'est senti insult**é**. Vous dev**ez** l'appel**er** pour vous excus**er**.

-É OU -ER : PARTICIPE PASSÉ OU INFINITIF ?

RAPPEL

Les verbes en **-er** comme *parler* (1ᵉʳ groupe) ont leur participe passé en **-é**, *parlé*, sans oublier les accords **-és**, **-ée** et **-ées** (*cf.* L'accord du participe passé – Rappel). La prononciation ne change pas : [parle].

 Les Français ont une astuce : ils remplacent le verbe sur lequel ils hésitent par un verbe du 2ᵉᵐᵉ ou du 3ᵉᵐᵉ groupe comme par exemple l'infinitif ***vendre*** et son participe passé ***vendu***.

> *Zoé a téléphon…é/er ?* → *Zoé a **vendu**.* (participe passé) → *Zoé a **téléphoné**.*
> *J'ai vu Luc pass…é/er ?* → *J'ai vu Luc **vendre**.* (infinitif) → *J'ai vu Luc **passer**.*

Une autre méthode consiste à étudier les emplois du participe passé et de l'infinitif.

■ -É : PARTICIPE PASSÉ

- Après les auxiliaires ***être*** et ***avoir***.
  > *Une tempête est arriv**ée**.*
  > *Après avoir rassembl**é** leurs affaires, les passagers ont quitt**é** le navire.*
- À la voix passive.
  > *Le passeport est déliv**ré** par la préfecture.*
- Il peut être employé comme adjectif, avec un nom ou seul, le verbe *être* étant sous-entendu.
  > *Sophie a toujours un emploi du temps surchar**gé**.*
  > *Frigorifi**ée**, ma mère est rentrée au chalet et nous avons continué à skier.*
  > → *Comme elle était frigorifiée, …*
  > *La voiture char**gée**, nous sommes partis pour la Provence.* → *La voiture étant chargée, …*

■ -ER : INFINITIF

- Comme sujet de la phrase.
  > *Fum**er** est mauvais pour la santé.*
- Comme complément des verbes de :
  - sentiment, désir : ***adorer***, ***aimer***, ***apprécier***, ***désirer***, ***détester***, ***souhaiter***, etc.
    > *Madame Regout souhaite parl**er** à Monsieur Privat.*
  - mouvement : ***aller***, ***courir***, ***partir***, ***sortir***, ***venir***, etc.
    > *Le PDG est venu en personne nous annonc**er** la nouvelle.*

– opinion, déclaration : ***affirmer***, ***croire***, ***dire***, ***penser***, ***prétendre***, etc.
> *Sophie pense aller aux États-Unis à la rentrée.*

– perception : ***écouter***, ***entendre***, ***regarder***, ***voir***, ***sentir***, etc.
> *Le policier a vu le pickpocket voler le portemonnaie d'un touriste.*

– et des verbes ***devoir***, ***faire***, ***falloir***, ***pouvoir***, ***savoir***, ***venir de***, ***vouloir***.
> *José a fait réparer sa voiture.*

• Après une préposition (*à*, *de*, *pour*, *sans*, etc. mais pas *en*, suivi du participe présent).
> *Marie est obligée de travailler pour financer ses cours.*
> *Relisez-vous plusieurs fois pour éviter d'envoyer un message truffé de fautes.*
> *Paul et moi cherchons une vieille ferme à rénover.*

• Pour exprimer un ordre, un conseil (pour les consignes, les modes d'emploi, les recettes de cuisine, etc.) à l'écrit.
> *Pour allumer le décodeur, brancher l'appareil et appuyer sur le bouton blanc.*

L'impératif est aussi possible :
Pour allumer votre décodeur, branchez l'appareil et appuyez sur le bouton blanc.
Attention à la place de la négation :
Ne pas fumer (infinitif) et *Ne fumez pas* (impératif).

• Pour indiquer l'interrogation, l'étonnement, le souhait, la désapprobation.
> *Comment expliquer ce que j'ai fait ? Ah ! Gagner un million au loto !*
> *Me laisser sans nouvelles depuis un mois, c'est insupportable !*

■ -É OU -ER : CAS D'AMBIGUÏTÉ

Quand le verbe est complément des verbes d'apparence : ***s'imaginer***, ***paraître***, ***rester***, ***sembler***, etc. et des verbes pronominaux : ***se croire***, ***se sentir***, ***se voir***, etc., on peut mettre **-é** ou **-er** en fonction du sens : **-é** si le sujet des deux verbes est différent, **-er** si le sujet des deux verbes est le même.
> *Léa s'est sentie insultée.* → Léa a senti que quelqu'un l'avait insultée.
> *Léa s'est sentie tomber malade.* → Léa a senti qu'elle tombait malade.
> *Ce professeur semble apprécié.* → Le professeur est apprécié (de ses étudiants par exemple).
> *Ce professeur semble apprécier le chocolat.* → Le professeur apprécie le chocolat.

-EZ OU -ER : INDICATIF PRÉSENT OU INFINITIF ?

-ez est la terminaison des verbes conjugués au présent de l'indicatif à la deuxième personne du pluriel (vous).
> *Vous travaillez dans quelle société ?*
Mais attention à ne pas mettre systématiquement **-ez** avec *vous*.

-er s'impose toujours dans les cas étudiés ci-dessus (*cf.* - ER : INFINITIF) :
– après une préposition (*à*, *de*, *pour*, etc.)
> *Sophie a téléphoné pour vous inviter à son anniversaire.*
– après certains verbes (*devoir*, *pouvoir*, etc.)
> *Si vous avez votre billet, vous pouvez entrer.*

E X E R C I C E S

1 Vendre ou vendu. Complétez la terminaison par *-er* si vous pouvez remplacer le verbe par vendre et par *-é* (ou *-ée*) si vous pouvez remplacer par vendu(e).

*Ex. : Le nom du gagnant n'a pas encore été **communiqué** (→ **vendu**).*

1. Le contrat sign... (→ *vendu*), nous avons débouché le champagne.

2. Il nous a fallu achet... (→ *vendre*) une nouvelle machine à laver.

3. Renaud a quelque chose à vous demand... (→ *vendre*).

4. Je ne savais pas que Luc avait chang... (→ *vendu*) sa voiture.

5. Ma montre est très vieille, je dois la chang... (→ *vendre*).

2 Rayez le ou les mots qui sont incorrects dans la phrase.

Ex. : Les secours ~~peuvent~~ ~~ont dû~~ *étaient arrivés à temps.*

1. Les athlètes français ~~devront~~ ont ~~peuvent~~ remporté 25 médailles.

2. Plusieurs syndicats ~~prévoient d'~~ avaient ont appelé le personnel à la grève.

3. On ~~va~~ a ~~aurait dû~~ retiré ce fromage de la vente.

4. Des échauffourées auraient ~~ont~~ viennent d' éclater dans le quartier.

5. Le malade ~~va devoir~~ serait est retourné à l'hôpital.

3 Reliez les mots pour former des phrases correctes comme dans l'exemple.

Ex. : Accepter ———→ *il a sauté de joie.*
*   Accepté,* ———→ *m'est impossible.*

1. Libérés, ——— les passagers ont été transportés à l'hôpital.
     Libérer ——— les passagers coincés dans le véhicule était la priorité.

2. Abandonner ——— mes études n'a pas été une bonne idée.
     Abandonné ——— dans la forêt, le Petit Poucet a retrouvé son chemin.

3. Rissolées, ——— les pommes de terre et ajouter un peu d'ail.
     Rissoler ——— ces pommes de terre sont excellentes.

4. Opéré ——— de l'épaule, le nageur ne participera pas au championnat.
     Opérer ——— une personne très âgée est souvent délicat.

5. Acheter ——— des actions s'est avéré une bonne opération.
     Achetées ——— à bas prix, ces actions vont nous rapporter.

4 Reconstituez la phrase à l'aide des mots suivants (deux possibilités).

| le | assommé | avoir | gardien | s'échapper | , | après | prisonnier | de | a | le | tenté |

Après avoir, Tenté de s'échapper, le prisonnier a assommé le gardien

5 Reconstituez deux phrases distinctes à l'aide des mots suivants.

| train | animés | ont | vaches | dessins | ont | les | regardé | le | les | souhaité | des | enfants | passer | regarder |

_____

_____

6 Ajoutez à si nécessaire.

Ex. : Un hôtel à *recommander.*

1. Un restaurant ☐ fermé.

2. Une montre à réparer.

3. Une histoire à raconter.

4. Un discours ☐ mémorisé.

5. Une invitation à envoyer.

6. Des fautes ☐ corrigées.

7. Des objets à jeter.

8. Un livre ☐ relié.

7 L'introduction de la fourchette en France. Complétez par *-er* ou *-é(e)(s)*.

En 1574, le roi Henri III était en Pologne et s'apprêtait à rentrer en France. Pour ce faire, deux itinéraires : traverser l'Allemagne ou passe par l'Italie. La deuxième option lui a été conseillée par sa mère, Catherine de Médicis, qui l'a décidé à s'arrêter à Venise. C'est là qu'il a pu observer que la fourchette, qui n'avait alors que deux dents, était utilisée pour manger les pâtes. Raffiné et élégant, Henri III a été impressionné par ce couvert qui permettait de manger sans tacher les fraises (grandes collerettes de dentelles de l'époque). Il a donc souhaité rapporter en France cet ustensile qui n'a cependant pas paru rencontrer le succès escompté. En effet, la cour n'a pas semblé apprécier cet objet que certains ont même jugé efféminé. Sous Louis XIV, des fourchettes étaient disposées devant chaque invité mais personne n'osait y toucher, peut-être de crainte de vexer le roi qui préférait manger avec ses doigts. Il a fallu patienter jusqu'à la fin du XVIIe siècle pour que la fourchette soit employée régulièrement, notamment pour déguster les fruits.

8 Lettre de réclamation à une compagnie d'électricité. Complétez par *-ez*, *-er* ou *-é(e)(s)*.

Monsieur,

Suite à votre courrier du 6 septembre dernier dans lequel vous m'informez qu'un agent devait passer chez moi aujourd'hui le 19 septembre entre 8 h et 12 h pour relever le compteur d'électricité, je tiens à vous informer de mon mécontentement.

En effet, j'ai attendu toute la matinée et personne ne s'est présenté chez moi ni n'a daigné me téléphoner ou encore déposer un avis de passage dans ma boîte aux lettres. Laisser vos clients dans cette situation est inacceptable.

Je viens d'appeler vos services qui me disent que l'agent est bien passé mais qu'il n'avait pas pu accéder à mon appartement parce qu'il n'avait pas le code de la porte, ce que je conteste car j'affirme vous avoir donné toutes les informations nécessaires. On m'a demandé, par-dessus le marché, de fixer un autre rendez-vous.

Sachez que pour être présent à ce rendez-vous manqué par la faute de votre agent, je me suis vu obligé de prendre ma matinée de travail sans solde et je n'ai pas l'intention de recommencer. De plus, et je garde le meilleur pour la fin, je viens d'apprendre que l'on va me faire payer ce déplacement inutile ! Je me sens insulté par autant de désinvolture et j'entends déposer une réclamation auprès de votre direction.

Agréez Monsieur, mes salutations distinguées.

Pascal Pouvreau

2

LE PARTICIPE PASSÉ
CAS PARTICULIERS

Le footballeur suédois a conqu**is** le public français.
Il a inscr**it** 4 buts. Il a accompl**i** un exploit.
Le comité a été dissou**s** mais l'association n'a pas été dissou**te**.

COMMENT CHOISIR ENTRE -I, -IS ET -IT ?

Pour savoir si le participe passé au singulier se termine en **-i**, **-is** ou **-it**, qui ont la même prononciation, une astuce consiste à le mettre au féminin :
    parti → *partie* : le participe passé est donc en **-i**.
    mis → *mise* : le participe passé est donc en **-is**.
    écrit → *écrite* : le participe passé est donc en **-it**.
Sinon, il faut savoir différencier les verbes :

■ PARTICIPE PASSÉ EN -I

– Pour la plupart des verbes en **-ir** : *finir (fini)*, *grandir (grandi)*, etc.
– Et pour quelques verbes en **-ire** et **-re** : *luire (lui)*, *nuire (nui)*, *rire (ri)*, *suffire (suffi)*, *suivre (suivi)*, etc.   *glow*   *harm*

■ PARTICIPE PASSÉ EN -IS

– Pour quelques verbes en **-re** : *mettre (mis)*, *prendre (pris)* et leurs dérivés (*admettre*, *permettre*, etc. et *apprendre*, *comprendre*, etc.), le verbe (*s'*)*asseoir (assis)* et pour *circoncire* et *occire* (rares).
– Et pour quelques verbes en **-ir** : *acquérir (acquis)*, *conquérir (conquis)*, etc.

■ PARTICIPE PASSÉ EN -IT

– Pour la plupart des verbes en **-ire** : *écrire (écrit)*, *conduire (conduit)*, etc.

3 CAS PARTICULIERS : absoudre, dissoudre et bénir *bless*

■ **Absoudre** et **dissoudre** ont des participes passés en **-s** au masculin et en **-te** au féminin.
    La fédération a absous la cycliste accusée de dopage. La cycliste a été absoute.
    Le président a dissous l'assemblée. L'assemblée a été dissoute.

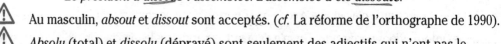 Au masculin, *absout* et *dissout* sont acceptés. (*cf.* La réforme de l'orthographe de 1990).

⚠ *Absolu* (total) et *dissolu* (dépravé) sont seulement des adjectifs qui n'ont pas le même sens que les verbes *absoudre* et *dissoudre*.
    *Cet homme a eu une vie **dissolue**. Il est maintenant dans une misère **absolue**.*

■ **Bénir** fait son participe passé en **béni**. *priest bless* *Le prêtre a **béni** les pèlerins.*
Employé comme adjectif, il y a 2 formes :
– **béni(e)** : pour les personnes, ou dans un sens figuré.
    *Un enfant **béni**. C'était une année **bénie** (sens figuré : très heureuse).*
– **bénit(e)** : pour les choses consacrées par un prêtre.
    *À l'entrée de l'église, il y a de l'eau **bénite** dans le bénitier.*

1 Choisissez le (ou les) formes correctes.   *attendre ?*

Ex. : On a constru- ~~it~~ ...it une école dans le quartier.

1. L'actrice a sédu- ~~attendr-~~ ...i le public.   *séduire   attendre*

2. Le poulet a cu- ~~rôt-~~ ...it au four pendant deux heures.   *cuire   rôtir*

3. Cette sauce au vin a tièd- rédu- ...it.   *réduire   tiédir (cool down)*

4. Le professeur a om- applaud- ...is un étudiant.   *omettre   applaudir*

5. Cet homme a fu- condu- ...i à l'étranger.   *fuir   conduire*

2 Ces phrases sont au passé simple, mettez les verbes au passé composé.

Ex. : En juin 1791, Louis XVI et sa famille <u>fuirent</u> Paris en secret. → **ont fui**

1. À leur départ, les fugitifs <u>prirent</u> du retard. → *ont ~~pris~~*   *ont pris*

2. Leurs complices ne les <u>accueillirent</u> pas comme prévu au point de rendez-vous. → *accueilli*

3. On <u>reconduisit</u> les prisonniers à Paris. → *a reconduit*

4. La foule <u>envahit</u> le Palais du roi. → *a envahi*

5. Elle <u>détruisit</u> les bustes de Louis XVI. → *a détruit*

6. Et tout le monde connaît les événements qui <u>suivirent</u>. → *ont suivi*

Louis XVI

3 Complétez les phrases par *-s* ou *-t* si nécessaire. N'oubliez pas les accords *(e,s)*.

Ex. : Armelle s'est inscrite en fac de droit.

1. Trois heures n'ont pas suffi___ aux randonneurs pour atteindre le refuge.

2. Les albums de Tintin ont été tradui*ts* en une cinquantaine de langues.   *traduire*

3. François a souri___ à Valérie.   *sourire*

4. Le magasin n'a pas consenti___ à nous faire une ristourne.   *consentir*

5. Sa mère a toujours haï le mensonge.   *haïr*

4 Finissez les phrases en transcrivant les rébus.

Ex. : Les enfants n'ont pas **obéi**.

1. Le pape a _*béni*_ la foule.

2. Le cheval a _*henni*_ .   *hennir*

3. Les murs de cette vieille maison sont _*décrépits*_ .

4. Si tu veux un cierge _*bénit*_ , tu dois mettre 2 euros dans le tronc.

5. Le médecin lui a _*prescrit*_ des antibiotiques.

6. Plusieurs groupuscules d'extrême droite ont été _*dissous*_ .

O   B   I

B   ●

É   ●

●●   π

B   ●

un ____ -citron

10   sur
?

3 L'ACCORD DU PARTICIPE PASSÉ – RAPPEL

> Nous avons goût**é** des vins que nous avons ador**és**.
> Les danseuses sont arriv**ées** sur scène.
> Les étudiantes se sont retrouv**ées** après les cours et elles se sont récit**é** leurs leçons.

AVEC L'AUXILIAIRE AVOIR

Le participe passé **ne s'accorde pas sauf avec le complément d'objet direct (COD) placé devant le verbe**.

> *Le musée a ouvert. L'exposition a démarré. Le peintre a présenté ses œuvres.*

Mais : ***Quelles œuvres** avez-vous vues ? **Les** avez-vous aimées ?*

⚠ Attention à **nous** et **vous** (COD ou COI) : *Lise nous a vus. Elle nous a répondu.*

AVEC L'AUXILIAIRE ÊTRE

Le participe passé **s'accorde avec le sujet**.

> *La pianiste est reven**ue** sur scène pour saluer son public.*

À la forme passive, le participe passé s'accorde ainsi avec le sujet.

> *À la fin de la pièce, les acteurs ont été ovationnés.*

⚠ Attention aux formes **je, tu, nous, vous** : *Je suis arrivé/Je suis arrivée.*
Vous êtes arrivé/arrivée/arrivés/arrivées.

⚠ Le pronom **on** peut remplacer un pronom personnel (*je, tu, il, elle, nous, vous, ils, elles*). Le participe s'accorde alors : *Mon frère et moi, on est all**és** au cinéma* (on : nous). Il ne s'accorde pas si **on** est pronom indéfini : *On est ven**u** pendant mon absence* (on : quelqu'un).

AVEC LES VERBES PRONOMINAUX

Le participe passé des verbes pronominaux (*se laver, se préparer*, etc.) :
– s'accorde avec le pronom (*me, te, se, nous, vous, se*) si c'est un COD.

> *Marjolaine **s'**est lavée.* (Marjolaine a lavé Marjolaine.)

– ne s'accorde pas si le pronom est un COI.

> *Marjolaine s'est lav**é** les mains.* (Marjolaine a lavé les mains à Marjolaine).
> *Fred et Chloé se sont téléphon**é**.* (Fred a téléphoné à Chloé et Chloé a téléphoné à Fred).

Avec les **verbes toujours pronominaux** comme *s'évanouir, s'en aller, s'enfuir, se souvenir*, etc., il y a accord avec le sujet. *Clothilde s'est évanouie à cause de la chaleur.*

Avec un COD autre que **se**, le participe passé s'accorde avec ce COD placé devant le verbe.

> *Ils se sont acheté **une voiture**.*

Mais : *Je n'aime pas **la voiture** qu'ils se sont achetée.*

E X E R C I C E S

1 **La mort idiote de Charles VIII. Accordez les participes passés si nécessaire.**

Le matin du 7 avril 1498, le roi a *commencé* sa journée en allant à la chasse puis, après être rentré____, il a rendu____ visite à sa femme, Anne de Bretagne. Il l'a alors invitée à une partie de jeu de paume (ancêtre du tennis) à l'extérieur du château, ce qu'elle a accepté____. Tous deux sont passés par la cour et les appartements du roi, ont descendu____ un escalier qui donnait sur une petite porte qu'il ont empruntée pour rejoindre la salle du jeu de paume. Au moment de passer la porte, Charles VIII s'est brutalement cogné____ la tête au linteau de la porte (partie supérieure de la porte). Mais il a été seulement un peu sonné____ et a poursuivi____ son chemin. La reine qui l'avait suivi____ ne s'est pas plus inquiétée que lui. Ils se sont installés avec leurs amis et ont regardé____ la partie qui avait déjà commencé____. Tout à coup, le roi est tombé____. Tout le monde a accouru____, lui a posé____ des questions auxquelles il n'a pas répondu____. Les médecins, qui ont été appelés précipitamment, se sont efforcés de l'aider, en vain. Le roi avait rendu____ l'âme à cause d'une porte trop basse.

2 **Ces phrases sont correctes. Justifiez l'accord du participe passé en reliant la phrase avec la bonne explication.**

1.	*Les joueurs se sont <u>félicités</u>.*	a)	COD avant le verbe – accord avec le COD
2.	Je ne crois pas que les colis aient été <u>envoyés</u>. *c*		
3.	Mes deux collègues se sont <u>écrit</u> des messages insultants. *d*	b)	pas de COD – auxiliaire être – accord avec le sujet
4.	L'avocat et son client se sont <u>parlé</u>. *g*		
5.	Nos adversaires ont <u>triché</u>. *e*	c)	forme passive – accord avec le sujet
6.	L'ont-elles déjà <u>vu</u> ? *a*		
7.	Les filles ont été <u>invitées</u>. *c*	d)	COD après le verbe – pas d'accord
8.	Les frères se sont souvent <u>écrit</u>. *g*		
9.	Sa robe s'est <u>déchirée</u>. *f*	e)	pas de COD – auxiliaire avoir – pas d'accord
10.	Les participants se sont <u>échangé</u> des idées. *d*		
11.	Les mariés se sont <u>embrassés</u>. *f*	f)	verbe pronominal – accord avec 'se' seul COD
12.	Les frites qu'on a <u>mangées</u> étaient bonnes. *a*		
13.	Les messages qu'ils s'étaient <u>écrits</u> étaient émouvants. *a*	g)	verbe pronominal – 'se' COI – pas de COD – pas d'accord.
14.	Elles les ont <u>reconnues</u>. *b*		
15.	Le gardien a <u>fermé</u> la porte. *d*		

3 **Placez correctement les étiquettes dans les phrases.**

| cachés | recommandés | reproché | conseillé | écrites | juré |

Ex. : Les lettres que Victor Hugo et Juliette Drouet se sont | écrites | *étaient enflammées.*

1. Karim et Julia se sont *reproché* les mêmes erreurs.

2. Les enfants se sont *cachés* dans le grenier.

3. Pierre et moi sommes allés hier soir dans les restaurants que nous nous étions mutuellement *recommandés*.

4. Les mariés se sont *juré* amour et fidélité.

5. Luigi, italien, et Markus, allemand, se sont *conseillé* des visites dans les deux pays.

L'ACCORD DU PARTICIPE PASSÉ
CAS PARTICULIERS

> Les voiliers que nous avons vu**s** passer faisaient la Route du Rhum.
> Fabienne s'est **fait** recruter par un cabinet d'avocats.

LES PARTICIPES PASSÉS DES VERBES DE PERCEPTION : voir, écouter, entendre, regarder, sentir, etc.

■ Ils s'accordent avec le complément d'objet direct (COD) quand celui-ci est le sujet de l'infinitif (et quand le COD est placé devant le participe passé).
> *Les enfants que j'ai entendu**s** chanter étaient très doués.*
> (J'ai entendu les enfants chanter : *Les enfants* est COD de *entendu* et sujet de *chanter.*)

■ Ils ne s'accordent pas si le COD n'est pas le sujet de l'infinitif.
> *Les poèmes que j'ai entendu chanter étaient très beaux.*
> (J'ai entendu les poèmes : *Les poèmes* est COD de *entendu* mais pas sujet de *chanter.*)

■ À la forme pronominale, il y a accord quand le participe passé et l'infinitif ont le même sujet et pas d'accord si les sujets sont différents.
> *Elle s'est vu**e** mourir.*
> *Elle s'est v**u** refuser un prêt à la banque.*

 Se sentir et *se voir* peuvent être suivis d'un participe passé qui s'accorde avec le sujet.
*Elle s'est senti**e** insult**ée**.*

LES PARTICIPES PASSÉS DES VERBES faire ET laisser

■ **Fait** est **toujours invariable** lorsqu'il est suivi d'un infinitif.
> *La femme qui a été blessée lors de l'accident s'est **fait** opérer.*
> *Ma mère s'est **fait** bousculer dans la rue.*

■ **Laissé** suivi d'un infinitif s'accorde normalement :
– avec le COD (placé devant) : *Les personnes qu'il a laiss**ées** entrer.*
– à la forme pronominale, il y a deux cas :
> *Après la perte de son travail, ma collègue s'est laiss**ée** grossir.*
> (Accord quand *laissé* et l'infinitif ont le même sujet)
> *Patricia s'est laiss**é** convaincre de changer de travail.*
> (Une personne a convaincu Patricia).
> (Pas d'accord quand *laissé* et l'infinitif ont des sujets différents).

 La réforme de l'orthographe préconise de ne plus accorder *laissé* suivi d'un infinitif. Mais l'ancienne règle reste correcte (*cf.* La réforme de l'orthographe de 1990).

LES PARTICIPES PASSÉS DES VERBES IMPERSONNELS

Les verbes impersonnels (*il y a, il faut, il vaut mieux, il semble, il neige, il pleut,* etc.) ont leur participe passé **invariable**.
> *Quelle tempête il y a e**u** hier !*
> *Que de patience il a fall**u** pour tricoter ce pull !*

E X E R C I C E S

1 **Accordez les participes passés si nécessaire.**

Ex. : C'est ma voisine que j'ai entendue crier tout à l'heure.

1. Où sont mes clients ? – Je les ai vus _____ partir il y a 2 minutes.

2. La piscine que nous avons regardé _____ construire pendant des semaines est finie.

3. Nous nous sommes senti**s** _____ paniquer en ne voyant pas nos noms sur la liste.

4. Je n'ai pas vu _____ tomber la tasse mais je l'ai entendue _____ se briser par terre.

5. C'est la pièce que nous avions vu _____ jouer au théâtre pour la première fois en 1999.

6. La patiente s'est senti**e** _____ défaillir.

2 **Choisissez la bonne orthographe.**

Ex. : Cette pâtisserie a été ~~fait~~ **faite** *sans sucre.*

1. Les victimes se sont | fait | ~~faites~~ | voler leurs bijoux.

2. Les enfants d'Hélène se sont | fait | ~~faits~~ | harceler à l'école.

3. Goûtez les glaces que j'ai | fait | faites |.

4. Sa jupe, elle se l'est | fait | ~~faite~~ | faire sur mesure en Chine.

5. Les cadeaux qu'elles se sont | faits | ~~faites~~ | étaient originaux.

3 **Même exercice. (Parfois deux réponses correctes en raison de la réforme de l'orthographe.)**

Ex. : La Croix Rouge a récupéré les affaires que j'avais ~~laissé~~ **laissées** *dans le hall.*

1. Julien nous a | laissé | laissés | croire qu'il avait fait le couscous lui-même.

2. Tu as vu mes lunettes ? – Tu les as sûrement | ~~laissé~~ | laissées | dans la voiture.

3. Les animaux se sont | laissé | ~~laissés~~ | prendre au piège.

4. Pierre et Annie se sont | laissé | ~~laissés~~ | leurs numéros de téléphone.

5. On les a | laissé | laissés | se battre en pleine rue.

4 **Transformez ces phrases en phrases exclamatives.**

Ex. : Lydie a eu de la chance. → **Quelle chance elle a eue !**

1. Il y a eu des rafales de vent. → *Quelles rafales il y a eu* !

2. Sa sœur a fait une bêtise. → *Quelle bêtise elle a faite* !

3. Il a fallu avoir beaucoup de force. → *Quelle force il a fallu avoir* !

4. Il est tombé des trombes d'eau. → *Quelles trombes d'eau il est tombé* !

5. Il est arrivé une chose étrange. → *Quelle chose étrange il est arrivé* !

5 🎧 01 **Dictée : Le naufrage**

_____

_____

_____

_____

_____

LES PARTICIPES PASSÉS attendu, coûté, couru, mesuré, pesé, valu, vécu, etc.

■ Ils s'accordent avec le COD placé devant.
> *Les clients que j'ai attendus pendant une heure ne sont jamais venus.*
> *Ses mots, il les a bien pesés avant de les dire.*

■ Ils ne s'accordent pas avec le complément circonstanciel (indiquant le poids, le prix, le temps, etc.).
> *Les trois heures que j'ai attendu n'ont servi à rien.*
> *Les 100 kilos qu'elle a pesé ne sont plus qu'un souvenir.*

⚠ Le COD répond à la question *Quoi ?* ou *Qui ?* et le complément circonstanciel à la question *Combien ?*

⚠ D'autres verbes proches comme *dormir, durer, marcher et régner* n'acceptent pas de COD et leur participe ne s'accorde donc pas.
> *Les deux heures qu'a duré la réunion ont été très longues.*

LES PARTICIPES PASSÉS dû, cru, pu, voulu

■ Ils s'accordent avec le COD placé devant.
> *Ce sont des histoires que je n'ai pas crues.*

■ Ils ne s'accordent pas avec le COD placé devant s'il y a un infinitif sous-entendu.
> *J'ai appris tous les verbes que j'ai pu (apprendre sous-entendu).*

LES PARTICIPES PASSÉS ci-joint, (y) compris, étant donné, excepté, mis à part, vu, etc.

Quand ils sont placés devant un nom, ils sont invariables.
> *Vu sa grande taille, mon cousin n'aime pas voyager en avion (en raison de).*
> *Tout le monde est venu au mariage, excepté mes tantes (sauf).*
> *Je vous envoie ci-joint des documents confidentiels.*

⚠ Quand ils suivent le nom, ces participes s'accordent avec le nom.
*Les documents **ci-joints** sont confidentiels.*

QUELQUES AUTRES CAS PARTICULIERS

■ Les participe passés de *se rendre compte, se plaire à, se complaire à et s'en vouloir,* sont invariables.
> *La vendeuse s'est **rendu compte** de son erreur mais il était trop tard.*
> *La mère s'en est **voulu** d'avoir oublié d'aller chercher son enfant à l'école.*

■ Le participe passé *fini*, placé devant un nom dans une phrase exclamative, peut ou non s'accorder.
> *Fini les vacances ! Finies les vacances !*

1 COD ou CC ? Choisissez la forme correcte et dites si c'est un complément d'objet direct (COD) ou un complément circonstanciel (CC).

Ex. : Je ne regrette pas | *les efforts* | ~~les mille euros~~ *que cela m'a coûtés. (COD)*

1. ~~La femme~~ | La demi-heure | qu'il a attendu l'a mis en retard. (*CC*)
2. Nous sommes impressionnés par | les 20 kilomètres | ~~les marathons~~ | qu'il a courus. (*COD*)
3. L'auditoire a été surpris | ~~des langues~~ | des trois heures | qu'il a parlé. (*CC*)
4. Rien ne remplacera | ~~la jeunesse~~ | la dizaine d'années | que cet enfant a vécu dans un pays en guerre. (*CC*)
5. L'homme d'affaires n'imaginait pas | les problèmes | ~~les cent mille euros~~ | que son erreur lui a valus. (*COD*)

2 Accordez correctement les participes passés et indiquez l'infinitif sous-entendu s'il y en a un.

Ex. : L'étudiant a appris tous les verbes qu'il a **pu** *(apprendre).*

1. À l'annonce du gel, on a rentré toutes les plantes qu'on a pu... (*rentrer*).
2. Les visiteurs ont posé les questions qu'ils ont voulu... (*poser*).
3. Le sommes qu'il nous a du... (_____) à une époque ont bien été remboursées.
4. Pauline a eu de meilleures notes qu'elle aurait cru... (*avoir*).
5. Ce ne sont pas les résultats qu'ils avaient voulus. (_____).

3 Accordez, si nécessaire, les mots soulignés.

Cher Monsieur,

Suite à votre courrier du 26 octobre, je vous prie de bien vouloir trouver <u>ci-joint</u> les documents que vous me demandez, la copie de mon passeport <u>mise</u> à part.

En effet, j'ai perdu mon passeport la semaine dernière et, <u>vu</u> le délai d'obtention d'un nouveau passeport (je le recevrai à une date <u>comprise</u> entre le 20 novembre et le 10 décembre), je vous envoie une copie de l'attestation de perte.

<u>Étant donné</u> ma situation, j'espère que vous traiterez ma candidature <u>ci-jointe</u> dans les meilleurs délais.

Veuillez agréer, Monsieur, mes salutations distinguées.

Fabrice Maire

4 🎧 02 Écoutez le dialogue et écrivez les mots manquants en les accordant si nécessaire.

Martine : Allo, Roland ? Tu m'en veux encore d'avoir oublié ton anniversaire ? Je ne sais pas comment j'ai *pu*.

Roland : Je t'en ai un peu _____ sur le coup mais plus maintenant.

Martine : J'étais débordée et je ne me suis pas _____ compte de la date. Excuse-moi.

Roland : Tout le monde me l'a souhaité quand même, _____ toi.

Martine : Et Hélène en a profité pour te dire toutes les horreurs qu'elle a _____ sur moi.

Roland : Peut-être mais je ne l'ai pas _____. Et je ne veux pas qu'on se dispute.

Martine : Tu as raison. _____ les disputes ! Je t'invite au restaurant pour me faire pardonner.

5 L'ACCORD DU NOM APRÈS SANS ET PAS DE

> Il n'y a pas de **fumée** sans **feu**.
> Un gâteau sans **œufs**.

Pas de et **sans** peuvent être suivis d'un nom au singulier ou au pluriel, c'est le sens qui permettra de choisir.

RÈGLE GÉNÉRALE

En général, il suffit de mettre la phrase avec *pas de* à la forme affirmative et de remplacer *sans* par *avec*.

> Il n'y a **pas de** *mairie dans ce village.* → *Il y a une mairie dans ce village.* Quand il y en a, il y a une seule mairie dans un village.

> *Une rose* **sans** *épine**s**.* → *Une rose avec des épines.* Si la rose avait des épines, elle en aurait normalement plusieurs, on garde donc le pluriel avec *sans*.

⚠️ Si la négation ou le mot *sans* sont suivis de *ni*, il faut appliquer la règle selon chaque cas.
> *Pauline achète des produits* **sans** *colorant**s** **ni** conservateur**s** **ni** gluten.*

(avec *des colorants, des conservateurs* au pluriel mais *du gluten* au singulier).

AVEC LES NOMS ABSTRAITS

Dans le cas des noms abstraits comme *cesse, peine, pitié,* etc., c'est au singulier.
> *Notre professeur de gym est* **sans pitié**.
> *Léo a réussi son année de sixième* **sans peine**.

> **Locutions généralement au singulier :**
> *Sans arrêt, sans bruit, sans cesse, sans condition, sans défense, sans délai, sans douleur, sans doute, sans effort, sans encombre, sans espoir, sans exception, sans façon, sans faute* (sens de *assurément*), *sans gêne, sans hâte, sans incident, sans merci, sans peine, sans précédent, sans retard, sans souci, sans scrupule, sans transition,* etc.

SINGULIER OU PLURIEL, AU CHOIX

Dans certains cas, la nuance est mince et c'est le sens que l'on veut donner à la phrase qui prédomine.
Je n'ai pas de problème/problèmes. Singulier et pluriel sont possibles si l'on estime que s'il y en avait, il y aurait un seul ou plusieurs problèmes.

⚠️ L'Académie préconise cependant que « dès lors que ce dont on parle peut suggérer l'idée de pluralité, c'est le pluriel qui est le plus fréquent ».
> *Pour réussir à ce concours, il faut faire une dictée sans faute**s**.*

Ne pas confondre avec la locution *sans faute* (au singulier) qui signifie *assurément, immanquablement*.

⚠️ Si l'on veut insister sur le caractère unique d'une <u>chose</u>, on peut préciser avec *aucun(e)* ou *le/la moindre*.
> *Jules a fait ses opérations sans* **la moindre** *faute.*

E X E R C I C E S

1 Hélène a invité deux amis opposés en tous points. Complétez les phrases de Fabien.

Laurent est venu avec ...	Fabien est venu sans ...
Ex. : des fleurs.	*fleurs.*
1. empressement.	*empressement*
2. une bouteille de vin.	*bouteille de vin*
3. une petite copine.	*petite copine*
4. des histoires drôles à raconter.	*histoires drôles à raconter*
5. sa voiture.	*(sa) voiture*

2 Accordez les noms et les adjectifs si nécessaire.

*Ex. : Le médecin a conseillé à Bertrand de manger sans **sel**.*

1. Un jus d'orange 100% naturel, pas de sucre(s) ajouté(s) pas de conservateurs, pas d'eau ajoutée, pas de colorants.

2. Il n'y a pas de vie_ possible_ sans oxygène_.

3. Comme un avion sans ailes (Chanson de Charlélie Couture).

4. Pas de pluie_ ni de vent_ pour demain.

5. Il n'y a pas de toilettes dans ce restaurant.

6. Ce soir, nous irons danser sans chemise_, sans pantalon_. (Chanson de Rika Zaraï).

7. Philippe a fait un dessert sans œufs ni farine_ .

8. Pendant son régime, Tania n'a pas mangé de bonbons.

9. Il paraît que ce château est hanté. Certains y auraient vu une femme sans tête_.

10. Il n'y avait pas d'agressivité_ dans le propos du policier.

11. Beaucoup ont quitté leur village sans espoir_ de retour.

12. Non, Monsieur, vous ne pourrez pas entrer sans invitation_.

3 Indiquez si le nom doit être au singulier, au pluriel ou si les deux sont possibles.

	singulier	pluriel	singulier et pluriel
*Ex. : Le bébé pleure **sans cesse**.*	x		
1. Il n'y a pas de nuage_ dans le ciel aujourd'hui.		X	
2. Tu me rappelles ce soir ? – Pas de problème_.			X
3. Cette chanson n'a pas de rythme_.	X		
4. C'est difficile de s'y retrouver dans ce livre sans sommaire_.	X		
5. Le bébé peut manger de ce poisson qui n'a pas d'arête_.		X	
6. La course automobile s'est déroulée sans incident_.			X
7. Nous avons vu un film sans intérêt_.	X		
8. Cette banque propose des prêts presque sans intérêt_ aux jeunes.		X	
9. Quentin se demande s'il peut envoyer son CV sans photo_.	X		
10. Envoyez le chèque quand vous pouvez, il n'y a pas d'urgence_.	x		
11. Ce voyageur sans bagage_ a intrigué les services de sécurité.			x
12. Le vendeur a promis d'envoyer le devis demain sans faute_.	X		

6

L'ACCORD DU VERBE
AVEC LES SUJETS COLLECTIFS

La plupart des Français **préfèrent** partir en vacances en août.
La moitié des vendeurs de ce magasin **travaille/travaillent** le week-end.

LES NOMS COLLECTIFS

■ *Bande, colonie, dizaine, ensemble, file, foule, groupe, horde, majorité, minorité, meute, multitude, nuée, partie, pile, quantité, rangée, tas, totalité, troupe, etc.*

Si le nom collectif est précédé d'un article indéfini (*une bande, un tas*, etc.) :
– sans complément, le verbe est au singulier.
  *Une foule **se forme** devant la boutique.*
– avec un complément, le verbe est au singulier ou au pluriel.
  *Une foule de clients **entre** dans la boutique.* (*La foule* est vue comme un ensemble.)
  *Une foule de clients **payent** en devises étrangères.* (L'accent est mis sur la pluralité des clients.)

⚠ Si le nom collectif est précédé de *le, la, ce, cet, cette, mon, ma, ton*, etc. ou d'un adjectif épithète, le verbe est plutôt au singulier :
  ***Ce** groupe de touristes **visite** le Louvre. Une **longue** file de touristes **se forme**.*

⚠ La règle n'est pas stricte, singulier et pluriel sont tous deux acceptés sauf si la syntaxe ne le permet pas : *La plus grande partie des députés **sont** des hommes.*
(*est des hommes* n'est pas possible.)

■ Les fractions : *la moitié, le tiers, le quart, le cinquième*, etc.

– Sans complément, le verbe est au singulier.
  *Le cours de latin n'intéresse pas tous les élèves ce matin. La moitié **s'ennuie**.*
– Avec un complément singulier, le verbe est au singulier.
  *Le tiers du personnel **participe** à la réunion.*
– Avec un complément pluriel, le verbe est au singulier ou au pluriel.
  *Le quart des automobilistes **roule/roulent** trop vite.*

⚠ Si la fraction est au pluriel, le verbe est aussi au pluriel.
  *Les trois quarts du groupe **préfèrent** faire les magasins que visiter des monuments.*

LES ADVERBES DE QUANTITÉ

■ *Assez, autant, beaucoup, davantage, moins, pas mal, peu, plus, tant, trop, beaucoup trop, bien plus, etc.*

– Sans complément, le verbe est généralement au pluriel.
  *Le candidat essaie de convaincre les électeurs mais peu **croient** en lui.*
  Mais : *L'appartement a été rénové en partie. Beaucoup **reste** à faire.* (sens général)
– Avec un complément, le verbe s'accorde avec le nom complément.
  *Beaucoup de jeunes **travaillent** à l'étranger.*
  *Beaucoup de monde **se promène** sur les bords de la Seine.*

L'adverbe peut exprimer l'idée dominante et le verbe est alors au singulier.

*Trop d'impôts **tue** l'impôt.* (C'est le fait qu'il y ait trop d'impôt qui tue l'impôt.)

 L'accord se fait au singulier avec **plus d'un** et au pluriel avec **moins de deux**.

***Plus d'un** parent **s'inquiète** pour l'avenir de ses enfants.*
***Moins de deux** hommes **possèdent** ces codes secrets.*

CAS PARTICULIERS

■ La plupart de

– Le verbe s'accorde avec le nom complément.

*La plupart des <u>parents</u> **désirent** que leurs enfants fassent des études.*
*La plupart du <u>conseil municipal</u> **refuse** de financer un nouveau complexe sportif.*

– Le verbe s'accorde aussi avec le complément sous-entendu.

*<u>Les étudiants</u> sont en vacances demain soir. La plupart **arrêtent** les cours ce soir.*

■ Les pourcentages

Le verbe s'accorde avec le nom complément ou avec le pourcentage.

*<u>50 %</u> des <u>Français</u> **payent** des impôts sur le revenu.* (Le verbe s'accorde soit avec les *50 %* (pluriel), soit avec *Français* (pluriel), donc pas de choix ici.)

*Environ 20 % de la population française **réside/résident** en région parisienne.* (Le verbe s'accorde soit avec les *20 %* (pluriel) soit avec *population française* (singulier).)

 Si le complément est sous-entendu, l'accord se fait au singulier si le pourcentage est inférieur à 2. Sinon au pluriel.

*Il y a des inégalités entre les habitants dans ce pays. 1,8 % **possède** la moitié des richesses. / 2,3 % **possèdent** la moitié des richesses.*

 Si la fraction est précédée de *les, ces,* etc., l'accord se fait au pluriel.

***Ces** 20 % du budget **dépassent** nos prévisions.*
***Les** 1 % que lui rapporte son placement ne lui **permettent** pas de faire de grands projets.*

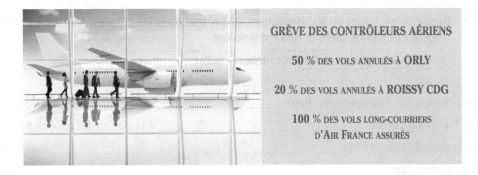

GRÈVE DES CONTRÔLEURS AÉRIENS

50 % DES VOLS ANNULÉS À ORLY

20 % DES VOLS ANNULÉS À ROISSY CDG

100 % DES VOLS LONG-COURRIERS D'AIR FRANCE ASSURÉS

E X E R C I C E S

1 Choisissez la forme correcte. Les deux choix sont parfois possibles.

Ex. : La pile de livres s'écroule ~~s'écroulent~~.

1. Ma troupe d'acteurs amateurs donne ~~donnent~~ une représentation demain soir.

2. Les sénateurs se réunissent le mercredi. Une minorité assiste ~~assistent~~ aujourd'hui aux débats.

3. Une centaine d'employés manifeste manifestent devant l'usine.

4. La meute de chiens court courent après l'animal.

5. Valérie voit peu ses amis. Une partie habite habitent à l'étranger.

2 Mettez les terminaisons correctes au présent (parfois deux possibilités).

Ex. : Les trois quarts des animaux de ce zoo ***proviennent*** *d'Afrique.*

1. Sa bande de copains lui organis*e* _____ une fête pour son anniversaire.

2. Les trois quarts des habitants de l'immeuble déménag*ent* _____ .

3. De plus en plus de voitures circul*ent* _____ en ville.

4. La totalité de la leçon trait*e* _____ du subjonctif.

5. Une majorité d'employés détest*ent/e* _____ le nouveau directeur.

6. Le tiers de mon salaire pass*e* _____ dans mon loyer.

7. Une file interminable de spectateurs long*e* _____ toute la rue.

8. Une quinzaine de pompiers recherch*e / ent* _____ les habitants de l'immeuble en feu.

3 Reliez les éléments pour former des phrases. Plusieurs possibilités.

Ex. : Beaucoup ———————————→ **a.** *de travail reste à faire.*

1. Pas mal *a, d*   **b.** de soldats occupe la ville.

2. Une troupe *b*   **c.** de voitures ne pollue pas.

3. Deux tiers *c, d*   **d.** des mères allaitent leur bébé.

4. Une petite minorité *b, c, d*   **e.** *de monde patiente devant la porte.*

4 Replacez les verbes en les conjuguant au présent dans les phrases. Mettez les deux formes, singulier et pluriel, lorsque cela est possible.

essayer | accourir | résister | retourner | gâter | estimer | s'amuser

Ex. : La plupart des adolescents ***essaie/essaient*** *de fumer.*

1. Dans ce magasin, la moitié des clients *retournent, retourne* _____ les articles qu'ils ont achetés.

2. Une bande de voyous _____ à terroriser les collégiens à la sortie du lycée.

3. Des hordes de jeunes filles _____ vers la voiture leur idole.

4. Trop de cuisiniers _____ la sauce. (proverbe)

5. Beaucoup _____ que les footballeurs gagnent trop d'argent.

6. Peu de monde _____ au chocolat.

5 Replacez les étiquettes dans les phrases.

| *autant* | trop | plus | la plupart |

*Ex. : **Autant** de succès m'étonne.*

1. La neige retarde les avions mais _la plupart_ décollent tout de même.

2. _Trop_ de sportifs avouent s'être dopés pendant leur carrière.

3. _Plus_ d'une faute reste à corriger dans cette dictée.

6 Choisissez le mot correct. Une seule réponse correcte.

Ex. : 50 % des responsabilités ~~incombe~~ **incombent** *à l'employeur.*

1. Les 10 % de bénéfices réalisés ~~concerne~~ concernent les ventes à l'étranger.

2. 20 % des postes reste ~~restent~~ à pourvoir.

3. Peu de débris ~~flotte~~ flottent sur l'océan.

4. Moins de deux ponts ~~traverse~~ traversent cette rivière.

7 Prenez un élément de chaque ligne et écrivez trois phrases comme dans l'exemple.

| ~~Une nuée~~ | *Une colonie* | Une troupe | ~~Un groupe~~ |

| d'acteurs | d'oiseaux | *de fourmis* | de personnes |

| saluer le public | s'envoler | *occuper le garde-manger* | discuter dans la rue |

*Ex. : **Une colonie de fourmis occupe/occupent le garde-manger.***

1. _Une nuée d'oiseaux s'envolent._

2. _Un groupe de personnes discutent dans la rue._

3. _Une troupe d'acteurs saluent le public._

8 L'utilisation récréative de l'ordinateur chez les 8-18 ans. Composez des phrases à partir du schéma.

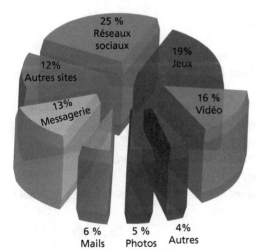

25 %
Réseaux sociaux

19%
Jeux

12%
Autres sites

16 %
Vidéo

13%
Messagerie

6 %
Mails

5 %
Photos

4%
Autres

Source : Le site d'éducation aux médias et à l'information de l'Arpej

Ex. : 13 % des jeunes utilisent surtout la messagerie.

1. La majorité des jeunes _utilise surtout des réseaux sociaux_.

2. 16% des jeunes _préfèrent de la vidéo._

3. Près d'un cinquième des jeunes _utilisent surtout de photos_.

4. Une minorité de jeunes _utilisent des autres médias_.

5. 6 % des jeunes _en utilisent des mails._

7

LES CONJUGAISONS PARTICULIÈRES

Je ne pren**ds** pas mes gants, je ne crain**s** pas le froid.
Pendant que son mari pein**t**, elle cou**d**.

LES VERBES EN -ENDRE

> **RAPPEL**
> Au présent de l'indicatif, les verbes en **-endre** font **-ds, -ds, -d** au singulier et **-dons, -dez, -dent** au pluriel.
> *Je ven**ds**, tu ven**ds**, il ven**d**, nous ven**dons**, vous ven**dez**, ils ven**dent**.*
> Le verbe ***prendre*** et ses dérivés perdent le **-d** au pluriel :
> *Je pren**ds**, tu pren**ds**, il pren**d**, nous pren**ons**, vous pren**ez**, ils pren**nent**.*

Au singulier, et à cause de leurs terminaisons proches phonétiquement, il peut y avoir confusion avec les terminaisons des verbes *sentir, mentir, se repentir* et leurs dérivés *(consentir, démentir,* etc.) qui se conjuguent en **-s, -s, -t, -ons, -ez, -ent**.
*Je sen**s**, tu men**s**, il consen**t**,* mais *je compren**ds**, tu atten**ds**, il enten**d**.*

LES VERBES EN -INDRE

Au présent de l'indicatif, les verbes en **-indre (-aindre, -eindre, -oindre)** perdent leur **-d** et ont leurs terminaisons en **-s, -s, -t, -gnons, -gnez, -gnent**.
*Je pein**s**, tu pein**s**, il pein**t**, nous pei**gnons**, ils pei**gnent**.*
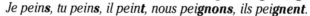 Le **-d** est maintenu au futur simple et au conditionnel présent.
*Je pein**drai**, tu crain**dras**, nous fein**drons**, il crain**drait**, vous vous plain**driez**.*

LES VERBES EN -OUDRE ET -SOUDRE

Ces verbes ne sont pas nombreux.
– Comme les verbes en **-indre**, au présent, les verbes en **-soudre** *(absoudre, dissoudre, résoudre)* perdent leur **-d** et ont leurs terminaisons en **-s, -s, -t, -olvons, -olvez, -olvent**.
   *Je résou**s**, tu résou**s**, il résou**t**, nous réso**lvons**, vous réso**lvez**, ils réso**lvent**.*

– Les verbes en **-oudre** *(coudre et ses dérivés, moudre et ses dérivés)* ont leurs terminaisons en **-ds, -ds, -d** au singulier.
   *Je cou**ds**, tu cou**ds**, il cou**d** et je mou**ds**, tu mou**ds**, il mou**d**.*
Coudre et ***moudre*** ont des terminaisons différentes au pluriel.
   *Nous cou**sons**, vous cou**sez**, ils cou**sent** et nous mou**lons**, vous mou**lez**, ils mou**lent**.*

LES AUTRES VERBES EN -DRE (-ANDRE, -ERDRE, -ORDRE)

Les autres verbes en **-dre** ont leurs terminaisons en **-ds, -ds, -d, -dons, -dez, -dent**.
*Je per**ds** mes affaires.*
*Attention, ce chien mor**d**.*   *Vous répan**dez** des rumeurs.*

1 **Mettez le verbe entre parenthèses au présent.**

*Ex. : Je **joins** un chèque à ma lettre (joindre).*

1. Zoé aime bien la chanson « Tout _____ d'elle » de Véronique Sanson (dépendre).

2. Dans cet article, le footballeur _____ les rumeurs de divorce (démentir).

3. Je meurs de faim depuis que je me _____ pour ne pas grossir (restreindre).

4. La patiente _____ de douleurs abdominales chroniques (se plaindre).

5. La saison de l'artichaut breton _____ de mai à novembre (s'étendre).

6. Cet économiste _____ une amélioration de la situation (pressentir).

7. Si tu sors, tu _____ bien toutes les lumières (éteindre).

8. Son père _____ souvent des projets trop ambitieux (entreprendre).

2 **Complétez les verbes au présent de ces proverbes.**

*Ex. : Ce qui ne tue pas **rend** plus fort.*

1. Qui ne dit mot consen_____ .

2. La valeur n'atten_____ pas le nombre des années.

3. Ce n'est pas aux vieux singes qu'on appren_____ à faire la grimace.

4. Chat échaudé crain_____ l'eau froide.

5. Qui trop embrasse mal étrein_____ .

3 **Complétez avec le même verbe au présent.**

*Ex. : Avant, mon frère <u>perdait</u> tout le temps au poker. Maintenant, il ne **perd** plus.*

1. Autrefois, on <u>moulait</u> soi-même le café. Aujourd'hui, on le _____ rarement.

2. Petit, ce chien <u>mordait</u> tout le monde. Maintenant, il ne _____ plus.

3. Au début de l'année, Manon <u>résolvait</u> toutes les équations avant les autres. Maintenant, c'est Rémi qui les _____ en premier.

4. Avant, on <u>peignait</u> les meubles en bois. De nos jours, on ne les _____ que rarement.

5. Je me <u>détendais</u> peu quand je travaillais. Depuis que je suis à la retraite, je me _____ .

6. On <u>cousait</u> ses vêtements autrefois. On ne _____ plus beaucoup aujourd'hui.

7. Ma voisine se <u>teignait</u> en blond et depuis peu, elle se _____ en roux.

8. Tu <u>perdais</u> tout avant. Tu ne _____ presque plus rien depuis quelque temps.

4 **Rébus. Écrivez toutes les formes possibles des verbes au présent et leur infinitif.**

*Ex. : **astreins, astreint : astreindre** (as-train)*

100

1. _____ : _____ **2.** _____ : _____

LE PASSÉ SIMPLE
ET L'IMPARFAIT DU SUBJONCTIF

Molière **naquit** en 1622. Il **fut** un grand auteur et comédien. Il **mourut** sur scène en 1673.

LE PASSÉ SIMPLE

C'est surtout le temps des textes littéraires, des récits historiques, des contes et parfois de la presse écrite où il joue le même rôle que le passé composé.

Il y a quatre types de terminaisons :

• Pour les verbes en **-er**, il faut remplacer **-er** par **-ai, -as, -a, -âmes, -âtes, -èrent**.

Je dansai, tu dansas, il dansa, nous dansâmes, vous dansâtes, ils dansèrent.

⚠ *Je dansai* se prononce pratiquement comme *je dansais* (imparfait). Si l'on hésite entre *ai* ou *ais*, il faut remplacer *je* par *tu*.

Je dansais souvent. → *Tu dansais souvent.*

Je dansai pendant une heure ce jour-là. → *Tu dansas pendant une heure ce jour-là.*

• Pour les verbes en **-ir** (sauf *courir, mourir, tenir* et *venir*) il faut remplacer **-ir** par **-is, -is -it, -îmes, -îtes, -irent**.

Je finis, tu finis, il finit, nous finîmes, vous finîtes, ils finirent.

⚠ Les formes du singulier sont parfois semblables au présent.

Je finis, tu grandis, elle choisit (présent et passé simple) mais *je dors* (présent)/ *je dormis* (passé simple), *elle part* (présent)/*elle partit* (passé simple), etc.

• Pour les verbes *tenir* et *venir* (et leurs dérivés), les radicaux changent et les terminaisons sont **-ins, -ins, -int, -înmes, -întes, -inrent**.

Tenir : je tins, tu tins, il tint, nous tînmes, vous tîntes, ils tinrent.

Venir : je vins, tu vins, il vint, nous vînmes, ils vinrent.

• Les autres verbes (en **-oir**, en **-re**) ont leurs terminaisons en **- is, -is, -it, -îmes, -îtes, -irent** ou en **-us, -us, -ut, -ûmes, -ûtes, -urent** et le radical des verbes peut changer.

Croire : je crus, tu crus, il crut, nous crûmes, vous crûtes, ils crurent.

Écrire : j'écrivis, tu écrivis, il écrivit, nous écrivîmes, vous écrivîtes, ils écrivirent.

Être : je fus, tu fus, il fut, nous fûmes, vous fûtes, ils furent.

Avoir : j'eus, tu eus, il eut, nous eûmes, vous eûtes, ils eurent.

⚠ Les verbes en **-indre** ont leur radical en **-gn** au passé simple : *il éteignit, il joignit*, etc.

Passés simples les plus fréquents :

Apercevoir : *il aperçut*, s'asseoir : *il s'assit*, attendre : *il attendit*, boire : *il but*, coudre : *il cousit*, courir : *il courut*, craindre : *il craignit*, concevoir : *il conçut*, conclure : *il conclut*, conduire : *il conduisit*, connaître : *il connut*, construire : *il construisit*, correspondre : *il correspondit*, courir : *il courut*, craindre : *il craignit*, croire : *il crut*, décevoir : *il déçut*, défendre :	*il défendit*, descendre : *il descendit*, devoir : *il dut*, dire : *il dit*, entendre : *il entendit*, faire : *il fit*, falloir : *il fallut*, geindre : *il geignit*, inclure : *il inclut*, inscrire : *il inscrivit*, lire : *il lut*, mettre : *il mit*, mourir : *il mourut*, naître : *il naquit*, paraître : *il parut*, peindre : *il peignit*, perdre : *il perdit*, plaindre : *il plaignit*, plaire : *il plut*, pleuvoir : *il plut*, pouvoir : *il put*,	prendre : *il prit*, recevoir ; *il reçut*, rendre : *il rendit*, répondre : *il répondit*, résoudre : *il résolut*, rire : *il rit*, savoir : *il sut*, suivre : *il suivit*, se taire : *il se tut*, tendre : *il tendit*, tordre : *il tordit*, traduire : *il traduisit*, vaincre : *il vainquit*, valoir : *il valut*, vivre : *il vécut*, voir : *il vit*, vouloir : *il voulut*.

E X E R C I C E S

1 **Complétez en mettant le verbe au passé simple.**

*Ex. : Le brouillard était si épais que l'automobiliste ne **vit** (voir) pas le cycliste.*

1. Le vieil homme lui _____ (saisir) le bras.

2. Les deux amants _____ (s'écrire) de nombreuses lettres enflammées.

3. La princesse _____ (s'avancer) et _____ (tendre) la main.

4. Le roi _____ (boire) la coupe d'une seule traite.

5. Quand j' _____ (arriver), je le _____ (voir) tout de suite.

2 **Barrez l'intrus qui n'a pas les mêmes terminaisons au passé simple.**

Ex. : courir – ~~partir~~ – mourir

1. valoir – s'asseoir – recevoir

2. joindre – geindre – connaître

3. mettre – surprendre – parvenir

4. être – obtenir – revenir

5. faire – paraître – se taire

6. défendre – coudre – tenir

7. construire – aller – préférer

8. falloir – voir – rire

9. vivre – conclure – dormir

3 **Antoine de Saint-Exupéry. Mettez les verbes au passé simple.**

Antoine de Saint-Exupéry *naquit* (naître) en 1900 à Lyon. Il _____ (faire) ses études dans un pensionnat catholique. Passionné d'aviation, il _____ (obtenir) à vingt et un ans son brevet de pilote. Il _____ (être) surtout connu pour ses œuvres littéraires qu'il _____ (écrire) dans les années 1930. En 1935, il _____ (se mettre) en tête de battre le record Paris Saigon en avion mais il _____ (s'écraser) à la frontière de la Lybie et de l'Égypte. Il _____ (errer) plusieurs jours dans le désert avant qu'un bédouin ne le sauve. Cet accident lui _____ (inspirer) le récit du Petit Prince. Lors de la seconde guerre mondiale, il _____ (rejoindre) une unité chargée de reconnaissances photographiques basée en Corse. Le 31 juillet 1944, lors d'une mission, son avion _____ (disparaître) en mer. En 2008 seulement, des pêcheurs _____ (retrouver) au fond de l'eau un bracelet au nom de Saint-Exupéry ainsi qu'un morceau de l'avion. Un ancien pilote allemand _____ (se souvenir) qu'il avait abattu ce 31 juillet 1944 un avion du même type que celui de Saint-Exupéry et qui _____ (tomber) en flammes dans la Méditerranée.

4 **Mots croisés. Remplissez la grille grâce aux définitions et découvrez un autre verbe dans les cases jaunes pour compléter la phrase ci-dessous.**

Ex. : valoir, passé simple, 3ème personne du singulier.

1. *perdre* : passé simple, 2ème personne du singulier.

2. *pouvoir* : passé simple, 3ème personne du pluriel.

3. *courir* : passé simple, 1ère personne du pluriel.

4. *rougir* : passé simple, 2ème personne du pluriel.

5. *aimer* : passé simple, 1ère personne du singulier.

6. *neiger* : passé simple, 3ème personne du singulier.

7. *savoir* : passé simple, 1ère personne du pluriel.

V	A	L	U	T

L'IMPARFAIT DU SUBJONCTIF

• L'imparfait du subjonctif se forme sur la 2ème personne du singulier du passé simple (*tu fus, tu toussas, tu compris*) à laquelle on enlève le s final. On ajoute ensuite les terminaisons **-sse, -sses, -^t, -ssions, -ssiez, -ssent.**

> *Il fallait donc qu'elle fût malade, qu'elle toussât pour qu'il comprît qu'elle souffrait !* (Guy de Maupassant)
> *La mère craignait que ses enfants partissent.*

Imparfaits du subjonctif les plus fréquents :

	Passé simple (tu)	Imparfait du subjonctif					
être	*fus*	fusse	fusses	fût	fussions	fussiez	fussent
avoir	*eus*	eusse	eusses	eût	eussions	eussiez	eussent
faire	*fis*	fisse	fisses	fît	fissions	fissiez	fissent
dire	*dis*	disse	disses	dît	dissions	dissiez	dissent
pouvoir	*pus*	pusse	pusses	pût	pussions	pussiez	pussent
aller	*allas*	allasse	allasses	allât	allassions	allassiez	allassent
voir	*vis*	visse	visses	vît	vissions	vissiez	vissent
finir	*finis*	finisse	finisses	finît	finissions	finissiez	finissent
partir	*partis*	partisse	partisses	partît	partissions	partissiez	partissent
devoir	*dus*	dusse	dusses	dût	dussions	dussiez	dussent
venir	*vins*	vinsse	vinsses	vînt	vinssions	vinssiez	vinssent
écrire	*écrivis*	écrivisse	écrivisses	écrivît	écrivissions	écrivissiez	écrivissent

• L'imparfait du subjonctif s'emploie surtout à l'écrit, dans la langue littéraire. À l'oral, dans la langue soutenue, on peut parfois entendre la forme figée *ne fût-ce que* (même seulement).

> *La jeune fille aurait aimé voir son idole, **ne fût-ce que** quelques secondes.*
> (On dit aussi *ne serait-ce que quelques secondes.*)

PASSÉ SIMPLE OU IMPARFAIT DU SUBJONCTIF ?

Il peut y avoir confusion entre les deux temps à la 3ème personne du singulier. La seule différence est l'accent circonflexe sur la voyelle de la terminaison de l'imparfait du subjonctif (mais la prononciation reste la même).

> *Tout le monde sortit.* (passé simple)
> *Le professeur exigea que tout le monde sortît.* (imparfait du subjonctif)

Pour choisir la bonne orthographe, il faut savoir que l'imparfait du subjonctif peut être remplacé par le présent du subjonctif. On peut aussi remplacer le verbe par un verbe plus courant comme *faire (fasse)* ou *être (soit)*.

> *Chacun d'entre nous **lut** un paragraphe.* (On ne peut pas dire *lise* ou *fasse*, etc.)
> *Il fallut que chacun d'entre nous **lût** un paragraphe.* (On peut dire *lise* ou *fasse*.)

E X E R C I C E S

1   **Mettez le verbe souligné à l'imparfait du subjonctif.**

Ex. : Il semble que la marquise soit prête. → Il semblait que la marquise fût prête.

1. Cet enfant refuse qu'on l'habille. → Cet enfant refusait qu'on _____.

2. Sa mère demande qu'il vienne seul. → Sa mère demanda qu'il _____ seul.

3. Gustave se réjouit que son frère soit ministre. → Gustave se réjouissait que son frère _____ ministre.

4. Pourquoi faut-il que cela arrive ? →Pourquoi fallait-il que cela _____ ?

2   **Choisissez entre *eut* et *eût* et entre *fut* et *fût*.**

Ex. : La duchesse plaisait encore beaucoup aux hommes bien qu'elle [~~fut~~] [fût] déjà d'un certain âge.

1. Dès que le train [fut] [fût] en gare, les passagers coururent pour avoir une place assise.

2. Sa femme répondit avant qu'il n' [eut] [eût] le temps d'ouvrir la bouche.

3. Tu aurais dû laisser un peu d'argent à ton fils, ne [fut] [fût] -ce que dix euros.

3   **Complainte amoureuse. Dans ce poème, l'écrivain et humoriste Alphonse Allais (1854-1905) se moque d'un amoureux désespéré. L'effet ridicule et comique est surtout produit par les verbes au passé simple et à l'imparfait du subjonctif. Remettez les verbes aux temps indiqués.**

Oui, dès l'instant que je vous *vis*,

Beauté féroce, vous me _____ ;

De l'amour qu'en vos yeux je _____ ,

Sur-le-champ vous vous _____ ;

Mais de quel air froid vous _____

Tous les soins que pour vous je _____ !

En vain je _____ , je _____ :

Dans votre dureté vous _____

Mépriser tout ce que je _____ .

Même un jour je vous _____

Un billet tendre que vous _____ ,

Et je ne sais comment vous _____

De sang-froid voir ce que j'y _____ .

Ah ! Fallait-il que je vous _____ ,

Fallait-il que vous me _____ ,

Qu'ingénument je vous le _____ ,

Qu'avec orgueil vous vous _____ !

Fallait-il que je vous _____ ,

Que vous me _____ ,

Et qu'en vain je m' _____ ,

Et que je vous _____

Pour que vous m' _____ !

*Ex. : **Voir : passé simple***

→ **1.** Plaire : passé simple

→ **2.** Prendre : passé simple

→ **3.** S'apercevoir : passé simple

→ **4.** Recevoir : passé simple

→ **5.** Prendre : passé simple

→ **6.** Prier, gémir : passé simple

→ **7.** Savoir : passé simple

→ **8.** Faire : passé simple

→ **9.** Écrire : passé simple

→ **10.** Lire : passé simple

→ **11.** Pouvoir : passé simple

→ **12.** Mettre : passé simple

→ **13.** Voir : imparfait du subjonctif

→ **14.** Plaire : imparfait du subjonctif

→ **15.** Dire : imparfait du subjonctif

→ **16.** Se taire : imparfait du subjonctif

→ **17.** Aimer : imparfait du subjonctif

→ **18.** Désespérer : imparfait du subjonctif

→ **19.** S'opiniâtrer : imparfait du subjonctif

→ **20.** Idolâtrer : imparfait du subjonctif

→ **21.** Assassiner : imparfait du subjonctif

Alphonse Allais
Plaisirs d'humour

1,50 €

9

-AI, -AIS OU -AIT ?

Tu sav**ais** que mon père ét**ait** juge ?
À huit ans, je donn**ai** mon premier concert de violon.

RAPPEL

– Les terminaisons verbales sont les mêmes pour l'imparfait et le
  conditionnel présent : **-ais, -ais, -ait,** -ions, -iez, **-aient.**
  > *Je jou**ais** au tennis, ma sœur préfér**ait** la danse.*
  > *Tu aimer**ais** venir avec nous en Espagne ?*

– Le verbe avoir :
ai : 1ère personne du singulier du verbe avoir au présent. *J'**ai** le temps.*
aie, aies, ait, ayons, ayez, **aient** : subjonctif présent. *Il faut que j'**aie** mon bac.*

– **-aît :** 3ème personne du singulier pour quelques verbes au présent comme
  connaître, naître, paraître, plaire, etc. *Betty pl**aît** beaucoup à Romain.*

-RAI OU -RAIS : FUTUR OU CONDITIONNEL ?

Il est fréquent de confondre ces deux formes à l'écrit. (À l'oral, la règle, pas
toujours respectée, veut qu'on les différencie : **rai** [re] et **rais** [rɛ]).
-rai est la terminaison de la 1ère personne du singulier des verbes au futur simple.
> *Je vous enver**rai** le document demain.*

-rais est la terminaison de la 1ère et de la 2e personnes du singulier des verbes au
conditionnel présent.
> *J'aime**rais** vous inviter à dîner. Pour**rais**-tu m'aider ?*

 Il n'y a pas de confusion possible avec les autres personnes du futur qui se prononcent
différemment : **-ras, -ra, -rons, -rez, -ront.** *Tu boiras* (futur), *tu boirais* (conditionnel).

-AI, -AIS : PASSÉ SIMPLE OU IMPARFAIT ?

Les verbes du 1er groupe (-er) ont leur passé simple en **-ai,** -as, -a, -âmes, -âtes, -èrent
(*cf.* Le passé simple et l'imparfait du subjonctif). La confusion peut donc se faire à la
première personne du singulier avec l'imparfait. C'est le sens qui fait la différence.
> *Je pris un bain et je me couch**ai** aussitôt* (passé simple, c'est arrivé une fois).
> *Autrefois, tous les soirs, je pren**ais** un bain et je me couch**ais** tôt* (imparfait,
> c'est une habitude du passé).

Le passé simple est rare à l'oral. La règle, pas toujours respectée, veut qu'on
prononce **ai** [e] et **ais** [ɛ].

QU'IL AIT (avoir au subjonctif) ou QU'IL EST (être au présent)?

Pour trouver la forme correcte, si on peut remplacer par **qu'il était**, on met **qu'il
est**, sinon **qu'il ait**.
> *C'est vrai **qu'il ait/est ?** gentil.* → *C'est vrai **qu'il était** gentil.* → ***qu'il est***
> *Il est normal **qu'il ait/est ?** des vacances.* → *Il est normal qu'il ~~était~~ des*
> *vacances.* → ***qu'il ait***

1   Cochez les cases correspondant au verbe.

	je	tu	il	présent	imparfait	conditionnel	subjonctif
Ex. : perdrais	✓	✓				✓	
1. faisait							
2. ait							
3. préférerais							
4. choisirait							
5. connaît							

2   Écrivez les terminaisons en *-rai*, *-rais* ou *-rait*.

Cher Paul,

J'espère que tu vas bien. Je *voudrais* te demander un petit service. Le 8 octobre, je se_____ obligé de m'absenter du bureau. J'aime_____ que ce soit pour une occasion heureuse, malheureusement c'est pour signer les papiers de mon divorce. Les ressources humaines m'ont donné ma journée mais pour_____-tu me remplacer pour une réunion ce jour-là à 15 h ? Ne t'inquiète pas, si tu acceptes, j'au_____ toutes mes affaires à jour et je te di_____ quoi faire. Il ne dev_____ y avoir aucun problème. Ce se_____ vraiment sympa de ta part et je te rend_____ la pareille, tu peux en être sûr. Tu peux m'appeler ce soir, je se_____ chez moi à partir de 19 h. À tout à l'heure,

Bastien

3   Choisissez la proposition correcte.

Ex. : Ce jour-là, j'_____ la maison dont je _____ depuis des années. | achetai-rêvais | ~~achetais-rêvai~~

1. Ce matin-là, je me _____ tôt. D'habitude, je _____ au lit jusqu'à midi. | levais-restai | levai-restais |

2. Tous les jours, je _____ environ six kilomètres mais cette fois je _____ de prendre ma bicyclette.
| marchais-décidai | | marchai-décidais |

3. J'_____ son retour depuis longtemps. Quand elle arriva, je _____ de joie. | espérai-sautais | | espérais-sautai |

4   Complétez par *ait* ou *est*.

*Ex. : C'est impossible qu'il **ait** compris.*

1. Tout le monde sait qu'elle _____ retournée vivre chez ses parents.

2. Où se passera le mariage ? – Il est possible qu'il _____ lieu en Argentine.

3. Jocelyne m'assure qu'il n'_____ pas trop tard pour envoyer ma candidature.

4. Il est invraisemblable que Daniel n'_____ pas été choisi pour ce poste.

5. Il semble que sa femme n'_____ jamais été au courant de ses problèmes financiers.

6. Tant qu'il _____ président, il ne peut pas être jugé.

7. C'est embêtant qu'il _____ fait tant de fautes dans sa thèse.

8. Il est dommage que l'autre partie n'_____ pas essayé de négocier.

10

L'ADJECTIF VERBAL
ET LE PARTICIPE PRÉSENT

> Les enfants, **courant** dans les escaliers **roulants**,
> ont provoqué un petit accident.

un escalier roulant

L'ADJECTIF VERBAL

L'adjectif verbal se forme à partir du radical de la première personne du pluriel du présent (**-ons** devient **-ant** : *nous intéressons* → *intéress**ant***).

*C'est un livre **intéressant**.*
*J'espère que j'ai acheté le billet **gagnant**.*

L'adjectif verbal se comporte comme un adjectif : il peut avoir un féminin et un pluriel.

*Dans cette gare, les escaliers **roulants** sont souvent en panne.*
*J'ai vu, hier soir, une étoile **filante**.*

LE PARTICIPE PRÉSENT

Comme l'adjectif verbal, le participe présent se forme à partir du radical de la première personne du pluriel du présent (**-ons** devient **-ant** : *nous parlons* → *parl**ant***).

*Nous recherchons un candidat **parlant** l'anglais et le russe.*
*Ne **connaissant** pas le russe, Martin n'a pas pu postuler.*

Le participe présent ne se comporte pas comme l'adjectif verbal. Il doit avoir un complément (complément d'objet direct ou indirect, de lieu, adverbe, négation, subordonnée, etc.). Il est toujours invariable.

*Ne **sachant** pas sa leçon, la petite fille a eu une mauvaise note.*
***Roulant** trop vite, ils ont eu un accident. **Courant** dans les escaliers, elle est tombée.*
***Comprenant** qu'elle avait tort, elle s'est excusée.*

Quelquefois, l'adjectif verbal peut avoir un complément (adverbe, négation). Mais l'adverbe est devant l'adjectif verbal et la négation est formée avec **non** :

> *Des enfants **souriant toujours** (participe présent, invariable), des enfants **toujours souriants** (adjectif verbal, accord).*
> *Une personne **ne voyant rien** (participe), une personne **non-voyante** (adjectif).*

Le gérondif se construit comme le participe présent (précédé de **en**) ; il est toujours invariable et ne doit pas toujours avoir un complément.

> ***En roulant** trop vite, ils ont eu un accident. Elle s'est fait mal **en tombant**.*

FORMES DIFFÉRENTES

Quelquefois, la forme du participe présent ne suit pas la règle : ***étant*** (être), ***ayant*** (avoir).

> ***Ayant** dix-sept ans et **étant** mineure, elle n'a pas pu acheter d'alcool.*

La forme du participe présent et la forme de l'adjectif verbal peuvent être différentes. Le participe présent du verbe *savoir* se forme sur le subjonctif (***sachant***) et l'adjectif verbal sur l'indicatif (***savant***). Mais c'est l'inverse pour les verbes *pouvoir* et *valoir* (***puissant, vaillant***, adjectifs ; ***pouvant, valant***, participes).

> *Mes voisins sont très **savants**. Ce sont des personnes **sachant** le grec, le latin et l'hébreu.*
> *Une économie **pouvant** faire face sans problème à la crise est une économie **puissante**.*
> *Paul est très **vaillant** à l'ouvrage. Il fait un travail **valant** bien celui de deux personnes.*

On peut distinguer par l'orthographe quelques adjectifs verbaux des participes présents.

L'adjectif verbal est en **-cant** et le participe présent en **-quant** :

communicant	communiquant
convaincant	convainquant
provocant	provoquant
suffocant	suffoquant
vacant	vaquant

> *Elle n'est pas très **communicante**. J'imagine mal Caroline **communiquant** ses impressions.*
> *Luc a eu un comportement **provocant**. Des inondations ont eu lieu, **provoquant** une catastrophe.*
> *Il y avait une atmosphère **suffocante**. **Suffoquant** d'indignation, elle a quitté la réunion.*

L'adjectif verbal est en **-gant** et le participe présent en **-guant** :

délégant	déléguant
divagant	divaguant
fatigant	fatiguant
intrigant	intriguant
navigant	naviguant
zigzagant	zigzaguant

> *Des travaux **fatigants**. Des exercices **fatiguant** les muscles des jambes.*
> *Des problèmes **intrigants**. Une histoire **intriguant** les enfants.*
> *Le personnel **navigant**. Un bateau **naviguant** sur l'océan.*

E X E R C I C E S

1   **Transformez la proposition relative en adjectif verbal (faites l'accord si nécessaire).**

*Ex. : Elle a les yeux qui brillent. → Elle a les yeux **brillants**.*

1. Il a acheté des lunettes avec des verres qui grossissent.

Il a acheté des lunettes avec des verres _____.

2. Fabienne a écrit un ouvrage qui étonne et un article qui amuse.

Fabienne a écrit un ouvrage _____ et un article _____.

3. Dans ce magasin, tu pourras trouver des produits qui lubrifient.

Dans ce magasin, tu pourras trouver des produits _____.

4. C'est un roman qui intéresse.

C'est un roman _____.

5. Pour l'examen oral, il devra faire face à des professeurs qui impressionnent.

Pour l'examen oral, il devra faire face à des professeurs _____.

2   *-ant* ou *-ants*. **Choisissez la bonne orthographe.**

Ex. : L'agence de voyages propose des séjours ~~interessant~~   *intéressants* *en Méditerranée.*

1. J'ai quelquefois rencontré des conférenciers | passionnant | | passionnants | leur public.

2. Ils se sont perdus dans la montagne. | Souffrant | | souffrants | de froid, ils ont dû être hospitalisés.

3. Les enfants ont été | charmant | | charmants | toute la soirée.

4. | Étudiant | | Étudiants | à la bibliothèque pour préparer leur examen, ils n'ont pas vu le temps passer.

5. Les voyageurs prennent les escaliers | roulant | | roulants | dans le grand hall de la gare.

3   **Transformez le verbe à l'infinitif en adjectif verbal ou en participe présent (attention à l'accord).**

*Ex. : Lucie a vu Anne (jouer) **jouant** au tennis.*

1. (Faire) _____ des courses, Luc et Fabienne ont rencontré des amis.

2. Les enfants sont un peu malades. Ils ne sont pas très (valoir) _____ aujourd'hui.

3. (Pleurer) _____ de rage, la petite fille a cassé son jouet.

4. Le professeur a choisi des activités (pouvoir) _____ intéresser toute la classe.

5. (Savoir) _____ qu'ils n'étaient pas les plus (pouvoir) _____ , ils ont reculé.

4   **Séduction. Changez l'adjectif en participe.**

*Ex. : Marion est une fille souriante (à tout le monde). → C'est une fille **souriant à tout le monde**.*

1. C'est une fille ravissante (tous ceux qui l'approchent).

C'est une fille _____ .

2. C'est une fille charmante (les hommes).

C'est une fille _____ .

3. C'est une fille attirante (les regards masculins).

C'est une fille _____ .

4. Les hommes lui envoient des regards brûlants (d'amour).

Les hommes lui envoient des regards _____ .

5. Mais elle leur renvoie des regards glaçants (d'indifférence).

Mais elle leur renvoie des regards _____ .

E X E R C I C E S

5 **Placez l'adverbe devant ou après l'adjectif verbal ou le participe présent.**

*Ex. : (toujours) Des enfants souriant **toujours**.*

1. (peu) Dans cette rue, il y a des commerçants _____ accueillants _____ .

2. (rarement) Ce réalisateur fait des films _____ passionnants _____ .

3. (encore) Ce sont de vieux acteurs _____ séduisant _____ .

4. (quelquefois) Dans ce restaurant, il y a des plats _____ piquants _____ .

5. (souvent) Cet auteur écrit des livres _____ bouleversants _____ .

6 *-cant, -cants* **ou** *-quant* **? Choisissez la bonne terminaison.**

*Ex. : Il y a des postes va**cants** dans cette entreprise.*

1. Jacques est très convain_____. Quand il discute, il a des arguments souvent convain_____. C'est un interlocuteur convai_____ facilement ses contradicteurs.

2. Jean a étudié aujourd'hui à l'école le principe des vases communi_____. Communi_____ avec ses élèves, son professeur s'est assuré qu'ils avaient tous compris.

3. Les discours provo_____ du chef d'entreprise ont choqué les syndicats, provo_____ ainsi une situation de crise.

4. Ne pouvant plus respirer dans cet air suffo_____ , les pompiers sont sortis en suffo_____.

7 **Choisissez la bonne orthographe.**

Ex. : Un chien sans maître, errant, est appelé un chien | *divagant* | ~~divaguant~~ .

1. Henri est un excellent chef de projet, sachant faire confiance à ses collaborateurs et | délégant | | déléguant | facilement des responsabilités.

2. J'ai fait ce matin un travail | fatigant | | fatiguant | .

3. | Zigzagant | | Zigzaguant | entre les voitures, le cycliste a réussi à sortir de l'embouteillage.

4. | Navigant | | Naviguant | régulièrement sur ce fleuve, le capitaine en connaît bien les courants et les dangers.

5. Lucien nous a fait un récit | intrigant | | intriguant | de sa rencontre avec un magicien.

8 **Placez le bon mot dans le texte :** *ayant, charmant, concernant, connaissant, disposant, intéressant, permettant, restant, voyageant.*

Ayant appris que vous vendez une maison dans un village près de Nancy, nous sommes intéressés par votre proposition. _____ beaucoup en Lorraine, nous aimerions posséder une habitation nous _____ des séjours prolongés. _____ bien cette région, nous avons souvent visité ce _____ village. _____ d'une voiture, l'isolement de l'endroit ne nous fait pas peur. Le prix que vous fixez est _____ et nous convient parfaitement.

_____ à votre disposition pour toute information nous _____ , nous vous prions d'agréer nos salutations distinguées.

Quels sont les adjectifs verbaux ? _____

Quels sont les participes présents ?

-ANT OU -AND ?

Chez le **marchand**, Roland a acheté des **gants** très **élégants**.

un gland

un gant

LES MOTS EN -ANT

Les adjectifs terminés par **-ant** sont souvent des adjectifs verbaux, construits à partir d'un verbe (*cf.* L'adjectif verbal et le participe présent) : *amusant, brillant, souriant*, etc.

> Mon voisin est toujours **souriant**.
> J'ai vu un film **amusant**.
> Tu as eu une idée **brillante**.

Mais tous les adjectifs terminés par **-ant** ne sont pas des adjectifs verbaux : *ambiant, constant, élégant, pédant, vigilant*, etc. (ils ne sont pas formés à partir d'un verbe.)

> Pascal est très **élégant**.
> Dans ses explications, Gérard se montre quelquefois **pédant**.
> Joël a changé trois fois de travail cette année. Il n'est pas très **constant**.

Les adjectifs verbaux peuvent devenir des noms : *le commerçant, l'enseignant, le mourant, l'étudiant, le croyant, le savant*, etc.

> L'**enseignante** corrige les devoirs de ses **étudiants**.
> Ce **commerçant** est très aimable.
> Un **savant** belge a reçu le prix Nobel de physique.

D'autres noms en **-ant** ne viennent pas d'adjectifs verbaux : *amant, chant, diamant, enfant, gant, géant, instant, lieutenant, néant*, etc.

> Son **amant** lui a offert un **diamant**.
> Cet **enfant** adore le **chant**.
> Le **lieutenant** a résolu le problème en un **instant**.

Des mots grammaticaux (prépositions, adverbes) peuvent se terminer par **-ant** : *avant, autant, cependant, devant, durant, maintenant, pendant, pourtant*, etc.

> Antonio a étudié le français **pendant** cinq ans ; il le parle **pourtant** mal.
> **Avant** la crise, il n'y avait pas **autant** de mendiants.

Participes présents et gérondifs se terminent par **-ant** (ils sont invariables, *cf.* L'adjectif verbal et le participe présent).

> Me **promenant** dans un parc, j'ai rencontré des amis.
> C'est **en forgeant** qu'on devient forgeron. (proverbe)

Le participe présent ou le gérondif, invariables, peuvent se confondre avec un nom ou un adjectif. Ils ont la même orthographe mais pas le même sens. Quelques exemples :

Aimant peut être un adjectif ou un participe (du verbe *aimer*) : *des parents aimant leurs enfants*. Il peut être aussi un nom (le verbe est alors *aimanter*) : *L'aimant attire le fer et quelques autres métaux.*

Confiant peut être un participe (du verbe *confier*) : *En confiant ses problèmes à Annick, qui ne sait pas garder un secret, Arthur a fait une grave erreur.* *Confiant* peut aussi être un adjectif (*avoir confiance en*) : *Arthur est trop confiant.*

Croissant peut être l'adjectif ou le participe du verbe *croître*, mais aussi un nom : *Nous rencontrons des problèmes croissants. Vous avez des croissants ?*

LES MOTS EN -AND

Les mots terminés par **-and** sont moins fréquents. Ce sont des noms qui indiquent une profession ou une occupation : *brigand, chaland, marchand, tisserand, truand*.
    *Le **tisserand** vend toute sa production à un **marchand**.*
    *Le **chaland** est un bateau, c'est aussi un vieux mot pour désigner un client.*

Quelques noms qui n'indiquent pas une occupation comme *friand, gland* et *goéland*.
    *Le **friand** est un petit gâteau à la viande.*
    *Les porcs se nourrissent de **glands**.*

Des noms ou des adjectifs de nationalité ou d'origine : *allemand, flamand, normand, romand*.
    *La Suisse **romande** est la partie francophone de la Suisse.*
    *Frans est **flamand**, il comprend l'**allemand**.*

Quelques adjectifs qui n'indiquent pas une origine : *friand, gourmand, grand*.
    *Le petit Pierre est **gourmand**, il est **friand** de bonbons.*

Un mot grammatical *quand* et une terminaison verbale *répand* (du verbe *répandre*).
    *On **répand** du sel sur le trottoir **quand** il a neigé.*

ATTENTION

Quelquefois, les deux orthographes sont possibles mais le sens change.

Flamand est un nom ou un adjectif (un habitant des Flandres ou la langue des Flandres) et *flamant* est un nom d'oiseau.
    *En vacances en Espagne, les touristes **flamands** ont pu admirer des **flamants** roses.*

Marchand est un nom (commerçant) et *marchant* est le participe présent du verbe *marcher*.
    *Marchant dans la rue, j'ai acheté une glace chez un **marchand**.*

Quant à signifie *en ce qui concerne*. Ne pas confondre avec *quand* (conjonction ou adverbe).
    *Quant à votre commande, nous vous préviendrons **quand** elle sera arrivée.*

Gand est une ville belge, le *gant* recouvre la main.
    *En visite à **Gand**, j'ai acheté une paire de **gants**.*

E X E R C I C E S

1 Quelle est sa profession ? Tous les mots se terminent par *-ant* ou *-and*.

*Ex. : Il commande à l'armée, c'est un **commandant**.*

1. Il fait des tissus, c'est un _____ .

2. Il étudie la biologie, c'est un _____ .

3. Il enseigne, c'est un _____ .

4. Il fait du commerce, c'est un _____ .

2 Les enfants de Sabine. Complétez avec *-ant* ou *-and* (*-ants* ou *-ands*).

*Ex. : Sabine a deux enf**ants**.*

1. Les enfants de Sabine sont raviss_____ .

2. À l'école, ils étudient le ch_____ .

3. Ils sont fri_____ de gâteaux et de sucreries.

4. Après l'école, ils vont chez le march_____ de bonbons.

5. Ils rentrent à la maison en mange_____ des sucreries.

3 Bertrand et Constant. Bertrand et Constant sont deux amis. Trouvez leurs caractéristiques (tous les mots sont dans la leçon).

– Bertrand

Bertrand n'est pas petit, il est _____.

Il est né et habite à Caen, il est _____.

Comme il va souvent en Belgique, il parle _____.

Il adore manger, il est très _____.

Bertrand est garagiste. Il n'est pas très honnête, il est un peu _____.

– Constant

Constant sait beaucoup de choses, il est très _____.

Il aime étaler ses connaissances, il est un peu _____.

Il va tous les dimanches à l'église, il est très _____.

Il adore bien s'habiller, il est _____.

Il fait confiance à tout le monde, il est trop _____.

4 Au zoo. Trouvez le nom de l'animal.

– Dis maman, qu'est-ce que c'est, ce grand animal ?

– Lequel, celui qui a un grand nez ? Cela s'appelle une trompe.

– Oui, et il a de grandes oreilles et de grandes dents.

– Ce ne sont pas des dents, ce sont des défenses. C'est un _____.

– Et cet oiseau qui est tout blanc, c'est une mouette ?

– Non, il lui ressemble, mais ce n'est pas une mouette, c'est un _____.

– Dis maman, cet autre oiseau, il n'a qu'une patte ?

– Non, il en a deux, mais il aime se tenir sur une seule patte.

– Et comment il s'appelle cet oiseau tout rose ? – C'est un _____.

5 Une nourrice sympathique. Choisissez la bonne orthographe.

Ex. : Passant ~~Passants~~ *dans cette rue, ils ont été témoins d'une agression.*

1. Les parents ont fait le bon choix en confiant confiants leurs enfants à cette nourrice.

2. Ils se sentent bien chez elle. Ils sont confiant confiants .

3. Elle les adore. Elle les trouve très aimant aimants .

4. Aimant Aimants les gâteaux, ils mangent chez elles des croissant croissants .

6 Quelle journée ! Terminez avec *-t* ou *-d*.

Ex. : Je reviens dans un instant.

1. Ce matin, j'ai suivi à l'université un cours d'alleman__.

2. Vers dix heures trente, j'avais faim, je suis allé à la charcuterie acheter un frian__.

3. Puis je suis allé à la bijouterie voir un diaman__.

4. Ensuite, j'ai déjeuné dans un restauran__.

5. Je suis passé à la station d'essence prendre du carburan__.

6. J'ai rendu visite à un ami qui est lieutenan__.

7. Il m'a raconté qu'un jour, il avait arrêté un brigan__.

8. Son récit était intéressan__, mais un peu fatigan__.

9. Rentré chez moi, j'ai pris un calman__.

7 Choisissez le bon mot.

Ex. : J'ai perdu un gant ~~Gand~~ .

1. Gant Gand est une ville où l'on parle flamant flamand .

2. Pour acheter un appartement, tu devrais t'adresser à un marchant marchand de biens.

3. C'est bientôt l'heure de mon cours de chant champ .

4. En marchant marchand une heure par jour, tu devrais perdre du poids.

5. Sais-tu quant quand les cours vont commencer ?

6. Pour son exposé sur les oiseaux à l'école, Jean a scanné la photo d'un flamant flamand rose.

7. Le français de Suisse est aussi appelé le suisse roman romand .

8. Alice adore le théâtre. Quant Quand à moi, je préfère le cinéma.

8 Charades

Mon premier attrape les souris : _____.

Mon second n'est pas rapide : _____.

Mon tout est un bateau ou un client : _____.

Mon premier est le contraire de sud : _____.

Mon second ne dit pas la vérité : _____.

Mon tout habite à Rouen, Caen ou Cherbourg : _____.

9 Rébus

100

Un : _____

LES ADJECTIFS :
-ANT OU -ENT ?

Vincent a acheté le billet **gagnant** du loto. Il est très **content**.

Les adjectifs qui se terminent avec le son [ã] s'écrivent généralement avec **-ant** ou **-ent**. Mais il peut y avoir d'autres terminaisons : **-an** (*persan*), **-anc** (*blanc, franc*), **-and** (*gourmand, grand, cf.* -ant ou -and ?).
> *J'ai acheté un **grand** tapis **persan**. Tu n'as pas été très **franc** avec moi.*

ADJECTIFS AVEC -ANT

Ce sont principalement les adjectifs qui viennent d'un verbe (*cf.* -ant ou -and ?) : *débutant* (débuter), *ignorant* (ignorer), *important* (importer), *gagnant* (gagner), *vivant* (vivre), etc.
> *C'est un vendeur **débutant**, il est encore un peu **ignorant**.*
> *Le biologiste s'intéresse aux organismes **vivants**.*
> *Ne vous préoccupez pas de cela. Ce n'est pas très **important**.*

Quelques adjectifs viennent d'un verbe qui est peu connu. L'adjectif *bruyant* vient du verbe *bruire* qui a le sens de *retentir*.
> *Partons d'ici, cet endroit est vraiment trop **bruyant**.*

Mais il existe aussi des adjectifs qui ne viennent pas de verbes : *élégant, galant, géant, sanglant*, etc.
> *Au zoo, il y a un panda **géant**.*
> *Entre ces adversaires acharnés, le combat a été **sanglant**.*

Certains des adjectifs en **-ant** peuvent devenir des noms : *un débutant, un géant, un ignorant, un gagnant, un vivant*, etc.
> *C'est un **débutant**, mais il a l'étoffe d'un **gagnant**.*
> *Il comprend tout très vite, il avance à pas de **géant**.*

ADJECTIFS AVEC -ENT

Ce sont des adjectifs qui, normalement, ne proviennent pas d'un verbe mais plutôt d'un nom terminé par **-ence** : *absent* (absence), *compétent* (compétence), *conséquent* (conséquence), *décent* (décence), *déficient* (déficience), *dément* (démence), *insolent* (insolence), *intelligent* (intelligence), *présent* (présence), *prudent* (prudence), etc. (alors que les adjectifs en **-ant** forment des noms en **-ance** : *importance, ignorance, élégance*, etc.).
> *Paul est souvent **absent** au travail, et en plus il est **insolent** avec ses supérieurs.*
> *Pourtant, il est **intelligent** et **compétent**.*

Certains peuvent aussi devenir des noms : *un dément, un insolent*.
> *Avant la Révolution française, les **déments** étaient enfermés dans des prisons.*

D'autres adjectifs ne proviennent ni d'un verbe ni d'un nom : *ardent, content, lent, récent*, etc.
> *Il est **content** de son **récent** succès.*
> *Le service dans ce restaurant est très **lent**.*

1 Complétez avec -c, -d ou -t et identifiez le personnage : *Clovis, Charles de Gaulle, Henri IV, Albert Schweitzer, Louis Pasteur.*

Ex. : Il a écrit l'histoire de trois mousquetaires et de leur ami d'Artagnan qui était très vaillant. C'est Alexandre Dumas.

1. Ce docteur, célèbre pour son aide humanitaire en Afrique, a été alleman_____ avant d'être français. C'est _____.

2. Avant une bataille en 1590, ce roi a prononcé la phrase célèbre : « *Ralliez-vous à mon panache blan_____* ». C'est _____.

3. Ce roi fran_____ est considéré comme le premier roi de France. C'est _____.

4. Ce scientifique très savan_____ a inventé le vaccin contre la rage. Il a donné son nom à un célèbre institut de recherche à Paris. C'est _____.

5. Ce général, résistant pendant la Seconde Guerre mondiale, puis président de la République française, était très gran_____ (1,96 m). C'est _____.

2 *Abondant, conscient, ignorant, patient, prudent.* Transformez ces adjectifs en noms pour compléter ces proverbes ou citations.

*Ex. : Important. Une chose ne vaut que par l'**importance** qu'on lui donne (Gide).*

1. _____ est mère de sûreté. (proverbe)

2. Il n'y a qu'un seul péché, c'est l'_____. (proverbe)

3. _____ et longueur de temps font plus que force et que rage. (La Fontaine)

4. Science sans _____ n'est que ruine de l'âme. (Rabelais)

5. _____ de biens ne nuit pas. (proverbe)

3 Vincent n'a pas que des qualités. Complétez avec -ant ou -ent.

Ex. : Il est méfiant.

1. Il est énerv_____.

2. Il est méch_____.

3. Il est insol_____.

4. Il est viol_____.

5. Il est inconst_____.

4 Clément est mieux (même exercice).

1. Il est prud_____.

2. Il est plais_____.

3. Il est gal_____.

4. Il n'est pas ignor_____.

5. Même s'il est un peu l_____.

5 Trouvez l'intrus (et dites pourquoi).

*Ex. : Vivant, gagnant, amusant, **géant** (ne vient pas d'un verbe).*

1. Présent, content, intelligent, décent. _____

2. Souriant, sanglant, brillant, charmant. _____

3. Débutant, dément, ambiant, insolent. _____

LE PARTICIPE ET L'ADJECTIF : -ANT ET -ENT

Soyez prudent

> Cet homme **violent** a commis des actes **violant** la loi.

Les adjectifs en **-ant** proviennent souvent d'un verbe (adjectif verbal) et les adjectifs en **-ent** d'un nom terminé par **-ence** (cf. Les adjectifs : -ant ou -ent ?).

> Irriter → *irritant* : *Quentin a un comportement souvent **irritant**.*
> Indulgence → *indulgent* : *Il faut être **indulgent** avec lui.*

Les adjectifs en **-ant** ont généralement la même forme au participe présent (cf. L'adjectif verbal et le participe présent) : ***Irritant** beaucoup de gens, Quentin n'est pas très aimé.*

Parfois, l'adjectif et le participe présent comme le gérondif (toujours invariable) ont la même racine, mais les formes (et le sens) sont assez différentes.

> Apparaître → *apparaissant* (participe) : ***Apparaissant** brusquement, il a surpris tout le monde.*
> Apparence → *apparent* (adjectif) : *Tu me dis qu'il a changé, mais ce n'est pas très **apparent**.*

Dans quelques cas, la prononciation est la même, mais le participe présent s'écrit avec **-ant** et l'adjectif avec **-ent**.

Verbe	Participe	Adjectif	Nom
adhérer	adhérant	adhérent	adhérence
affluer	affluant	affluent	affluence
coïncider	coïncidant	coïncident	coïncidence
confluer	confluant	confluent	confluence
converger	convergeant	convergent	convergence
déférer	déférant	déférent	déférence
différer	différant	différent	différence
diverger	divergeant	divergent	divergence
émerger	émergeant	émergent	émergence
équivaloir	équivalant	équivalent	équivalence
exceller	excellant	excellent	excellence
influer	influant	influent	influence
négliger	négligeant	négligent	négligence
précéder	précédant	précédent	précédence
somnoler	somnolant	somnolent	somnolence
violer	violant	violent	violence

Parfois le sens est le même :

> *Victor est un **excellent** élève. C'est un élève **excellant** dans toutes les matières.*
> ***Adhérant** au parti, il a payé sa cotisation. Maintenant, c'est un membre **adhérent**.*

Parfois participes présents et adjectifs n'ont pas le même sens :

> ***Différant** (retardant) son retour, il est resté quelques jours de plus en Italie. Il est revenu à une date **différente** (autre).*

E X E R C I C E S

1 **Choisissez la bonne écriture.**

Ex. : Après le déjeuner, il est souvent ~~somnolant~~ **somnolent**.

1. Émergeant | Émergent | brusquement de l'obscurité, il a effrayé les passants.

2. Les pays émergeant | émergents | d'Amérique du Sud connaissent une croissance économique rapide.

3. Mon collègue n'est pas ponctuel et il est très négligeant | négligent | dans son travail.

4. Négligeant | Négligent | les avertissements, elle continue à arriver en retard.

5. Somnolant | Somnolent | à moitié, il n'a rien compris au cours.

2 **Complétez avec *-ant* ou *-ent*.**

*Ex. : Ce vin de Bordeaux sera excell**ent** avec un fromage.*

1. Il a reçu un bonus équival_____ à un mois de salaire.

2. Le volume de ces deux bouteilles n'est pas équival_____.

3. Précéd_____ le directeur, le secrétaire lui a ouvert la porte.

4. Le directeur précéd_____ des ressources humaines avait dû démissionner.

5. J'ai vu un film effrayant et viol_____ la nuit dernière.

3 **Remplacez la proposition relative par un participe présent (avec complément) ou un adjectif.**

*Ex. : Le jour qui a précédé le crime, il s'était acheté un pistolet. → Le jour **précédant** le crime, il s'était acheté un pistolet.*

1. Nous ne pourrons jamais nous entendre, nous avons des avis qui divergent. → Nous ne pourrons jamais nous entendre, nous avons des avis _____.

2. J'ai invité des amis qui adhèrent aux mêmes idées que toi. → J'ai invité des amis _____ _____.

3. Les policiers sont surpris par le nombre de manifestants qui affluent de tous les côtés. → Les policiers sont surpris par le nombre de manifestants _____ _____.

4. Nous devons nous mettre d'accord malgré nos positions qui diffèrent. → Nous devons nous mettre d'accord malgré nos positions _____.

5. Cette organisation prend en charge des immigrés qui confluent chaque jour de plus en plus nombreux aux frontières de l'Europe. → Cette organisation prend en charge des immigrés _____ _____.

4 **Transformez le nom en adjectif.**

*Ex. : La divergence de vue : des **vues divergentes**.*

1. L'excellence du travail : un _____ .

2. L'influence des syndicats : des _____ .

3. La déférence du candidat : un _____ .

4. La négligence du garagiste : un _____ .

5. L'équivalence des salaires : des _____ .

14

TOUT, TOUTE, TOUS ET TOUTES

On peut rire de **tout** mais pas avec **tout** le monde.

NOM

Tout peut être un nom :
> *Si vous me faites un prix, je prends **le tout**.*
> *Se sentant perdu, il a joué **le tout** pour **le tout**.*

On le trouve souvent dans des expressions comme *rien du tout, pas du tout, du tout au tout*, etc.
> *Je n'en sais rien du **tout**.*
> *Depuis son mariage, il a changé du **tout** au **tout**.*

Ce nom peut avoir (rarement) un pluriel :
> *Les **touts** et les parties.*
> *La vie est faite de **touts** et de riens.*

ADVERBE

Tout peut être un adverbe qui signifie *entièrement, complètement, tout à fait*.
> *Alain a trouvé un studio **tout** petit.*
> *En grammaire, soyez **tout** particulièrement attentifs aux accords.*
> *Les enfants sont sortis sous la pluie, ils sont revenus **tout** mouillés.*

 Ne pas confondre **tout** mouillés (adverbe, *entièrement mouillés*) et **tous** mouillés (pronom, *tous sont mouillés*).

Tout adverbe peut se trouver devant un gérondif.
> ***Tout** en marchant, elle réfléchissait.*

Devant un adjectif féminin, l'adverbe **tout** devient **toute** (**toutes** au pluriel).
> *Daniela est **toute** belle aujourd'hui.*
> *En apprenant que le lapin de la classe était mort, les petites filles étaient **toutes** tristes.*

 Cette phrase peut avoir deux sens : *toutes les petites filles étaient tristes* (pronom), *elles étaient complètement tristes* (adverbe).

Mais devant un adjectif féminin qui commence par une voyelle ou un h muet, il faut **tout**.
> *La salle **tout** entière a applaudi. Les spectatrices étaient **tout** émues.*
> *Julie était **tout** heureuse (h muet), mais Valérie était **toute** honteuse (h aspiré).*

L'adjectif **tout-puissant** suit ces règles : ***tout**-puissant, **toute**-puissante, **tout**-puissants, **toutes**-puissantes* : *La Grande-Bretagne de la reine Victoria était **toute-puissante**.*

PRONOM

Tout, **tous** et **toutes** peuvent être des pronoms (sujets ou compléments).
> *Tout va bien.*
> *On ne peut pas **tout** savoir.*
> *On ne peut pas penser à **tout**.*
> *Vous êtes **tous** là ? Bonjour à **tous**.*
> *Elles sont **toutes** venues, mais je ne les connais pas **toutes**.*

ADJECTIF

Tout, **toute**, **tous** et **toutes** peuvent être des adjectifs ; ils sont généralement suivis d'un déterminant. Ils s'accordent avec le nom qui les suit.
> *Il a plu **toute** la journée.*
> ***Tout** le monde n'était pas d'accord.*
> ***Tous** nos prix sont fixes.*
> *Le cours aura lieu **toutes** les semaines.*
> *Je ne connais pas **tous** ces auteurs.*

Quelquefois, souvent dans des proverbes, le déterminant disparaît (et le pluriel devient singulier).
> ***Toutes** les vérités ne sont pas bonnes à dire → **Toute** vérité n'est pas bonne à dire.*
> ***Tous** les hommes sont mortels → **Tout** homme est mortel.*

Dans certaines expressions, derrière une préposition, l'article disparaît. L'adjectif **tout** (**toute**) est alors au singulier ou au pluriel.

• Généralement au singulier *: à tout âge (mais à tous les âges), à toute heure (à toutes les heures), à tout prix, à tout propos, de tout temps, de toute manière, en tout cas, etc.*
> *Le magasin est ouvert à **toute** heure.*
> *Ne critique pas tes amis à **tout** propos.*
> *En **tout** cas, sois à l'heure à ton rendez-vous.*

• Généralement au pluriel : *à tous égards, à toutes fins utiles, de toutes pièces, en tous genres, en tous sens, en toutes lettres, etc.*
> *Veuillez écrire votre nom en **toutes** lettres.*
> *Laissez-nous votre adresse à **toutes** fins utiles.*

• Parfois, singulier et pluriel sont possibles : *à tout moment / à tous moments, de tout côté / de tous côtés, de toute sorte / de toutes sortes, de toute part / de toutes parts, en tout lieu / en tous lieux, en toute occasion / en toutes occasions, en toute saison / en toutes saisons, etc.*
> *Dans la salle de cinéma, **de tout côté / de tous côtés** des sifflets ont retenti.*
> *Le film a reçu de mauvaises critiques **de toute sorte / de toutes sortes**.*
> ***De toute part / de toutes parts**, des gens ont écrit pour se plaindre du film.*

Les grammaires ne sont pas toujours d'accord sur la question. La liste proposée (particulièrement les expressions qui acceptent le singulier et le pluriel) ne fait pas l'unanimité. Certains pluriels ne sont pas acceptés. Dans le doute, il vaut mieux mettre un singulier.

E X E R C I C E S

1 Choisissez la bonne orthographe.

Ex. : Je passerai | *tout* | | ~~toute~~ | *à l'heure.*

1. Ils sont très différents, ils diffèrent du | tout | | toute | au tout.

2. Je crois qu'elle a | tout | | toute | à fait raison.

3. Notre vie est faite de | tout | | touts | et de riens.

4. La vie est faite de | tout | | touts | petits riens.

5. | Tout | | Toute | en dînant, elle regarde la télévision.

2 Une soirée ratée. Ajouter un -e si nécessaire.

Ex. : Tout_ hardie et tout_ courageuse qu'elle soit, elle a eu très peur. (hardie, h aspiré)

1. Elle s'est préparée pour sortir. À vingt heures, elle était tout_ habillée. Elle était tout_ jolie.

2. Elle est allée au cinéma. Le film était étrange. D'abord tout_ surprise, ensuite tout_ émue, elle a fini par être tout_ effrayée.

3. Le film était si terrifiant qu'elle s'est levée tout_ hurlante et a quitté la salle.

4. En sortant du cinéma, elle était tout_ honteuse d'avoir crié.

3 Proverbes. Complétez ces proverbes avec *tout*, *toute*, *tous* ou *toutes* et indiquez s'il s'agit d'un pronom, d'un adverbe ou d'un adjectif.

Ex. : Tous les chemins mènent à Rome. Adjectif

1. Il ne faut pas mettre _____ ses œufs dans le même panier. _____

2. _____ est bien qui finit bien. _____

3. _____ nouveau, _____ beau. _____ et _____

4. _____ vérité n'est pas bonne à dire. _____

5. La nuit, _____ les chats sont gris. _____

6. _____ vient à point à qui sait attendre. _____

7. À _____ seigneur, _____ honneur. _____ et _____

8. _____ les goûts sont dans la nature. _____

9. _____ peine mérite salaire. _____

10. _____ ce qui brille n'est pas or. _____

11. _____ passe, _____ lasse, _____ casse.

_____ et _____ et _____

4 Laura fête son succès. Choisissez la bonne orthographe.

Ex. : Laura est | *tout* | | ~~toute~~ | *heureuse d'avoir réussi son doctorat.*

1. Ses professeurs sont | toutes | | tous | contents pour elle.

2. Elle est sortie avec ses amies, elles sont | tout | | toutes | joyeuses.

3. Laura est bien habillée. Elle est | tout | | toute | élégante.

4. L'avenir lui appartient. Elle se sent | tout-puissante | | toute-puissante |.

5 **L'examen. Choisissez la bonne orthographe.**

Ex. : Les étudiants sont ~~tout~~ | **tous** | venus pour l'examen.

1. – Bonjour Antoine, tu as | tout | | tous | révisé pour l'examen ?

2. – Oui, j'ai travaillé les questions difficiles. Je les sais | tout | | toutes |.

3. – Et tu as | tout | | toutes | compris ?

4. – Ça va. Je suis content, j'ai eu le temps de | tout | | tous | faire.

5. – Juliette et Fabien sont un peu inquiets. J'espère que nous allons | tous | | tout | / | tout | | tous | réussir.

6 **Cinéma. Retrouvez le titre du film en ajoutant *tout*, *toute*, *tous* ou *toutes*.**

Ex. : ***Tout*** ce que vous avez toujours voulu savoir sur le sexe (Woody Allen 1972)

1. De _____ nos forces (Bertrand Tavernier 2013)

2. _____ les autres s'appellent Ali (Rainer Werner Fassbinder 1974)

3. Si on vivait _____ ensemble ? (Stéphane Robelin 2012)

4. _____ sur ma mère (Pedro Almodovar 1999)

5. _____ une vie (Claude Lelouch 1974)

6. _____ le monde dit I love You (Woody Allen 1996)

7. _____ les matins du monde (Alain Corneau 1991)

8. Bruce _____-puissant (Tom Shadyac 2003)

9. L'année de _____ les dangers (Peter Weir 1982)

10. Ensemble, c'est _____ (Claude Berri 2007)

7 **Dans cette lettre ajoutez *-t*, *-e* ou *-s* à la fin du mot *tou*.**

Chers tou__,

Tou__ se passe bien dans ce petit village de Bretagne. Tou__ les jours, je vais au bord de la mer. La plage est tou__ près de l'hôtel. Il y a même un bar qui est ouvert à tou__ heure. Je ne m'ennuie pas du tou__. J'espère de tou__ cœur que toi Pierre et toi Marie, vous pourrez venir tou__ les deux prochainement avec vos enfants. Je vous invite en tou__ amitié.

À bientôt, je vous embrasse tou__.

Luc

8 **Supprimez l'article et réécrivez l'expression (il faudra parfois changer la préposition). Attention, deux réponses sont parfois possibles.**

Ex. : (En) Dans tous les cas → **En tout cas**

1. (À) À tous les âges → _____ .

2. (En) Avec toutes les lettres → _____ .

3. (De) De toutes les manières → _____ .

4. (De) De tous les côtés → _____ .

5. (À) À tous les moments → _____ .

LEUR ET LEURS

Dis-**leur** qu'ils peuvent venir avec **leurs** amis.

PRONOM PERSONNEL

Leur peut être un pronom personnel pluriel complément d'objet indirect. Il remplace *à eux, à elles*. Il est alors invariable.

> *Roland et Michel sont passés chez moi, je **leur** ai offert un café.*
> *Ses petites sœurs voulaient jouer avec son jeu vidéo. Patrick a refusé de **leur** prêter son jeu.*
> *S'ils téléphonent, dis-**leur** que je suis à la piscine.*
> *Ne **leur** raconte rien. Ils répètent tout.*

PRONOMS POSSESSIFS

Le leur, **la leur**, **les leurs** sont des pronoms possessifs (ce qui est à eux, à elles).

> *Nous avons eu un accident en vacances. J'ai contacté mes parents par téléphone et mes amis ont contacté **les leurs** par mail.*
> *J'ai changé d'ordinateur. Mes collègues ont aussi changé **le leur**.*
> *Mes voisins sont riches. Cette magnifique voiture, c'est **la leur**.*

 Attention aux contractions *(à + le, à + les)* : *au leur, aux leurs.*
*Il fallait prévenir que nous allions rentrer tard. J'ai téléphoné à mon père. Luc et Frédéric ont téléphoné **au leur** (ils sont frères, le même père), Emma et Lucie ont demandé **aux leurs** (deux pères différents) la permission de rester plus longtemps.*

Une forme rare : **les leurs** (leur famille). **Les miens**, **les tiens**, **les siens** (ma famille, ta famille, sa famille) sont un peu plus employés.

> *Fernando est français de la seconde génération. **Les siens** viennent du Portugal.*
> *Leila et Nora sont arrivées en France avec **les leurs** quand elles étaient petites.*

ADJECTIFS POSSESSIFS

Leur et **leurs** suivis d'un nom sont des adjectifs possessifs.

> *Le dimanche, ils prennent **leur** voiture pour aller à la campagne (une seule voiture).*
> *Les arbres perdent **leurs** feuilles (plusieurs feuilles).*

Il est parfois difficile de choisir entre **leur** et **leurs**. *Les enfants sont avec **leur** mère (il n'y a qu'une mère), les enfants sont avec **leurs** mères (deux ou plusieurs mères). Ils ont donné **leur** numéro de téléphone (ils ont un seul numéro). Ils ont échangé **leurs** numéros de téléphone (ils ont chacun un numéro de téléphone, mais ce n'est pas le même).*

> *Les enfants ont **leur** chambre (ils ont la même chambre).*
> *Les enfants ont **leurs** chambres (ils ont chacun une chambre).*

Pour éviter la confusion (**leur** et **leurs** ont la même prononciation), il est plus simple de dire : *Les enfants ont chacun **leur** chambre.*

E X E R C I C E S

1 **Transformez les mots soulignés en pronoms personnels.**

*Ex. : J'ai demandé un conseil <u>à des amis</u>. Je **leur** ai demandé un conseil.*

1. Le vendeur donne des informations <u>aux clients</u>. _____ .

2. Dis <u>à tes amis</u> que c'est d'accord. _____ .

3. La maman a proposé un jeu <u>aux enfants</u>. _____ .

4. Paul a offert le restaurant <u>à ses collègues</u>. _____ .

5. N'en parle pas <u>à Yves et à sa copine</u>. _____ .

2 **Le parasite. Complétez avec *le leur, la leur, les leurs*.**

*Ex. : Il n'a pas de voiture. Ses voisins en ont une. Il utilise **la leur**.*

1. Son ordinateur ne marche pas. Il va travailler sur _____ .

2. Son frigidaire est en panne. Il met sa bière dans _____ .

3. Sa machine à laver ne fonctionne pas. Il se sert de _____ .

4. Quand il n'a plus de cigarettes, il fume _____ .

5. Il n'a pas de console vidéo, mais il joue avec _____ .

3 **Le mauvais frère. Choisissez la bonne orthographe.**

Ex. : Et ton frère et ta sœur ? Tu ne parles qu'à tes amis. Parle aussi ~~au leur~~ **aux leurs** .

1. Tu ne penses qu'à ton confort. Pense aussi au leur aux leurs .

2. Tu ne joues qu'à des jeux qui t'intéressent. Joue aussi au leur aux leurs .

3. Tu ne t'intéresses qu'à tes projets. Intéresse-toi aussi au leur aux leurs .

4. Tu ne fais confiance qu'à ton jugement. Fais aussi confiance au leur aux leurs .

5. Tu ne fais attention qu'à tes affaires. Fais aussi attention au leur aux leurs .

4 **Complétez avec *leur* ou *leurs*.**

*Ex. : Je **leur** avais dit de faire attention.*

1. Je _____ ai expliqué que _____ projets n'étaient pas réalisables.

2. Je respecte _____ décisions. Ce sont _____ choix.

3. Les enfants ont chacun _____ lecteur mp3.

4. Donnez-_____ _____ cadeaux.

5. Je ne comprends pas _____ attitude.

5 **Un dimanche à la campagne. Choisissez la bonne orthographe.**

Ex. : Luc et Zoé vivent ensemble. Le dimanche, ils ne restent pas dans **leur appartement** ~~leurs appartements~~ .

1. Ils vont à la campagne avec leur voiture leurs voitures . C'est Valérie qui conduit.

2. Ils vont rejoindre leur ami leurs amis qui habitent dans un petit village.

3. Ils déjeunent dans leur restaurant préféré leurs restaurants préférés dont ils connaissent bien le patron.

4. Ils payent leur addition leurs additions séparément.

5. Le soir, ils reviennent satisfaits de leur dimanche leurs dimanches .

MÊME ET MÊMES

> Pourquoi nous sommes-nous mariés ?
> Nous n'avons **même** pas les **mêmes** goûts.

ADJECTIF

Lorsque **même** est un adjectif, il s'accorde : **même**, **mêmes**.
> *Tu prends un thé ? Je prendrai la **même** chose.*
> *Nous n'avons pas les **mêmes** valeurs.*
> *Carmen et moi, nous avons eu le **même** professeur.*

L'adjectif **même** peut aussi être derrière un pronom (*cela, celui-là, ceux-là*, etc.) ou un nom (il marque alors l'insistance). Il s'accorde avec le nom ou le pronom.
> *Ceux-là **mêmes** qui ont voté pour lui le détestent aujourd'hui.*
> *Il a donné sa démission et est parti en Grèce le jour **même**.*
> *Il est revenu habiter dans la maison **même** où il est né.*
> *Ce sont les paroles **mêmes** qu'il a prononcées.*

Derrière un pronom personnel, il faut un trait d'union : *moi-même, toi-même, lui-même, elle-même, soi-même, nous-mêmes, vous-mêmes (vous-même,* politesse*), eux-mêmes, elles-mêmes.*
> *– Monsieur Durand ? – **Lui-même**.*
> *Les enfants sont fiers du gâteau qu'ils ont fait **eux-mêmes**.*

PRONOM

Le même, la même, les mêmes.
> *Fais voir ton briquet. J'ai presque **le même**. Seule la couleur n'est pas tout à fait **la même**.*
> *Les politiciens sont tous **les mêmes**. Ils agissent tous du pareil au **même**.*

ADVERBE

Lorsqu'il est adverbe, **même** est invariable.
> *Ces lunettes de soleil ne valent **même** pas cinq euros.*
> *Interdit aux enfants **même** accompagnés.*

Dans les locutions, **même** est toujours invariable : *à même, de même, quand même, même quand, même si, tout de même*, etc.
> *Il sait que c'est un interdit, il le fait **quand même**.*

 Quelquefois, il peut y avoir confusion : *Le roi **même** ne pourrait pas se le permettre* (*le roi lui-même* ou *même le roi*). L'orthographe peut préciser le sens :
> *Ses alliés **mêmes** l'ont abandonné (ses alliés eux-mêmes,* adjectif, accord*).*
> *Ses alliés **même** l'ont abandonné (même ses alliés,* adverbe, invariable*).*

1 Alex et Jules. Terminez la phrase avec *le même, la même, les mêmes* et un de ces noms : *âge, études, diplôme, livres, taille, poids*.

Ex. : Alex a 25 ans, Jules a aussi 25 ans. Ils ont le même âge.

1. Alex mesure 1 m 80, Jules aussi. Ils ont _____ .

2. Alex pèse 78 kg et Jules pèse 85 kg. Ils n'ont pas _____ .

3. Alex a étudié l'économie, Jules aussi. Ils ont fait _____ .

4. Alex a un master 2 et Jules une licence. Ils n'ont pas _____ .

5. Alex lit des romans policiers et Jules de la poésie. Ils ne lisent pas _____ .

2 Le directeur du magasin. Complétez avec *même* ou *mêmes*. Ajoutez un trait d'union si nécessaire.

Ex. : – Bonjour, je cherche le directeur du magasin.

    *– C'est **moi-même**.*

1. – Vous vendez des éditions rares ?

    – C'est cela _____ .

2. – Je vous ai téléphoné la semaine dernière pour commander deux ouvrages. Je suis Madame Leroy.

    – En effet, nous les avons. Ce sont ceux-là _____ .

3. – Parfait. Pourriez-vous faire un paquet-cadeau ?

    – Je suis désolé. Nous ne faisons pas ce genre de choses nous _____ .

4. Mais chez vous, vous pourrez facilement le faire vous _____ .

5. Vous verrez, c'est la simplicité _____ .

3 Mettez ces phrases au pluriel.

Ex. : Nous avons eu le même professeur.   → *Nous avons eu les mêmes professeurs.*

1. Tu peux t'en occuper toi-même.   → _____ .

2. Même le directeur a été renvoyé.   → _____ .

3. Nous avons eu le même problème.   → _____ .

4. La couleur n'est pas tout à fait la même.   → _____ .

5. C'est celle-là même qui vous a répondu.   → _____ .

4 Cochez la bonne réponse.

Ex. : Ses alliés mêmes l'ont abandonné.

    ☐ *Même ses alliés l'ont abandonné.*
    ☒ *Ses alliés eux-mêmes l'ont abandonné.*

Les filles du roi mêmes ont embrassé le berger.

    ☐ Les filles du roi elles-mêmes.
    ☐ Les filles du roi lui-même.
    ☐ Même les filles du roi.

17 LES ADJECTIFS DE COULEUR

> Elle a les cheveux **châtain clair** et les yeux **marron**.

RAPPEL

Les adjectifs de couleur s'accordent en genre et en nombre avec le nom.
> *Il porte une chemise **blanche** et des chaussures **noires**.*

Les adjectifs dérivés d'un nom sont invariables : *orange, marron, saumon,* etc.
> *Elle trouve que des boucles d'oreille **orange** vont bien avec ses yeux **marron**.*

Exceptions : Certains adjectifs de couleur qui proviennent de noms de fleurs : *mauve, rose* et *violet.*
> *L'adolescente hésite entre des lunettes **roses**, **mauves** ou **violettes**.*

LES ADJECTIFS DE COULEURS INVARIABLES

■ Adjectifs provenant d'un fruit : *amande, abricot, cerise, citron, noisette, olive, orange, prune,* etc.
> *Vous avez le choix entre des chemisiers **abricot**, **orange**, **prune** ou encore **framboise**.*

 L'adjectif *châtain* provient d'un fruit (la châtaigne) ; il n'a pas de féminin, mais peut avoir un pluriel : *Un garçon brun et une fille **châtain**. Elle a des cheveux **châtains**.*

■ Adjectifs provenant de pierres précieuses, comme *émeraude, grenat, jade, rubis, saphir ;* d'arbres, comme *acajou, ébène ;* de vins comme *bordeaux, champagne ;* d'animaux comme *puce, saumon,* et encore *ardoise, azur, aubergine, café, caramel, chocolat, crème, pastel,* etc.
> *Elle avait une peau **acajou** et des yeux **ardoise**.*
> *Nicolas préfère les caniches **abricot** aux caniches **caramel**.*

Exceptions : *écarlate, pourpre* et *vermeil* ne sont pas invariables : *des capes **pourpres**.*
> *Ses joues **vermeilles** et **écarlates** brillaient.*

Parfois, on fait précéder ces types d'adjectif d'un adjectif de couleur : *bleu azur, gris ardoise, rose saumon, vert amande, vert olive,* etc. Les deux adjectifs sont alors invariables.
> *Elle a des yeux **bleu azur**.*
> *Elle porte des gants **rose saumon**.*

 Ces adjectifs peuvent avoir une terminaison (ils indiquent alors une couleur nuancée) : *azuré, olivâtre, orangé,* etc. Ils ne sont alors pas invariables.
> *Tu as remarqué les teintes **azurées** de ce tableau ?*
> *Je n'aime pas trop ces rubans **orangés**.*

■ Les adjectifs de couleurs provenant d'une langue étrangère, comme *auburn* et *kaki,* sont invariables : *des cheveux **auburn**, des uniformes **kaki**.*

1 Attention aux yeux ! Dans cette comptine enfantine, placez les couleurs selon la rime. Faites l'accord.

*Ex. : Yeux **gris**, yeux d'ami.*

1. Yeux _____, yeux d'amoureux.

2. Yeux _____, yeux de vipère.

3. Yeux _____, yeux de cochon.

4. Yeux _____, yeux d'espoir.

2 Même type d'exercice avec cette autre comptine.

1. Les yeux _____ vont aux cieux.

2. Les yeux _____ vont au paradis

3. Les yeux _____ vont en enfer.

4. Les yeux _____ vont au purgatoire.

3 Choisissez la bonne orthographe.

*Ex. : Elle hésite entre des gants ~~mauve~~ **mauves** ou des gants **crème** ~~crèmes~~.*

1. Tu ne vas pas sortir avec ces chaussettes orange oranges.

2. J'ai les mains violet violettes de froid.

3. Ma sœur, pour Noël, a fait une dinde aux marron marrons.

4. En Camargue, Sophia a vu des flamants rose roses.

4 Accordez si nécessaire le mot souligné.

*Ex. : Elle a des cheveux **châtains**.*

1. C'est pour vous les cafés noisette ?

2. J'ai dans mon salon des chaises ébène et une table acajou .

3. Valérie range ses foulards orangé et ses écharpes puce .

4. D'un côté de la pièce, il y a des tentures pourpre et de l'autre des tentures pastel .

5 Placez les mots du menu dans les phrases et faites l'accord si nécessaire (aussi avec l'adjectif de couleur).

*Ex. : Alain ne supporte pas les couleurs **rose saumon** des vêtements de sa copine.*

Menu
Olive et citron
Saumon
Crème
Bonbon

1. Les murs sont blanc _____.

2. Ses vestes sont vert _____.

3. Elle a des robes rose _____.

4. Ils étaient jaune_ comme des _____.

LES ADJECTIFS DE COULEUR COMPOSÉS

■ Deux adjectifs de couleur peuvent former un adjectif composé. Ils sont alors invariables : *bleu-vert*, *gris-bleu*, *rouge-noir*, etc. Il faut un trait d'union entre les deux mots.

> *David a plusieurs costumes **gris-bleu**.*

Il peut aussi y avoir, derrière l'adjectif de couleur, un adjectif qualificatif : *bleu clair*, *gris foncé*, *vert pâle*, *rouge vif*, etc. Il n'y a pas de trait d'union et les adjectifs sont invariables.

> *Ses chaussures **rouge vif** ne vont pas du tout avec sa robe **vert clair**.*
> *Elle a des cheveux **châtain foncé**.*

Lorsque les deux adjectifs sont reliés par **et**, ils s'accordent généralement :

> *Paul a des stylos **bleus** et **verts** (des stylos **bleus** et des stylos **verts**).*
> *Mais : Léa a des jupes **bleu** et **vert** (toutes ses jupes contiennent du bleu et du vert).*

■ Derrière l'adjectif, il est possible de trouver des noms qui ne peuvent pas être utilisés seuls comme adjectifs de couleur : *bleu roi*, *bleu ciel*, *rouge tomate*, *rose bonbon*, *vert bouteille*, etc. Ces adjectifs sont invariables et ne sont pas reliés par un trait d'union.

> *Pour aller à la soirée, j'hésite entre une chemise **bleu ciel** et une chemise **vert bouteille**.*

■ Enfin, on peut trouver comme adjectif de couleur un mot composé ou une locution ne comportant pas toujours un adjectif de couleur : *vert-de-gris*, mais *arc-en-ciel*, *feuille-morte*, *lie-de-vin*, *gorge-de-pigeon*, etc. Ces mots sont invariables et généralement reliés par un trait d'union. Exception *poivre et sel* : *des moustaches poivre et sel*.

> *Les soldats portaient des uniformes **vert-de-gris**.*
> *Les fauteuils sont **lie-de-vin** et les rideaux **gorge-de-pigeon**.*

LES ADJECTIFS DE COULEUR SUBSTANTIVÉS

Lorsque l'adjectif de couleur devient nom, il peut avoir un pluriel.

> *Ajoutez encore des ballons : des **rouges**, des **bleus**, des **jaunes**, des **verts**.*

Mais les mots composés de deux adjectifs de couleur restent invariables.

> *Si je peux choisir entre ces deux teintes, je préférerais les **gris-bleu** aux **bleu-vert**.*

Avec un autre adjectif qualificatif, les deux mots ont un pluriel.

> *Utilisez plus de couleurs : des **rouges vifs**, des **verts foncés**.*

Avec un autre adjectif provenant d'un nom, accord simplement avec le terme de couleur.

> *Ce peintre utilise plusieurs sortes de bleus : les **bleus roi**, les **bleus ciel**, les **bleus marine**.*

Invariabilité pour les noms composés : les *vert-de-gris*, les *gorge-de-pigeon*, etc.

> *Pour le salon, je veux des couleurs simples. Oubliez les **vert-de-gris**, les **lie-de-vin**, les **gorge-de-pigeon**.*

E X E R C I C E S

1 Chez le coiffeur. Accordez si nécessaire.

*Ex. : Madame Bénard a des cheveux **châtains**.*

1. Mademoiselle Martin est brun___. Elle a des cheveux noir___, mais elle veut se faire faire des mèches orange___ et jaune___.

2. Monsieur Legrand a des cheveux blond___ et foncé___.

3. Monsieur Porcher a des cheveux brun___ clairsemé___.

4. Madame Perez a des cheveux blanc___ avec des reflets bleuté___.

5. La jeune Anne est châtain___ clair___.

6. Monsieur Desmoulins a une chevelure gris___ et des moustaches poivre___ et sel___.

7. Mademoiselle Cora a les cheveux auburn___.

8. Madame Renoir aimerait se faire une teinture un peu orangé___.

9. Enfin, Messieurs Dubois et Meunier ne vont pas chez le coiffeur car ils sont chauve___.

2 Les uniformes. Complétez les phrases au pluriel.

*Ex. : Le soldat est équipé d'un uniforme gris-brun. → Les soldats sont équipés d'uniformes **gris-brun**.*

1. En 1914, le soldat français avait une tenue de combat bleu et rouge.

   En 1914, les soldats français avaient des tenues de combat _____ .

2. Puis il a eu un uniforme bleu horizon.

   Puis ils ont eu des uniformes _____ .

3. Le soldat allemand avait un uniforme vert-de-gris.

   Les soldats allemands avaient des uniformes _____ .

4. Dans le désert, le combattant avait un uniforme jaune sable.

   Dans le désert, les combattants avaient des uniformes _____ .

5. Aujourd'hui, le soldat a souvent un uniforme kaki.

   Aujourd'hui, les soldats ont souvent des uniformes _____ .

3 Choisissez la bonne orthographe.

Ex. : Le drapeau italien est ~~vert-blanc-rouge~~ | **vert, blanc, rouge** |.

1. Le vieux monsieur portait un chapeau | gris perle | | gris-perle |.

2. Jean a des yeux | marron vert | | marron-vert |.

3. Dans l'aquarium, il y a des poissons | rouge vif | | rouges vifs | et alertes.

4. Le colombin est une couleur dont le nom provient de la couleur d'une | gorge de pigeon | | gorge-de-pigeon |.

5. Aurélie aime beaucoup la couleur | bleu nuit | | bleu-nuit | de sa nouvelle voiture.

4 La commande du peintre. Mettez au pluriel.

*Ex. : Je voudrais un tube de peinture, un bleu marine. → **des bleus marine***

1. un marron → des _____

2. un rouge carmin → des _____

3. un vert foncé → des _____

4. un gris-bleu → des _____

1 Un crime chez les voisins. Complétez avec -é(e)(s) ou -er.

– Madame Leblanc, avez-vous parlé à votre voisin, Monsieur Meunier, avant la nuit du drame ?

– Non, mais vous savez, sa femme et lui n'étaient arriv_____ dans le quartier que depuis peu et nous n'avons jamais été présent_____, juste bonjour bonsoir et quelques politesses.

– C'est quand même vous qui avez appel_____ la police ce matin ?

– Oui c'est moi, je l'ai trouv_____ là, sur le seuil de sa porte, prostr_____. Il répétait : « Je l'ai tu_____, je l'ai tu_____. » Paniqu_____, j'ai téléphon_____ tout de suite. Rest_____ là et ne rien faire n'était pas possible pour moi. Je n'arrive toujours pas à croire ce qu'il a fait à sa femme. On dit qu'ils étaient venus se ressourc_____ à la campagne, qu'ils souhaitaient profit_____ de leur retraite.

– Les avez-vous entendus se disput_____ récemment ?

– Non, au contraire, pas plus tard qu'hier matin je les ai vus se promen_____ main dans la main dans la rue. Quel mystère !

2 Signalisation. Complétez par -é(e), -er ou -ez.

Ex. : Ne pas dépasser cette limite.

1. Un train peut en cach_____ un autre.

2. Chasse gard_____.

3. Ne part_____ pas sans guide.

4. Défense de fum_____.

5. Entr_____ sans sonn_____.

6. Ferm_____ la porte S.V.P.

7. Prière de ne pas march_____ sur les pelouses.

8. À lou_____.

3 Fabrice et son fils. Mettez la bonne terminaison (accordez si nécessaire).

Ex. : Tu vas soumettre ton CV à cette société ? – Mais je le leur ai déjà soumis.

1. Tu vas t'inscrire ? – Mais je me suis déjà inscr_____ !

2. Tu vas réussir tes études ? – Mais je les ai déjà réuss_____ !

3. Tu vas conduire seul ? – Mais j'ai déjà condu_____ seul !

4 Complétez les participes passés.

*Ex. : Le curé a **béni** les hosties qu'il destinait à ses paroissiens.*

1. Ma grand-mère a rapporté un flacon d'eau béni_____ de Lourdes.

2. Le comprimé s'est dissou_____ dans l'eau.

3. L'accusé a finalement été absou_____ par le tribunal.

5 Accordez les participes passés si nécessaire.

Ex. : Les fillettes se sont tiré les cheveux.

1. Les deux garçonnets se sont donné_____ des coups de poing pendant la récréation.

2. Dès que Laurence et Louis se sont vu_____, ils se sont plu_____.

3. Les informations que nous avons eu_____ sont incomplètes.

4. Personne ne savait que Lucie avait déménagé_____.

5. Les danseurs sont très vite allé_____ se changer dans les coulisses.

6 Charlotte raconte le cambriolage de sa maison. Mettez les verbes entre parenthèses à la forme correcte.

Ma voisine a *vu* (voir) deux hommes _____ (entrer) chez moi, ce qui l'a _____(intriguer). Alors, elle a _____ (appeler) la police. J'étais dans mon appartement, mais je ne les ai pas _____ (entendre) _____ (entrer), j'étais dans la salle de bain. En sortant, j'ai _____ (apercevoir) une ombre _____ (traverser) le salon. Je me suis _____ (sentir) _____ (terrifier) et je me suis _____ (enfermer) dans la salle de bain. Ma voisine a _____ (sonner) à la porte et elle s'est _____ (faire) violemment _____ (bousculer) par les deux cambrioleurs qui s'enfuyaient. Quand la police est _____ (arriver), c'était trop tard, ils étaient _____ (partir) avec mes bijoux…

7 Dans ces phrases, le mot souligné peut parfois être mis au pluriel. Écrivez la forme au pluriel quand c'est possible.

Ex. : Ces personnes sont SDF, c'est-à-dire sans domicile fixe. → pluriel impossible

1. Patricia s'est acheté une jolie veste sans bouton . → _____

2. Pour son ordinateur, Jacques utilise une souris sans fil . → _____

3. Richard est d'une gourmandise sans limite . → _____

4. Sa voisine l'a accusé sans preuve . → _____

5. Nadia a chanté sans enthousiasme . → _____

8 Livre pour enfants. Complétez avec les verbes *manger, s'approcher de* et *se baigner*.

1. Un banc de poissons _____ d'un requin.

2. Un troupeau de vaches _____ de l'herbe.

3. Une famille d'éléphants _____ dans l'eau.

9 Situation de crise au gouvernement. Mettez l'infinitif au présent.

Ex. : Le Président dépeint (dépeindre) un tableau noir de la situation économique.

1. L'équipe gouvernementale _____ (perdre) la confiance du peuple.

2. Les ministres ne _____ (restreindre) pas leur train de vie.

3. L'un _____ (répandre) des rumeurs et l'autre _____ (mentir) publiquement.

4. Le Président _____ (feindre) d'être à l'écoute des électeurs, mais il s'en fiche.

5. Ce gouvernement ne _____ (résoudre) rien !

10 Contes. Reliez pour former des phrases et mettez le verbe au passé simple.

Ex. : Cendrillon	(accueillir) _____	leur chemin grâce à de petits cailloux.
1. Un loup	(faire) _____	Blanche-Neige chez eux.
2. La Belle au bois dormant	(retrouver) _____	*par le prince.*
3. Le Petit Poucet et ses frères	*(être choisie)* **fut choisie**	un gâteau pour le prince.
4. Les sept nains	(se réveiller) _____	grâce au baiser d'un prince.
5. Peau d'Âne	(dévorer) _____	le Petit Chaperon rouge.

11 **Chansons. Choisissez la forme correcte.**

Ex. : Si j'étai ⊠ | s | président de la République, j'écrirai ⊠ | s | mes discours en vers et en musique. (Gérard Lenorman)

1. Quand j'étai ☐ | s | petit garçon, je repassai ☐ | s | mes leçons en chantant. (Michel Sardou)

2. L'Amérique, l'Amérique, je veux l'avoir et je l'aurai ☐ | s |. L'Amérique, l'Amérique, si c'est un rêve, je le saurai ☐ | s |. (Joe Dassin)

3. Qu'il | ait | | est | doux de se dire des mots doux. (Tino Rossi)

4. Encore heureux qu'il | ait | | est | fait beau et que la Marie-Joseph soit un bon bateau. (Les Frères Jacques)

12 **Une belle nuit à la campagne. Faites l'accord si nécessaire dans les mots soulignés.**

Ex. : En se __promenant__ pendant la nuit, Solange a vu une étoile __filante__.

1. La lune brillait, __éclairant____ la campagne.

2. On pouvait apercevoir des vers __luisant____.

3. La nuit __précédent____, il ne faisait pas aussi clair.

4. Solange est restée longtemps dehors, __admirant____ le ciel.

5. Puis elle est rentrée, __pensant____ en elle-même que sa promenade avait été __charmant____ en tous points.

13 **Choisissez le bon mot.**

*Ex. : J'ai un avis très | ~~différant~~ | | **différent** |.*

1. Mon voisin est un | sachant | | savant | d'une université allemande.

2. Je fais un travail | fatigant | | fatiguant |.

3. C'est un appareil | pouvant | | puissant | enregistrer les messages.

4. Il est très courageux et | valant | | vaillant |.

5. | Quand | | Quant | à moi, je n'irai pas à la réunion.

14 **Complétez avec -and ou -ant.**

Les jours précédant son voyage en Chine, Bertr_____ s'est acheté des livres trait_____ de l'histoire de ce pays passionn_____. Hélas, il est devenu souffr_____. Différ_____ son voyage de quelques jours, il s'est soigné, ne mange_____ que quelques aliments conven_____ à son état. Bertrand est pourt_____ très gourm_____. Qu_____ il est enfin guéri, il apprend qu'une maladie se rép_____ en Asie. Prudemment, il attend encore quelques jours.

15 **Complétez avec -and, -ant ou -ent.**

Ex. : Laure est encore une enfant.

1. Au bord de la mer, j'ai vu un cormoran, un pélican, un goél_____ et un flam_____ rose.

2. Patrick est gr_____. Mais il est l_____ .

3. Jérôme est charm_____ et intellig_____ .

4. Ce phénomène n'est pas perman_____, il est même peu fréqu_____ .

5. Elle parle le flam_____ et l'allem_____ .

16 **Choisissez la bonne orthographe.**

Ex. : Vous n'êtes pas très **convaincant** ~~convainquant~~.

1. Vous avez pris votre carte | d'adhérant | | d'adhérent | ?

2. | Négligeant | | Négligent | les avertissements, il a échoué.

3. Mon directeur est un personnage | influant | | influent |

4. L'acteur célèbre est arrivé, | provocant | | provoquant | un attroupement.

5. Cet enfant a un comportement | violant | | violent |.

17 **Complétez avec *tout*, *toute*, *tous* ou *toutes*.**

*Ex. : **Tout** est bien qui finit bien.*

1. Il faut à _____ prix que vous soyez présent à la réunion.

2. Helena est restée _____ ébahie et _____ stupéfaite devant ce spectacle.

3. Vous pouvez utiliser des abréviations, il est inutile d'écrire les mots en _____ lettres.

4. Ne m'interrompez pas à _____ propos.

18 **Choisissez la bonne orthographe.**

Ex. : Je ne **leur** ~~leurs~~ *donne pas raison.*

1. | Lors | | leurs | d'un déplacement en province, j'ai rencontré Pierre et Louis.

2. Ils m'ont présenté à | leur | | leurs | parents.

3. Les parents m'ont fait faire un tour dans | leur | | leurs | Mercedes.

4. Je n'ai pas fait attention à | leur | | l'heure |

5. En partant, ils m'ont pris dans | leur | | leurs | bras.

6. Je | leur | | leurs | ai dit que je ne les oublierai pas, eux et | leur | | leurs | fils.

19 *Même* **ou** *mêmes* **? Ajoutez** *s* **si nécessaire.**

*Ex. : Faites-le vous-**mêmes**, Messieurs.*

1. Même   les plus doués des élèves n'ont pas compris le problème.

2. Il a construit cette cabane de ses mains même   en trois jours.

3. Ce parc est interdit aux chiens même   tenus en laisse.

4. J'ai retrouvé des livres, ceux-là même   qui avaient disparu.

5. Ce sont ses paroles même   s'il le nie.

20 **Mettez ces phrases au pluriel.**

*Ex. : Le garçon est brun foncé et la fille est châtain. → Les garçons sont **brun foncé** et les filles sont **châtains**.*

1. La lampe est rose et le vase est vert bouteille. → _____ .

2. Le drap est orangé, l'oreiller est orange et la couverture rose saumon. → _____

_____ .

3. Le pharmacien a une moustache poivre et sel. → _____ .

-IC OU -IQUE ?

Véronique pique du fric à ses parents.

un porc-épic

VERBES : -IQUE

Toujours **-ique** lorsqu'il s'agit de la terminaison verbale des verbes terminés par **-iquer** : *astiquer, mastiquer, piquer, polémiquer, pratiquer, répliquer, revendiquer, risquer*, etc.

> *Elle **pratique** la natation.*
> *S'il **polémique** avec toi, ne **réplique** pas.*

NOMS : -IC OU -IQUE ?

◼ Tous les noms qui se terminent par **-ic** sont masculins : *l'alambic, l'arsenic, l'aspic, le chic, le déclic, le diagnostic, le flic, le fric, le loustic, le mastic, le lombric, le pic, le porc-épic, le pronostic, le public, le trafic*, etc.

> *L'**arsenic** est un poison.*
> *La police a démantelé un réseau spécialisé dans le **trafic** de drogue.*

◼ Les noms qui se terminent par **-ique** peuvent être masculins ou féminins :
> – *Le cantique, l'élastique, le lexique, le Mexique, le moustique, le Mozambique, le pique-nique, le portique, le téléphérique, le tropique, le viatique*, etc.
> *Si tu vas au **Mozambique**, fais attention aux **moustiques**.*
> *Avant de prendre le **téléphérique**, nous ferons un **pique-nique**.*
> – *L'Afrique, la boutique, l'électronique, la fabrique, la gymnastique, l'informatique, la linguistique, la logique, les mathématiques, la musique, la physique, la pratique, la rhétorique*, etc.
> *Françoise étudie la **logique** et les **mathématiques** à l'université.*
> *Pour se détendre, elle écoute de la **musique** ou fait de la **gymnastique**.*

◼ Certains noms peuvent avoir les deux terminaisons (*le plastic*, explosif ; *le plastique*, matière qui peut être moulée, *un jouet en plastique*). Le genre peut être différent (*un laïc, une laïque*), mais aussi le genre et le sens (*le plastic ; la plastique*, silhouette d'une personne).
> – *Le **basilic** est une plante et la **basilique** une église (la basilique Saint-Pierre à Rome).*
> – *Le **chic** signifie l'élégance (avoir du chic) et la **chique** est un morceau de tabac que l'on mâche.*
> – *Le **cric** est un outil pour soulever et la **crique** est une petite baie dans la mer (abriter un bateau dans une crique).*
> – *Le **pic** est un sommet (les pics de pollution) et la **pique** est un objet pointu ou une allusion blessante (une pique ironique). Aux cartes : carreau, cœur, pique, trèfle.*
> – *Le **tic** est un geste incontrôlé ou une habitude un peu ridicule (un tic de langage) et la **tique** est un parasite des animaux (le chien a des tiques).*

E X E R C I C E S

1 Astérix et les Gaulois. Dans *Les Aventures d'Astérix*, les Gaulois portent très souvent un nom ter-miné par *-ix*. Retrouvez le nom ou l'expression qui permet le jeu de mots.

*Ex. : Arrierboutix : **arrière-boutique***

1. Linguistix : _____

2. Alambix : _____

3. Porquépix : _____

4. Pronostix : _____

5. Informatix : _____

6. Périférix : _____

7. Amérix : _____

8. Goudurix : _____

9. Asdepix : _____

2 Placez les mots (locutions, noms) de l'exercice précédent dans les phrases suivantes.

*Ex. : Va voir s'il reste encore des échantillons dans l'**arrière-boutique**.*

1. À cette heure, il vaut mieux ne pas traverser le centre-ville, mais prendre le _____.

2. Viviane étudie la philologie et la _____.

3. Dora veut aller étudier à Chicago en _____.

4. J'ai demandé à un étudiant en _____ de réparer mon ordinateur.

5. Tu peux gagner si tu joues ton _____.

6. Le _____ des médecins n'était pas très rassurant.

7. C'est un aventurier. Il est intrépide et a le _____.

8. Mon grand-père faisait de l'alcool de poire avec son _____.

9. Tu connais la différence entre un hérisson et un _____ ?

3 Complétez avec *-ic* ou *-ique*.

Ex. : Elle a été empoisonnée à l'arsenic.

1. Grégoire prat_____ le saut à l'élast_____.   2. Il adore le ch_____ anglais.

3. Il adore la mus_____ du Mex_____.   4. Il craint qu'un moust_____ ne le p_____.

5. Cette conférence sur la linguist_____ n'a pas attiré un grand publ_____.

4 Choisissez la bonne orthographe.

Ex. : À Rome, mes parents ont visité la [basilic] [**basilique**] *Saint-Pierre.*

1. Julien est très moqueur. Il envoie toujours des [pics] [piques] à ses amis.

2. Les pâtes sont presque prêtes. Ajoute le [basilic] [basilique].

3. Le pneu est crevé. Va chercher le [cric] [crique] dans le coffre.

4. Il finit toutes ses phrases par « voilà ». C'est un véritable [tic] [tique].

5. Le curé du village se fait aider par des [laïcs] [laïques]. Elles sont toutes volontaires.

PRÉNOMS : -IC ET -IQUE

Les prénoms masculins se terminent par **-ic** (*Éric*, *Cédric*, *Loïc*, etc.) et les prénoms féminins par **-ique** (*Angélique*, *Monique*, *Véronique*, etc.). Mais on peut trouver un prénom masculin (et féminin) en **-ique** (*Dominique*), et un prénom qui a les deux formes (*Frédéric*, masculin ; *Frédérique*, féminin).

Les prénoms d'origine étrangère ne suivent pas cette règle : *Patrick*, *Yannick*, *Soizic* (diminutif breton de *Françoise*), etc.

ADJECTIFS : -IQUE

Les adjectifs se terminent généralement en **-ique** : *antique*, *artistique*, *authentique*, *électrique*, *fantastique*, *héroïque*, *historique*, *identique*, *magnifique*, *nostalgique*, *pacifique*, *panoramique*, *politique*, *scientifique*, *sympathique*, etc.

> Tu préfères la symphonie **héroïque** de Beethoven ou la symphonie **fantastique** de Berlioz ?
> Ce roman **historique** n'est pas très **authentique**.
> Cet homme **politique** n'est pas très **sympathique**.

Deux exceptions : l'adjectif *chic* (masculin et féminin) et l'adjectif *public / publique*.

> Jessica est une **chic** fille.
> Dans cette rue, il y a un jardin **public** et une école **publique**.

 Les adjectifs provenant de noms en **-ic** s'écrivent avec **-ique** : *l'arsenic*, *l'acide arsénique* ; *le diagnostic*, *un signe diagnostique* ; *le laïc*, *un gouvernement laïque*, etc.

> La France est un état **laïque**.

ONOMATOPÉES : -IC

Les onomatopées s'écrivent avec **-ic** : *clic*, *couic*, *flic flac*, *hic*, *tic tac*, etc.

> Tu as le hoquet ? Tu n'arrêtes pas de faire **hic**.

ANGLICISMES : -IC

Les mots d'origine anglaise s'écrivent avec **-ic**, comme *aérobic* (nom féminin malgré la terminaison) ou *lyrics* (paroles d'une chanson). On peut trouver cette terminaison (imitant la graphie anglaise) pour des noms de magasins, de produits, de marques, d'émissions, etc. : *fantastic*, *magic*, *panoramic*, etc.

> Cinéma **classic** est une chaîne de télévision et M6 **Music** une émission musicale.
> On peut laver son linge dans un **lavomatic** (laverie automatique).
> Beaucoup de restaurants en France s'appellent Le **Panoramic**. Il y a même des cinémas qui s'appellent Le **Magic**.

Mais d'autres graphies sont possibles : *beatnik*, *derrick* (mots d'origine anglaise), *diptyque*, *triptyque* (origine grecque), *bolchévik* (nom), *bolchévique* (adjectif), *moujik*, *spoutnik* (origine russe), etc.

1 Encore Astérix. Retrouvez l'adjectif qui permet le jeu de mots. Le nom gaulois peut être formé à partir d'un adjectif ou d'un nom et d'un adjectif. C'est l'adjectif qui se termine par *-ix*.

*Ex. : Agecanonix : **âge canonique***

1. Panoramix : _____   **3.** Monosyllabix : _____

2. Ordralfabétix : _____   **4.** Allegorix : _____

2 Les ados. À partir du nom souligné, trouvez l'adjectif.

*Ex. : Véronique a du <u>diabète</u>, elle est **diabétique**.*

1. Dominique n'aime pas l'<u>alcool</u>. Aucun risque pour lui de devenir _____ .

2. Angélique a une peur panique du changement de <u>climat</u>. Elle craint le réchauffement _____ .

3. Monique est une <u>artiste</u>. Elle a un tempérament _____ .

4. Tout le monde a de la <u>sympathie</u> pour Éric. C'est vrai qu'il est très _____ .

3 Trouvez l'intrus.

1. Angélique   Dominique   Frédérique   Monique   Véronique

2. L'Asiatique   La Dominique   La Martinique   Le Mexique   Le Mozambique

4 Ma voisine. Choisissez la bonne orthographe.

Ex. : Ma voisine est enceinte. Le médecin n'a pas relevé de mauvais signes ~~diagnostics~~ | **diagnostiques** |.

1. Ma voisine attend un enfant de | Frédéric || Frédérique |.

2. Elle est très élégante, elle est extrêmement | chic || chique |.

3. Elle a une | plastic || plastique | magnifique.

4. Elle mettra son enfant à l'école | public || publique |.

5. Elle fait confiance à l'enseignement | laïc || laïque |.

5 Complétez avec la bonne onomatopée : *hic, couic, clic, clic clac, tic tac, flic flac.*

*Ex. : La clé dans la serrure fait **clic clac**.*

1. La pluie en tombant fait _____ .

2. La souris de l'ordinateur fait _____ .

3. L'horloge fait _____ .

4. J'ai trop bu, _____ !

5. Il a fait _____ et il est mort.

6 Complétez avec *-ic, -ick, -ik* ou *-ique*.

*Ex. : C'est l'histoire d'un mouj**ik** qui est devenu un député bolchév**ique**.*

1. Angél_____ fait de l'aérob_____ . Elle adore l'opéra lyri_____ .

2. Le père de Patr_____ était un beatn_____ et son grand-père un bolchév_____.

19 LES ADVERBES : -MENT OU -MMENT ?

Apparemment, tu n'as pas lu la notice **attentivement**.

ADVERBES TERMINÉS PAR -MENT

Beaucoup d'adverbes se construisent à partir d'adjectifs. Il faut ajouter -**ment** à la forme féminine de l'adjectif : *amical → amicalement, complet → complètement, doux → doucement, exclusif → exclusivement, fou → follement, franc → franchement, long → longuement, sérieux → sérieusement,* etc. Quelques exceptions comme *bref → brièvement.*
> *Je vous salue bien **amicalement**.*
> *Elle est **follement** amoureuse.*
> *Vous ne parlez pas **sérieusement** ?*

 Quelques adverbes transforment le **e** en **é** : *aveuglément, communément, énormément, précisément, profondément,* etc. *Dis-moi **précisément** ce que tu attends de moi.*

Les adjectifs qui se terminent par une voyelle (é, i, u) gardent le masculin pour former un adverbe : *aisé → aisément, joli → joliment, vrai → vraiment, absolu → absolument,* etc.
> *Il faut **absolument** que tu viennes à ma fête. Sans toi, ce ne sera pas **vraiment** drôle.*

 Trois exceptions : *gai → gaiement, gentil → gentiment, impuni → impunément.*
> *Jacques a **gentiment** proposé à Yves de lui prêter de l'argent.*

Certains adverbes provenant d'adjectifs terminés par **u** ont un accent circonflexe : *assidûment, continûment, incongrûment, indûment, dûment, goulûment, crûment.* La réforme de l'orthographe permet l'écriture de ces mots sans accent (*cf.* La réforme de l'orthographe de 1990).
> *Renvoyez-nous le formulaire **dûment** (**dument**) signé.*

ADVERBES TERMINÉS PAR -MMENT

Les adjectifs terminés par -**ant** ou -**ent** forment l'adverbe avec -**amment** ou -**emment** : *méchant → méchamment, fréquent → fréquemment.*
> *Pascal parle **couramment** l'espagnol. Il va **fréquemment** à Malaga.*
> *Au lieu de répondre **méchamment**, tu devrais te comporter **différemment**.*
> ***Apparemment**, c'est encore fermé. Attends **patiemment** l'ouverture des bureaux.*

Quelques exceptions : l'adverbe est formé sur le féminin de l'adjectif : *lent → lentement, présent → présentement, véhément → véhémentement.*
> *Je ne vous comprends pas, parlez plus **lentement**.*

Quelques adverbes en -**mment** ne proviennent pas d'adjectifs se terminant par -**ant** ou -**ent** : *instamment, notamment, nuitamment.*
> *Nous vous demandons **instamment** de signaler tout colis abandonné.*
> *Elle a pris beaucoup de photos en France, **notamment** en Provence.*

EXERCICES

1 **Les bons et les mauvais conducteurs. Transformez l'adjectif en adverbe.**

*Ex. : Quentin est agressif au volant. Il conduit **agressivement**.*

1. Marco est sérieux au volant. Il conduit _____.

2. Kevin est mou au volant. Il conduit _____.

3. Martin est doux au volant. Il conduit _____.

4. Lara est gentille au volant. Elle conduit _____.

5. Anne est prudente au volant. Elle conduit _____.

6. Mireille est brillante au volant. Elle conduit _____.

2 **Trouvez l'intrus lorsque ces adjectifs sont des adverbes.**

*Ex. : **Absolu**, assidu, continu, goulu. (pas d'accent circonflexe sur l'adverbe)*

1. Impuni, infini, joli, poli.

2. Commun, complet, précis, profond.

3 **Pauvre Jean. À partir de l'adjectif, trouvez l'adverbe et placez-les dans le texte qui suit.**

*Ex. : Aveugle → **aveuglément***

1. Franc → _____ **4.** Méchant → _____

2. Vrai → _____ **5.** Dangereux → _____

3. Énorme → _____

Jean a _____ des problèmes de santé. Il fume _____. « _____, Jean, je ne te le

dis pas _____, mais si tu continues à fumer, je te quitte. Je ne veux pas vivre _____ et

devenir une fumeuse passive », lui a dit sa copine.

4 **Charade**

Mon premier forme la négation avec *ne* : _____

Mon deuxième est l'ancien nom du royaume de Thaïlande : _____

Mon troisième compte 365 jours : _____

Mon tout est une façon d'attendre sans s'énerver : _____

5 **Adverbes et conseils. Transformez ces adjectifs en adverbes :** *courageux, courant, différent, fréquent, galant, intelligent, lent, vaillant.*

*Ex. : Courageux. Devant l'adversité, comportez-vous **courageusement**.*

1. Tu parles trop vite. Parle plus _____.

2. Prends des cours d'allemand. Tu ne parles pas cette langue _____.

3. Laisse passer la dame. Conduis-toi _____.

4. Je sais que tu as des problèmes. Affronte-les _____.

5. Tu vois bien que comme ça, ça ne marche pas. Fais les choses _____.

6. Tu n'es pas en grande forme. Tu devrais aller au club de gym plus _____.

7. Ne réponds pas n'importe comment. Réfléchis et réponds _____.

20

-E OU NON EN FINALE : LES NOMS

Annie n'a pas de **monnaie** pour payer son **entrée** au **musée**.

une cheminée

RAPPEL : APRÈS LA VOYELLE *É*

La plupart des noms féminins terminés par la lettre **é** (sauf **-té** et **-tié**) ont un **e** muet en finale : *année, araignée, bouée, cheminée, matinée, purée, rez-de-chaussée,* etc.
> *Dans la **matinée**, Renée a fait du feu dans la **cheminée**.*
> *Elle n'aime pas les **araignées**.*

Exceptions : *acné, clé, psyché,* etc.
> *Je ne sais pas où j'ai laissé la **clé**.*

Quelques noms masculins ont un **e** muet en finale : *athée, lycée, mausolée, musée, scarabée, trophée,* etc.
> *Les élèves du **lycée** vont au **musée**.*

Les noms féminins en **-tié** n'ont pas de **e** en finale : *amitié, moitié, pitié,* etc.
> *Elle est à **moitié** paralysée, cela fait **pitié**.*

Les noms en **-té** (même féminins) n'ont pas de **e** en finale : *activité, beauté, bonté, clarté, vérité,* etc. sauf six noms : *butée, dictée, jetée, montée, pâtée, portée,* ainsi que les noms exprimant un contenu : *assiettée, brouettée, charretée, pelletée,* etc., ou une durée : *nuitée.*
> *Nous allons faire une **dictée** musicale. Inscrivez les notes sur la **portée**.*
> *Encore une **assiettée** de soupe ?*

APRÈS LES VOYELLES *-AI*

Les mots **féminins** terminés par les lettres **-ai** ont un **e** muet en finale : *baie, bananeraie (cerisaie, oliveraie, orangeraie, roseraie,* etc.*), craie, haie, monnaie, paie, raie,* etc.
> *Je n'ai plus de **monnaie**.*
> *La **Cerisaie** est une pièce de Tchekhov.*

Exception : *paix. Laissez-nous travailler en **paix**.*

Lorsqu'un nom est terminé par **-ay**, il faut un **e** (sauf dans des mots d'origine anglaise : *gay, fair-play, tramway,* etc.) : *abbaye, cobaye, paye* (variante de *paie*). La prononciation est alors différente de celle de **-aie** : *abbaye* [εi], *paye* [εj].
> *Vincent a dépensé presque toute sa **paye**. Il ne prend plus le taxi, il prend le*
> ***tramway**.*

1 **Enfin étudiant. Ajoutez un -e si nécessaire.**

*Ex. : Cette **année**, Xavier devient étudiant.*

1. Xavier est heureux de quitter le lycé_____.

2. Il adore la nouveauté_____.

3. Il doit aller s'inscrire à la scolarité_____ de l'université_____.

4. C'est après le musé_____, au bout de la monté_____.

5. Il veut s'inscrire en faculté_____ de droit.

2 **Transformez l'adjectif en nom (tous les noms se terminent par -té).**

*Ex. : Sale → **saleté***

1. Beau → _____ **3.** Vaniteux → _____

2. Volontaire → _____ **4.** Vulgaire → _____

3 **Une nuit à l'hôtel. Ajoutez un -e si nécessaire aux mots soulignés.**

*Ex. : Je suis arrivé tard dans la **soirée**.*

L'hôtel était dans l'obscurité . J'ai payé pour une nuité . On m'a donné la clé d'une chambre au rez-de-chaussé . Il faisait très froid. La chambre n'était pas chauffé . J'ai essayé de faire du feu dans la cheminé . Le feu n'a pas pris. Comme il y avait un petit poêle, j'ai demandé une pelleté de charbon. On me l'a refusée. Quelle pitié ! Le lendemain, frigorifié, j'ai pris une tasse de café dans la salle à manger où il y avait au mur un trophé de chasse. Je suis parti très vite, tôt dans la matiné .

4 **Trouvez le mot correspondant à la définition.**

*Ex. : Un endroit où on peut voir des statues, des tableaux : un **musée**.*

1. Le nom qui vient de l'adjectif *nécessaire* : la _____

2. Cet insecte a huit pattes et tisse sa toile : une _____

3. On s'en sert pour ouvrir une porte : la _____

4. Le feu en fait : de la _____

5 **Proverbes. Placez les quatre mots de l'exercice précédent dans ces phrases.**

1. Il n'y a pas de _____ sans feu.

2. _____ fait loi.

3. _____ du matin, chagrin ; _____ du soir, espoir.

4. Pourquoi rechercher la _____ du bonheur quand la serrure n'a jamais existé ?

6 **Choisissez la bonne orthographe.**

Ex. : Il y a des mûres dans la | *haie* | ~~*hais*~~ |.

1. Ce midi, j'ai mangé une | rai | | raie | aux câpres.

2. Ta chambre est sale, tu devrais passer un coup de | balai | | balaie |.

3. La colombe est le symbole de la | paie | | paix |.

4. Il peut faire la fête, il a touché sa | paye | | paix |.

APRÈS LA VOYELLE *I*

■ **-i.** Les noms féminins terminés par **i** ont généralement un **e** muet : *bougie, copie, démocratie, énergie, galerie, librairie, otarie, patrie, pie*, etc.
> Cette **librairie** fait aussi **galerie**.
> Ils réclament pour leur **patrie** plus de **démocratie**.

Exceptions : *brebis, fourmi, perdrix, souris*.
> La **souris** de mon ordinateur ne marche plus.

Quelques noms masculins se terminent en **-ie** : *incendie, génie, sosie, brie, messie, zombie*, etc.
> Elle a du **génie** pour les affaires.

■ **-oi.** Certains noms féminins sont en **-oi** : *foi, loi, paroi*.
D'autres sont en **-oie** : *courroie, joie, oie, proie, soie, voie*.
> « Une **foi**, une **loi**, un roi » était la devise de la royauté.
> Laura a montré sa **joie** quand elle a reçu un foulard en **soie**.

 Un nom masculin avec **-oie** : *le foie*.

D'autres noms féminins sont en **-ois** ou **-oix** : *croix, fois, noix, voix*, etc.
> C'est la première **fois** que je mange des **noix** cet automne.

■ **-uie.** Les mots féminins sont en **-uie**, sauf *nuit* : *pluie, suie, truie*.
> La **nuit** dernière, je suis rentré sous la **pluie**.

APRÈS LA VOYELLE *U*

■ **-u.** Les noms féminins terminés par **u** ont un **e** muet : *avenue, charrue, morue, laitue, revue, rue, vue*, etc.
> Cette **avenue** offre une **vue** magnifique sur la cathédrale.
> Tu peux me prêter ta **revue** ?

Exceptions : *bru, tribu, glu, vertu*.
> La patience est une grande **vertu**.

■ **-ou.** Les noms féminins terminés par **-ou** ont un **e** muet, sauf *toux* : *boue, joue, moue, roue*, etc.
> Cet institut de beauté propose des bains de **boue**.

■ **-eu.** Les rares mots féminins terminés par **-eu** ont un **e** muet : *banlieue, queue, lieue*.
> Pour voir cette pièce, Yves a fait la **queue** dans un théâtre de **banlieue**.

HOMOPHONES

Attention aux homophones : *le parti* et *la partie, la voix* et *la voie, le lieu* (endroit) et *la lieue* (unité de distance d'environ 4 kilomètres), *le foie* (organe) et *la foi* (croyance), *le tribut* (impôt) et *la tribu* (peuplade, clan), *le bout* et *la boue*, etc.
> Je n'ai pas **foi** en ce médicament pour soigner ma crise de **foie**.

1   Devinettes. Quels sont ces animaux ? Tous les noms se terminent en [i].

*Ex. : On chasse cet oiseau rouge ou gris : la **perdrix**.*

1. Ce petit rongeur est aussi utilisé avec un ordinateur : la _____

2. C'est un animal marin, c'est aussi un animal de cirque avec un ballon sur son nez : l' _____

3. C'est un mouton femelle : la _____

4. Cet oiseau est blanc et noir. On dit qu'il est voleur : la _____

2   Complétez avec *-i* ou *-ie*.

*Ex. : Ce matin, je n'ai plus d'énerg**ie**.*

1. Mon voisin est le sos_____ d'un acteur célèbre.

2. Il ne m'a même pas dit merc_____ quand je l'ai sauvé de l'incend_____ .

3. En déjeunant sur l'herbe, j'ai trouvé une fourm_____ dans mon assiette.

4. Nous nous reverrons en fin d'après-mid_____ .

3   Les animaux et nous. Reliez le nom à sa définition.

*Ex. : Faire quelque chose de méchant à quelqu'un, c'est lui faire une **vacherie**.*

1. Dire des grosses bêtises, c'est dire des   cochonneries.

2. Faire des grimaces, c'est faire des   âneries.

3. Manger salement, c'est faire des   singeries.

4   Trouvez l'intrus.

*Ex. : librairie cordonnerie **poterie** poissonnerie (poterie n'est pas un commerce).*

1. Boulangerie épicerie pâtisserie biscuiterie

2. Boucherie tuerie charcuterie triperie

5   Complétez avec *-oi, -oie, -ois* ou *-oix*.

*Ex. : C'est une robe en **soie**.*

1. C'est la première f_____ que j'entends cette chanteuse. Elle a une v_____ magnifique.

2. Pour Noël, nous avons mangé une _____ . Le lendemain, j'avais mal au f_____ .

3. Avec deux bouts de b_____, il a fait une cr_____ .

4. La v_____ qu'il a choisie ne respecte pas la l_____ .

5. *L'Hymne à la j*_____ est l'hymne européen.

6   Choisissez la bonne orthographe.

Ex. : Un jeu pour enfants s'appelle le jeu de ☒loi̶ *l'oie* .

1. Jules Verne a écrit *Vingt mille* | lieux | | lieues | *sous les mers.*

2. En jouant, les enfants ont glissé dans la | bout | | boue | .

3. La métonymie est une | parti | | partie | pour un | tout | | toux | .

4. J'ai lu un livre sur les | tribus | | tributs | d'Amazonie.

5. Ayez | foi | | foie | | fois | en moi. Je vous mettrai sur la bonne | voie | | voix | .

21

-E OU NON EN FINALE : LES VERBES

Boire ou **conduire**, il faut **choisir**.

Le problème ne se pose qu'avec les verbes en **-ir** à l'infinitif : **-ir** / **-ire**, **-uir** / **-uire** et **-oir** / **-oire**.

> *Finir* mais *rire, fuir* mais *luire, devoir* mais *croire.*

⚠ Toujours **-aire** : *faire, plaire, taire,* etc.

> *On ne peut pas **plaire** à tout le monde.*

-IR / -IRE

Les infinitifs se terminent généralement en **-ir** : *bâtir, courir, dormir, finir, partir, tenir, venir,* etc.

> *Tu ne vas pas **tenir**. Tu devrais **dormir** un peu.*

Quelques verbes (et leurs dérivés) ont leur infinitif en **-ire** : *dire (interdire, médire, maudire, prédire,* etc.), *écrire* (dérivés en **-crire** ou **-scrire** : *décrire, inscrire, souscrire, transcrire,* etc.), *frire, lire (relire, élire), rire (sourire), suffire.*

> *Lorsqu'ils entrent à l'école, les enfants apprennent à **lire** et à **écrire**.*
> *Ton histoire ne me fait pas **sourire**.*

Il faut ajouter trois verbes plus rares : *circoncire, confire* et *occire.*

> *Les parents se demandent s'ils vont faire **circoncire** leur enfant.*

-UIR / -UIRE

Les infinitifs se terminent généralement en **-uire** : *détruire, luire, nuire, réduire, séduire, traduire,* etc.

> *N'essaie pas de le **séduire**, il ne pense qu'à **nuire** et à **détruire**.*

Quelques rares verbes s'écrivent **-uir**. Ce sont *languir (alanguir), bleuir, fuir (s'enfuir).*

> *Il ne lui restait plus qu'à **s'enfuir**.*

Ainsi que les verbes en **-ouir** : *éblouir, épanouir, évanouir, fouir (enfouir), jouir (réjouir)* et *ouïr.*

> *Ce n'est pas le moment de s'**évanouir**.*

-OIR / -OIRE

Seuls deux verbes (et leurs dérivés) sont en **-oire** : *boire* et *croire (accroire)*. Les autres sont en **-oir** : *avoir, devoir, falloir, savoir,* etc.

> *Il va **falloir** me **croire**.*
> *Son café est imbuvable. Tu crois que tu vas **pouvoir** le **boire** ?*

1 Scrabble. Vous avez cinq *R* et deux *E* ; placez-les sur les participes passés pour former un infinitif correct.

1. MÛRI _____

2. CHOISI _____

3. SOURI _____

4. SUFFI _____ ____

5. FINI _____

2 À partir de la forme verbale soulignée, trouvez l'infinitif.

*Ex. : Elle <u>meurt</u> de curiosité : **mourir**.*

1. Tu préfères ton poulet <u>frit</u> ou grillé ? _____

2. Mon voisin a <u>rebâti</u> sa maison qui s'était effondrée. _____

3. Tu ne m'as pas <u>dit</u> si tu avais réussi. _____

4. Elle n'est pas encore <u>partie</u>. _____ .

5. Il a beaucoup <u>souffert</u> de son échec. _____

6. Je n'ai pas encore <u>lu</u> cet article. _____ .

3 Un peu de culture. Placez les infinitifs de l'exercice précédent dans les proverbes ou les citations suivantes.

*Ex. : L'espèce humaine est la seule qui sache qu'elle doit **mourir**. (Voltaire)*

1. Il ne faut pas _____ : Fontaine, je ne boirai pas de ton eau. (proverbe)

2. Mais à présent que je sais compter, _____ et écrire, c'est bien certain que je suis grand. (poème pour enfants)

3. Plutôt _____ que mourir, c'est la devise des hommes. (La Fontaine)

4. Si tu peux voir détruit l'ouvrage de ta vie. Et sans un seul mot te mettre à _____ . (Kipling)

5. _____ c'est mourir un peu. (proverbe)

6. Poisson, mon bel ami (...) Dès ce soir, on vous fera _____ . (La Fontaine)

4 Complétez la phrase avec un infinitif.

*Ex. : Ce livre n'a pas encore été traduit. Il faut absolument le **traduire**.*

1. Tu n'as pas l'air réjoui. Pourtant, tu devrais te _____ .

2. Devant ce spectacle insupportable, quelques personnes se sont évanouies. Tu ne vas pas toi aussi t'_____ .

3. Elle ne t'a pas nui. Pourquoi cherches-tu à lui _____ .

4. Le rôti n'est pas encore complètement cuit. Il faut continuer à le _____

5. L'incendie gagne du terrain. Les voisins ont déjà fui. Je crois que, nous aussi, nous devons _____

5 Expressions. Complétez avec *boire*, *croire* ou *voir*.

*Ex. : Il faut le **voir** pour le **croire**.*

1. Quand on a commencé quelque chose, on ne peut pas retourner en arrière. Quand le vin est tiré, il faut le ____ .

2. Se mettre en colère, c'est _____ rouge.

3. Se prendre pour quelqu'un de remarquable, c'est se _____ sorti de la cuisse de Jupiter.

22

-OIR OU -OIRE ?

Le garçon de **laboratoire** aime **boire** un café **noir** au **comptoir**.

LES VERBES

Sauf les verbes *boire* et *croire*, tous les verbes s'écrivent **-oir** : *avoir, devoir, pleuvoir, voir,* etc. (*cf.* -E ou non en finale : les verbes).

> Il va **pleuvoir**. Rentrons **boire** un café. Tu ne me feras pas **croire** qu'elle ne veut plus te **voir**.

 Ne pas confondre le verbe *voir* et l'adverbe *voire* (éventuellement, et même) : *Il faudra attendre deux jours, **voire** trois, pour **voir** la fin des inondations.*

LES ADJECTIFS

Sauf l'adjectif *noir*, tous les adjectifs s'écrivent **-oire** : *dérisoire, méritoire, provisoire, obligatoire,* etc.

> Ce n'est qu'un arrangement **provisoire**.
> Pour la cérémonie, vous devrez porter un costume **noir**. C'est **obligatoire**.

 Bien sûr, au féminin, *noir* devient *noire*. *Il fait nuit **noire**.*

LES NOMS

■ Les noms féminins s'écrivent toujours **-oire** : *la baignoire, la balançoire, la gloire, l'histoire, la poire, la mémoire, la victoire,* etc.

> Le général espère la **victoire** qui lui apportera la **gloire**.
> Je n'ai pas la **mémoire** des **histoires** drôles.

une balançoire

■ Les noms masculins (sauf ceux qui se terminent en **-atoire** ou **-itoire**) s'écrivent généralement **-oir** : *le couloir, le comptoir, l'espoir, le devoir, le mouchoir, le soir, le trottoir,* etc.

> Quentin a laissé tomber son **mouchoir** sur le **trottoir**.
> Aline a bon **espoir** d'avoir une bonne note à son **devoir**.

■ Les noms masculins qui se terminent par **-atoire** ou **-itoire** ont un **e** final : *l'auditoire, le conservatoire, l'interrogatoire, le laboratoire, l'observatoire, le territoire,* etc. Mais *l'abattoir* (deux t).

> Un inspecteur de la défense du **territoire** a procédé à l'**interrogatoire**.
> Le directeur du **conservatoire** boit un verre au **comptoir**.

■ Quelques noms masculins (qui ne se terminent pas en **-atoire** ou **-itoire**) s'écrivent **-oire** : *l'accessoire, le ciboire, le collutoire, le déboire, le directoire, le grimoire, l'ivoire, le mémoire* (petite thèse), *le pourboire, le réfectoire, le répertoire,* etc.

> Avec son **mémoire** de master, Marlène n'a eu de que des **déboires**.
> Faut-il laisser un **pourboire** ?

E X E R C I C E S

1 **Choisissez la bonne orthographe.**

Ex. : On va jouer aux échecs. Je prends les | **noirs** | | ~~noires~~ |.

1. J'écrirai au directeur, | voir | | voire | au président de l'université pour me plaindre.

2. J'ai acheté des radis | noirs | | noires |.

3. Aller avec toi en Corse. J'hésite. C'est à | voir | | voire |.

4. En musique, une blanche vaut deux | noirs | | noires |.

5. Elle était habillée tout en | noir | | noire |.

2 **Trouvez le mot et complétez la phrase (tous ces mots se terminent par *-oir* ou *-oire*).**

*Ex. : Le bébé bave. Mets-lui son **bavoir**.*

1. Tu peux prendre un bain. J'ai rempli la _____.

2. Ne te mouche pas avec ta manche. Utilise un _____.

3. Si tu veux te raser, je peux te prêter un _____.

4. Il ne mémorise rien. Il n'a aucune _____.

5. J'ai emmené les enfants se balancer sur une _____.

3 **Choisissez la bonne orthographe.**

Ex. : – C'est le plus grand acteur du moment.

   – Cela reste | **à voir** | | ~~avoir~~ |.

1. Il ne se souvient plus de rien. Il a perdu | le mémoire | | la mémoire |.

2. Il croit qu'il serait meilleur que moi dans cette situation. Je voudrais bien | l'ivoire | | l'y voir |.

3. Elle n'aime pas dépenser son argent. Elle ne laisse jamais de | pourboire | | pour boire |.

4. Beaucoup de pays ont interdit l'achat et la vente de | l'ivoire | | l'y voir |.

5. Je n'ai pas le temps de sortir | pourboire | | pour boire | un café avec vous.

6. Je n'ai pas encore fini la rédaction de | mon mémoire | | ma mémoire |.

4 **Visite d'un quartier. Ajoutez, si nécessaire, un -e.**

*Ex. : Ce bâtiment sert de **dortoir**_ et de **réfectoir**e.*

1. Nous sommes devant la patinoir____.

2. En face, vous voyez des élèves du Conservatoir____.

3. Ils n'ont pas le droit de fumer à l'intérieur. Ils fument sur le trottoir____.

4. Au bout de la rue, il y avait les abattoir____s.

5. Maintenant, ce sont des laboratoir____s pharmaceutiques.

5 **Charade**

Mon premier soutient la tête : _____

Mon second est un grand fleuve français : _____

Mon tout est comme un corridor : _____

S OU SS ?

Vanessa est d'une **maladresse invraisemblable**.

RAPPEL

Les doubles consonnes **ss** entre deux voyelles permettent de faire la distinction entre le son [s] (ss) et le son [z] (s) : *basse* et *base*, *poisson* et *poison*, *ruse* et *russe*, etc.

> *Ce **poisson** est toxique. C'est un vrai **poison**.*
> *Les **Russes** ont remporté la bataille grâce à une **ruse** de guerre.*

Dans certains cas, **s** entre deux voyelles peut se prononcer [s].

un antiseptique

APRÈS CERTAINS PRÉFIXES

■ Derrière le préfixe **a-** (qui indique la privation : *amoral*, sans morale ; *apatride*, sans patrie), il est inutile de redoubler le **s** : *aseptisé*, *asexué*, *asocial*, *asymétrie*, etc.

> *Certains visages sont plus **asymétriques** que d'autres.*

 Lorsqu'il ne s'agit pas du préfixe **a-**, il faut redoubler la consonne : *assemblée*, *associé*, *assurer*, etc. : *L'**asocial** s'est **associé** à un marginal.*

■ Derrière le préfixe **anti-**, il est aussi inutile de redoubler le **s** : *antisémite*, *antiseptiques*, *antisioniste*, *antisystème*, etc.

> *Pour combattre l'infection, il faut des **antiseptiques**.*

Ainsi que derrière d'autres préfixes : *auto-*, *bi-*, *hydro-*, *mono-*, *poly-*, *pré-*, *pro-*, *télé-*, *tri-* (*autoscopie*, *présupposé*).

De même, dans des mots comme *contresens*, *entresol*, *homosexuel*, *parasol*, *soubresaut*, *tournesol*, *vraisemblable*, etc., lorsqu'on peut identifier deux élément distincts dans le mot : *vrai* + *semblable*, *tourne* + *sol*. Sinon, la prononciation est [z] : *présence*, *présage*, etc.

> *Christian a fait une traduction pleine de **contresens**. L'histoire est devenue **invraisemblable**.*

APRÈS *RE-* : *S* OU *SS* ?

Lorsque **re-** est un préfixe qui signifie *de nouveau*, il est possible de n'avoir qu'un seul **s** tout en gardant la prononciation [s] : *resaler* (saler de nouveau), *resigner* (signer de nouveau), *resauter*, *resalir*, *resituer*, etc.

> *Il nous faut une nouvelle signature sur ce document, vous devez **resigner**.*

Mais très souvent, **re-** ne signifie pas uniquement *de nouveau*, il faut alors **ss** : *ressembler*, *ressentir*, *resservir*, *ressortir*, *resserrer*, etc. *Ressentir* n'est pas sentir de nouveau, mais éprouver ; *resserrer* peut avoir le sens de serrer de nouveau (*resserrer un boulon*), mais aussi de rendre plus étroit (*resserrer les liens*), etc.

> *Hubert est plein de **ressentiments** contre son ex.*

 Cette règle ne s'applique pas avec le préfixe **de-** : *resaler* un plat, mais **dessaler** une morue.

EXERCICES

1 **Choisissez la bonne orthographe.**

Ex. : Elle a reçu un bouquet de **roses** ~~rosses~~ *blanches.*

1. La chaise est inconfortable. Veux-tu un cousin coussin ?

2. Cochez la bonne case casse .

3. Ce sont des accords de base basse pour apprendre à jouer de la base basse .

4. Tu dois viser visser avant de tirer.

5. La ruse russe est parfois plus efficace que la force.

2 **Commencez ces mots par la lettre *A*. Attention à mettre un *s* ou deux *s*.**

*Ex. : Siège → **Assiège**.*

1. Saut → _____
4. Sorti → _____

2. Sembler → _____
5. Symétrie → _____

3. Social → _____

3 **Placez les mots de l'exercice précédent dans les phrases suivantes.**

*Ex. : La foule des manifestants **assiège** les locaux de la direction.*

1. Elle adore sortir. Il adore rester à la maison. C'est un couple mal _____ .

2. La police a donné l'_____ à la maison où s'était retranché un forcené.

3. Ce bâtiment n'est pas très équilibré, il y a beaucoup d'_____ .

4. Il ne recherche pas le contact des autres, il est un peu _____ .

5. Les enfants s'amusent à _____ les éléments du Lego.

4 **Complétez avec *-sol* ou *-ssole*.**

*Ex. : Antoine a vaporisé un produit avec un **aérosol**.*

1. Les enfants s'abritent du soleil sous un para_____ .

2. Nora préfère l'huile de colza à l'huile de tourne_____ .

3. Dans la poêle, le poisson ri_____ .

4. Si tu ne sais pas où est le nord, regarde sur ta bou_____ .

5 **Complétez avec un verbe.**

*Ex. : – Tu n'es pas capable de refaire le même saut. – Tu vas voir, je vais **resauter**.*

1. – Ce boulon est desserré.

– J'ai vu, je vais le_____ .

2. – C'est déjà salé, mais tu peux encore ajouter du sel.

– Merci, je vais _____ .

3. – Il faut signer encore une fois ce certificat.

– D'accord, je vais _____ .

4. – Tu es sorti faire les courses, mais tu as oublié le pain.

– C'est vrai. Je _____ acheter du pain.

5. – Sers-toi encore, si tu veux.

– Avec plaisir, je vais me_____ .

LES DOUBLES CONSONNES EN FINALE : NN

La **technicienne sélectionne** les **bonnes données**.

En finale de noms et d'adjectifs, on peut trouver **-n** ou **-nne** : *antenne*, *gêne*, *rêne* et *renne* (l'animal), *cane* (l'oiseau) et *canne*, *couronne*, *téléphone*, etc. Pour les féminins et les verbes, il existe quelques règles.
> ***Téléphonez*** *à l'****antenne*** *régionale.*

FÉMININS PROVENANT D'UN MASCULIN

Les noms et les adjectifs féminins en **-an**, **-in** (**-ain**) et **-un** ne redoublent pas le **n** : *partisane*, *anglicane*, *cousine*, *fine*, *certaine*, *brune*, *opportune*, etc. Exception : *paysanne*.
> *Ma **cousine** est **fine** et **brune**.*
> *Elle est **paysanne** et **partisane** de l'agriculture biologique.*

Les noms et les adjectifs en **-en** (**-ien**) et **-on** doublent le **n** : *coréenne*, *européenne*, *chienne*, *pharmacienne*, *championne*, *mignonne*, etc.
> *La **championne européenne** de natation est*
> ***italienne**.*
> *Il a une amie **coréenne** qui est **une bonne**
> **musicienne**.*

une musicienne coréenne

LES VERBES

■ Les verbes en **-nir** ne redoublent pas le **n** : *devenir*, *finir*, *venir*, etc. sauf quelques verbes assez rares comme *bannir*, *hennir*, *honnir*.
> *Le prince s'est fait **bannir** du royaume parce qu'il voulait **devenir** roi.*

■ Les verbes en **-ener**, **-iner** (**-ainer**) et **-uner** ne redoublent pas le **n** sauf *étrenner* : *gêner*, *emmener*, *promener*, *dîner*, *dessiner*, *terminer*, *entraîner*, *déjeuner*, *importuner*, etc.
> *Quand tu as **terminé**, je t'**emmène déjeuner**.*

■ Les verbes en **-aner** ne redoublent normalement pas le **n** : *flâner*, *planer*, sauf dans quelques verbes comme *enrubanner*, *dépanner*, *vanner*, etc.
> *Le garagiste qui devait me **dépanner** a **flâné** en route.*

■ Lorsqu'un verbe est formé à partir d'un substantif en **-on**, il prend deux **n** : *donner* (*don*), *emprisonner* (*prison*), *fonctionner* (*fonction*), etc. sauf *s'époumoner* (*poumon*).
> *Elle a été **emprisonnée** parce qu'elle avait **abandonné** son bébé.*

Sinon il faut un seul **n** : *téléphoner* (*téléphone*), *ramoner*, *prôner*, *trôner*, etc. Mais *couronner* (*couronne*).
> *Quand tu seras prêt à m'aider à **ramoner** la cheminée, **téléphone**-moi.*

 Détonner (ne pas être dans le ton) et *détoner* (exploser) : *C'est un mélange **détonnant**.*

1 **Choisissez la bonne orthographe.**

Ex. : Les enfants admirent les ~~rênes~~ | **rennes** | *du Père Noël.*

1. L'aveugle marche avec une | cane | | canne | blanche.

2. Béatrice a été élue | renne | | reine | du carnaval.

3. Il était le seul sans cravate. Il a | détoné | | détonné | à cette soirée.

4. Je préfère les œufs de | canes | | cannes | aux œufs de poules.

2 **Mettez les phrases au féminin.**

Ex. : C'est un champion européen. **C'est une championne européenne.**

1. Les paysans bretons sont en colère. _____ .

2. Il est coquin et taquin. _____ .

3. Chacun promène son chien. _____ .

4. Le politicien catalan est devenu ministre. _____ .

5. Certains Italiens ne sont pas bruns. _____ .

3 **À partir du nom, trouvez l'infinitif.**

Ex. : Câlin. L'enfant aime se faire **câliner.**

1. Patin. Ma sœur adore _____ .

2. Gêne. Je ne voudrais pas vous _____ .

3. Étrennes. Lucie va _____ sa nouvelle voiture.

4. Dessin. Liliane ne sait pas très bien _____ .

5. Entrain. Bernard est parti s'_____ .

4 **Complétez avec un verbe (conjugué ou non). Il faut parfois mettre un préfixe.**

Ex. : Il est en prison. Il a été **emprisonné.**

1. Tu as promis de lui donner un coup de téléphone. Tu dois lui _____ .

2. Ne donne pas ta démission. Ne _____ pas !

3. Tu devrais mettre un ruban autour du paquet. C'est mieux de l'_____ .

4. Tu n'as pas atteint la perfection. Il faut encore te _____ .

5. Il crie à pleins poumons. Il s'_____ .

6. Le roi va recevoir sa couronne. Il va être _____ .

5 **Ajoutez -ner ou -nner à ces syllabes pour former un verbe que vous placerez (au participe passé) dans les phrases suivantes :** *do-, pro-, so-, to-, tro-.* **Attention à l'accent circonflexe.**

Ex. : Ce restaurant est cher. Il n'est pas **donné.**

1. Le canon a _____ .

2. Ce syndicat n'a jamais _____ la modération.

3. J'ai _____ , mais personne ne m'a ouvert.

4. Une révolution a chassé le monarque. Il n'aura pas _____ longtemps.

25 LES DOUBLES CONSONNES : MM

L'**émission** commence **immédiatement**.

À L'INITIALE DERRIÈRE UNE VOYELLE

■ Derrière les voyelles **a** et **o**, il faut un seul **m** : *amitié, amour, amuser, omelette, omettre, omission*, etc. Exception : *ammoniaque*.
> *Vous n'**omettrez** pas de lui transmettre mes **amitiés**.*

■ Derrière la voyelle **i**, il faut **mm** : *immense, immédiat, immeuble*, etc. Exceptions : *image (imaginer), imiter*. Pas de **mm** derrière **ai-** : *aimer, aimable, aimant*, etc.
> *Arrêtez **immédiatement** de l'**imiter**.*

■ **em-** est généralement un préfixe devant des verbes commençant par la lettre **m** (*em + mener = emmener*) : *emmagasiner, emmêler, emménager, emmurer*, etc. Avec **é**, pas de double consonne : *émission, émoi, ému*, etc.
> *Je suis **ému** d'**emménager** dans ce nouvel appartement.*

À L'INTÉRIEUR D'UN MOT DEVANT UNE VOYELLE

■ Les mots commençant par **com-** et **som-** redoublent souvent le **m** : *commande, commencer, commun, communication, sommeil, sommet, sommaire*, etc.
> *Je **commence** à avoir **sommeil**.*

un sommet

Exceptions : *coma, comédie, comestible, comète, comique, comité* et *somatique*.
> *Cette **comédie** est d'un **comique** peu **commun**.*

■ Les mots commençant par **dom-** ne redoublent pas le **m** : *domicile, domestique, domination*, etc. Exception : *dommage (dommageable, endommager*, etc.).
> *C'est **dommage** que **Dominique** n'aime pas jouer aux **dominos**.*

EN FINALE

■ Pas de redoublement du **m** après **a**, **i** et **u** : *blâme, rame, crime, prime, légume, costume*, etc. Quelques exceptions comme *flamme, gamme, gramme (programme, télégramme*, etc.).
> *Il a déclaré sa **flamme** à la **dame** de ses pensées. Elle mange des **légumes** de régime.*

■ Quelques rares mots en **-emme** : *dilemme, femme, flemme, gemme*, etc. L'écriture la plus fréquente est **-ème** ou **-ême** : *barème, baptême, crème, même, stratagème*, etc.
> *Quand on a découvert son **stratagème**, la jeune **femme** est devenue **blême**.*

■ Après **o**, il y a deux possibilités : **-ome** ou **-ôme** [o] (*aérodrome, astronome, fantôme*, etc.) et **-omme** [ɔ] (*homme, comme, pomme*, etc.). *Le **majordome** apporte un panier de **pommes**.*

Pour la terminaison des adverbes **-ment** ou **-mment**, *cf.* Les adverbes : -ment ou -mment ?

E X E R C I C E S

1 **Un peu de culture. Complétez avec *m* ou *mm*.**

Ex. : **L'amant** *est un roman de Marguerite Duras.*

1. *L'i__agination au pouvoir !* est un slogan de mai 68.

2. *On ne fait pas d'o__elette sans casser des œufs* est un proverbe français.

3. George Sand incarnait la femme moderne, la femme é__ancipée.

4. *L'i___ortalité* est un livre de Milan Kundera.

5. *E____enez-moi* est une chanson de Charles Aznavour.

2 **Placez une de ces syllabes (en ajoutant un *m* si nécessaire) dans les phrases suivantes : *co-, do-, mo-, no-, so-, to-.***

*Ex. : Il ne faut pas vous laisser trop **dominer** par votre supérieur.*

1. Au musée, les enfants ont vu une _____ mie égyptienne.

2. Tatiana est partie faire des _____ missions.

3. Il n'a pas trouvé de place pour le spectacle. Quel _____ mage !

4. Le _____ maire ne donne pas envie de lire l'article.

5. L'acteur a été _____ miné pour l'oscar du meilleur acteur.

6. J'ai trouvé des _____ mates marocaines.

3 **Ajoutez les terminaisons *-me* ou *-mme* pour former un mot.**

*Ex : Ga → **Gamme***

1. Dô → _____

2. Pri → _____

3. Gra → _____

4. Po → _____

5. Crè → _____

6. Ra → _____

4 **Intégrez les mots de l'exercice précédent dans les phrases suivantes (attention aux accords).**

*Ex. : Le petit Paul apprend le piano. Tous les jours, il doit faire des **gammes**.*

1. Pendant les vacances, je n'ai pas grossi. Je n'ai pas pris un _____ .

2. As-tu pensé à acheter des poires et des _____ ?

3. Nicolas est tombé sur son ex dans une _____ de métro.

4. Finalement, pour Noël, les employés n'auront pas de _____ .

5. Le _____ de la cathédrale de Florence est magnifique.

6. Protège-toi du soleil. Mets de la _____ solaire.

5 **Ajoutez des accents graves et circonflexes si nécessaire sur E et O.**

Ex. : C'EST TOUJOURS LE MÊME PROBLÈME.

1. IL EST DEVENU BLEME COMME S'IL AVAIT VU UN FANTOME.

2. VOUS AVEZ PLUSIEURS BAREMES DE PRIX POUR LES BAPTEMES DE L'AIR.

3. C'EST UN DOULOUREUX DILEMME POUR CETTE JEUNE FEMME.

4. LIS-MOI CE POEME.

26

LES DOUBLES CONSONNES : TT

> **Juliette** est une **fillette secrète** et **discrète**.

EN FINALE

En finale, le **t** n'est généralement pas prononcé : *bouquet, chat, partout, petit, pot, salut, secret*, etc. Dans certains mots en **-ut**, le **t** peut être prononcé : *chut, brut, mazout*, etc.

> Le **petit chat** est **mort**. **Chut !** C'est un **secret**.

■ **-ate / -atte**. Plutôt **-ate** : *cravate, date, diplomate, pâte, tomate*, etc., mais aussi des mots en **-atte** : *chatte, datte, latte, natte, patte*, etc.

> Des **tomates** en entrée et des **dattes** en dessert.

une carotte

■ **-ête / -ète / -ette**. Il y a les trois orthographes : *bête, enquête, tempête, interprète, bicyclette, toilette*, etc. Lorsqu'il y a un diminutif, il faut **-ette** : *côtelette, fillette, tartelette*, etc.

> Pour son **enquête** sur l'immigration, le sociologue a demandé l'aide d'un **interprète**.

■ **-ite**. Il faut **-ite**, sauf dans la conjugaison du verbe *quitter* : *élite, frite, rite, satellite, vite*, etc.

> Le **satellite quitte** son **orbite**.

■ **-ote / -otte**. Les deux orthographes sont possibles : *note, patriote, pilote, vote*, etc. et *botte, carotte, flotte, grotte*, etc.

> N'oubliez pas d'ajouter la **botte** de **carottes** sur la **note**.

■ **-ute / -utte**. Souvent **-ute** : *brute, dispute, minute*, etc. Quelques mots en **-utte** comme *butte, hutte, lutte*, etc.

> La **dispute** a fini en **lutte**.

■ **-oute** : *croûte, doute, route*, mais un mot en **-outte** : *goutte*.

> Combien de **gouttes** faut-il ? J'ai un **doute**.

FÉMININS : *-TE* ou *-TTE* ?

■ Les adjectifs qui se terminent par **-at**, **-it** et **-ut** ajoutent un **e** (**-te**) au féminin : *plate, petite, brute, droite*, etc. Même règle que pour les noms *avocate* (*avocat*), *rate* (*rat*), mais *chatte* (*chat*).

> Cette jeune **brute** martyrise une **petite chatte**.

■ Les adjectifs terminés par **-et** forment normalement le féminin en **-ette** : *cadette, coquette, douillette, muette, nette*, mais quelques adjectifs ont le féminin en **-ète** : *complète, désuète, concrète, discrète, inquiète, replète* et *secrète*. *Prêt* garde son accent : *prête*.

> Sa fille **cadette** est très **discrète**.

■ Les rares adjectifs terminés en **-ot** forment le féminin en **-otte** : *sotte, pâlotte*, etc., ou en **-ote** : *dévote, idiote*, etc.

> Elle est **sotte** et **idiote**.

E X E R C I C E S

1 Trouvez la bonne orthographe.

Ex. : La chatte a attrapé une ~~rate~~ ~~ratte~~ .

1. En faisant cela, quel est exactement votre but butte ?

2. À la fin de la cuisson, ajoutez une goûte goutte d'huile de soja.

3. La chatte s'est fait mal à la pâte patte .

4. La coccinelle est appelée la bête bette à bon Dieu.

5. J'ai oublié la date datte du rendez-vous.

une coccinelle

2 Qu'est-ce qu'il y a au menu ? Complétez avec *-te* ou *-tte* (pensez à faire les accords).

Ex. : Pour l'entrée, j'ai acheté une botte de radis.

1. Il y aura aussi des caro_____ râpées.

2. Comme plat, des côtele_____ d'agneau et des fri_____ .

3. Puis des pâ_____ avec de la sauce toma_____ .

4. Ensuite un gâteau qui s'appelle le diploma_____ et des tartele_____ .

5. Et enfin quelques da_____ .

3 Trouvez l'intrus.

Attribut Brut Rebut Salut

4 La journée de Juliette. Complétez avec *-ète*, *-ête* ou *-ette*.

Ex. : Il n'y a plus de savonnette dans la salle de bains.

1. Juliette fait sa toil_____ .

2. Sa présentation doit être très ne_____ .

3. Elle va faire une enqu_____ dans le quartier chinois.

4. Elle se déplace en bicycl_____ .

5. Elle sera accompagnée d'un interpr_____ .

5 Elle et lui. Mettez les adjectifs soulignés au féminin.

Ex. : Il n'est pas coquet, mais elle est très coquette.

1. Le soir, il ne dit pas un mot et reste muet pendant des heures. Elle, de son côté, n'est pas _____ du tout.

2. Il est très secret et n'est jamais indiscret. Elle n'est absolument pas _____, elle serait même _____ .

3. Il ne fait pas attention à son poids, il commence à être replet. Elle est au régime et fait tout pour ne pas avoir une silhouette _____ .

4. Il a un caractère inquiet. Elle est rarement _____ .

5. Il trouve son beau-père sot. Elle trouve sa belle-mère_____ .

6. Quand il plaisante, il le traite d'idiot, elle n'aime pas ses blagues _____ .

INFINITIFS : *-TER* OU *-TTER* ?

■ **-ater / -atter**. Le plus souvent **-ater**, si le nom est en **-at** ou **-ate** : *acclimater* (*climat*), *appâter* (*appât*), *constater* (*constat*), *dater* (*date*), *éclater* (*éclat*), etc., mais aussi *gâter*, *rater*, *tâter*, etc. Quelques infinitifs en **-atter** : *natter* (*natte*) et aussi *flatter*, *gratter*, etc.

> *William **éclate** de joie quand on le **flatte**.*

■ **-iter, -outer (-ôuter), -uter**. *Agiter, hésiter, visiter*, etc., sauf *quitter* (*acquitter*). *Buter, discuter, écouter, goûter* (*goût*), *muter*, etc., avec de rares exceptions comme *goutter* (goutte) et *lutter*.

> *Il s'**agite**, il **discute**, il **lutte**.*

■ **-oter / -otter**. L'infinitif est souvent en **-oter** si le nom se termine en **-ot** ou en **-ote** : *coter* (*cote*), *doter* (*dot*), *piloter* (*pilote*), *sangloter* (*sanglot*), etc. Si un nom se termine en **-otte**, l'infinitif est en **-otter** : *botter* (*botte*), *crotter* (*crotte*), *flotter* (*flotte*), etc. Quelques rares exceptions comme *grelotter* (*grelot*), *trotter* (*trot*), etc.

> *Il ne faut pas **ôter** ton pull, sinon tu vas **grelotter**.*

■ **-eter (-êter, -éter) / -etter**. Il faut se baser sur le nom. Si le nom (ou l'adjectif) se termine par **-et** ou **-ête**, l'infinitif est **-eter (-éter, -êter)** : *arrêter* (*arrêt*), *compléter* (*complet*), *fêter* (*fête*), *jeter* (*jet*), *projeter* (*projet*), *refléter* (*reflet*), etc. et aussi *acheter, répéter*, etc. Si le nom se termine par **-ette**, l'infinitif est en **-etter** : *émietter* (*miette*), *endetter* (*dette*), *toiletter* (*toilette*), etc.

> *Il a trop **fêté** son succès. Maintenant, il est **endetté**.*

Exceptions : *étiqueter* (*étiquette*), *fouetter* (*fouet*), *guetter* (*guet*) et *regretter* (*regret*).

> *Je **regrette** que cela se soit passé ainsi.*

T ET *TT* DANS LES CONJUGAISONS

RAPPEL

Des verbes comme *jeter* (*cacheter, étiqueter, feuilleter*, etc.) doublent le **t** après le son [ɛ] au singulier et à la troisième personne du pluriel du présent (indicatif et subjonctif) et à l'impératif : *jette, jettes, jettent*. Il en est de même au futur et au conditionnel à toutes les personnes.

> *Si je **rejetais** (imparfait, pas de changement) son projet, il me **jetterait** dehors (conditionnel, deux t).*

Des verbes comme *acheter, crocheter* et les verbes en **-éter** (*compléter, répéter*, etc.) ne doublent pas le **t**, mais ont un accent grave sur le **e** dans les mêmes conditions, sauf les verbes en **-éter** qui gardent l'accent aigu au futur et au conditionnel.

> *N'**achète** plus de bonbons. Je ne le **répéterais** pas deux fois.*

Les verbes en **-etter** comme *guetter, regretter*, etc. et les verbes en **-êter** comme *arrêter, prêter*, etc. ne changent pas.

> *Si j'**arrête** cette formation, je crois que je ne le **regretterai** pas.*

1 **Crime et châtiment. Complétez avec -eté, -êté ou -etté.**

*Ex. : Le tribunal a **rejeté** sa demande de grâce.*

1. Il s'était end_____ et devait de l'argent à tout le monde.

2. Il a alors proj_____ un cambriolage.

3. Il savait que sa voisine était riche. Il a gu_____ ses déplacements.

4. Un jour où elle était absente, il a croch_____ la serrure et a volé une grosse somme.

5. Elle l'a surpris pendant qu'il volait ; alors il l'a tuée, puis a j_____ son corps par la fenêtre.

6. La police a enqu_____ et il a été arr_____.

2 **Trouvez la bonne orthographe.**

Ex. : Je n'ai jamais vu jouer ~~cet~~ **cette** *actrice.*

1. Tu devrais te moucher, il y a ton nez qui goûte | goutte .

2. Le garagiste cote | cotte le prix des voitures d'occasion.

3. Il n'y a pas de prix sur l' étiquète | étiquette .

4. Je n'ai jamais goûté | goutté ce plat.

5. Le poisson est plein d'arêtes, tu veux que je les ôte | hotte ?

3 **Une rupture ? Transformez ces noms en participes passés (attention aux accords).**

*Ex. : Lutte. Ils ont **lutté** pour savoir qui garderait le chat.*

1. Dispute. Ils étaient en colère, ils se sont _____.

2. Tempête. Elle est rentrée en rage, elle a _____ .

3. Jet. Elle l'a _____ dehors.

4. Sanglot. Il a cru qu'elle ne l'aimait plus, il a presque _____ .

5. Regret. Une heure après, elle a _____ son geste.

4 **Trouvez le nom à partir du verbe.**

*Ex. : Elle tricote, elle fait un **tricot**.*

1. Il note ses étudiants, il leur donne une _____ .

2. Le père a doté sa fille, il lui a donné une _____ .

3. Il pilote des avions pendant les combats, c'est un _____ de chasse.

4. Le cheval trotte, il va au _____ .

5 **Les consignes. Mettez les verbes au futur.**

*Ex. : (s'arrêter). Le cours **s'arrêtera** dans cinq minutes.*

1. (acheter). Pour le cours suivant, vous _____ le livre que je vous ai conseillé.

2. (prêter). Vous le lirez et _____ attention aux explications.

3. (feuilleter). Vous _____ aussi les annexes.

4. (compléter). Vous _____ votre lecture par des exercices.

5. (répéter). Vous avez bien compris ? Je ne le _____ pas.

27

LES DOUBLES CONSONNES : LL

Ma **collègue** est **alerte**, **intelligente** et **délicate**.

des alliances

À L'INITIALE

■ **al-** ou **all-**. Derrière la lettre **a**, pas de règle : *alarme, alerte, aliment, aligner*, etc., mais *aller, alliance, allonger, allumette*, etc.
*En jouant avec des **allumettes**, l'enfant a déclenché l'**alarme** incendie.*

■ **ol-, ul-, ell-, él-**. Derrière les lettres **o, u** : **l** (*olive, ululer*). Derrière la lettre **e** sans accent, deux mots en **ll** : *elle, ellipse* et ses dérivés. Un seul **l** derrière la lettre **é** : *élaborer, élève, élucider*, etc.
***Elle** a apporté des **olives** aux **élèves**.*

■ **ill-**. Derrière **i**, il faut **ll**. Il s'agit souvent du préfixe négatif **il-** : *légal, illégal ; lettré, illettré ; logique, illogique*, mais aussi : *illuminer, illustrer*, etc. Une exception : *île* et ses dérivés : *îlien, îlot*, etc.
*Le camping est **illégal** sur cette **île**.*

 Derrière les lettres **ai-**, **l** et **ll** sont possibles. Mais la prononciation change : *aile* [εl] et *aille* [aj]. *Il faut que j'**aille** faire réparer l'**aile** de ma voiture.*

EN MILIEU DE MOTS

Peu de règles pour **l** ou **ll** en milieu de mot : *maladie, salon, solitude, salir, toile*, etc. ; *ballon, collège, mollir, vallée, vallon*, etc.
*Ne jouez pas au **ballon** dans le **salon**.*

La prononciation peut cependant aider à savoir s'il faut **l** ou **ll**.

■ Le **e** sans accent devant **ll** est prononcé [ε] : *intelligent, pelletée*. Il faut un seul **l** après la lettre **é** [e] : *délicat, félin, félon* (traître), *mélanger*, etc.
*Ton comportement n'est ni **délicat** ni **intelligent**.*

■ Derrière la lettre **i**, les lettres **l** et **ll** se prononcent différemment : *filet* [l], mais *fillette* [j], *piler* [l], *piller* [j], etc.
*La **fillette** a **pillé** le **filet** à provisions de sa mère.*

 Des mots comme *mille, milliard, million, millier, ville, village, tranquille, tranquillement*, etc. se prononcent [l] :
*Promenez-vous **tranquillement** dans ce **petit village**.*

■ De même, derrière **ai-, ei-, ui-**, les lettres **ll** sont prononcées [j] : *bouillir, juillet, maillot, réveiller, travailleur*, etc. Mais *huile, tuile, tuilerie* [l].
*Les **travailleurs** de la **tuilerie** sont en vacances en **juillet**.*

E X E R C I C E S

1 Comptine enfantine. Complétez avec *l* ou *ll*.

Un é_____éphant qui se ba_____ançait

sur une toi_____e d'araignée

trouva ce jeu te_____ement intéressant

qu'il a_____a chercher un deuxième é_____éphant.

2 Ajoutez *a-*, *al-* ou *il-* au mot souligné et placez-le dans la phrase.

*Ex. : Ce n'est pas très <u>logique</u>, c'est même complètement **illogique**.*

1. Je me suis <u>lié</u> avec un collègue. Je vais en faire mon _____ .

2. Ce n'est pas la peine de fondre en <u>larmes</u>. Il faut toujours que tu t' _____ .

3. Fumer dans un lieu public est <u>légal</u> dans ce pays, en France, c'est _____ .

4. Vincent a pêché à la <u>ligne</u>. De retour chez lui, il _____ ses poissons sur la table.

5. Ils sont érudits et <u>lettrés</u>. Ils ont créé un programme pour aider les _____ .

3 *Alerte à Malibu.* Complétez avec *l* ou *ll*.

*Ex. : **Pamela** Anderson joue dans **Alerte** à **Malibu**.*

1. Il y a de jo_____ies actrices.

2. Elles sont en mai_____ots de bain rouges.

3. Elles survei_____ent l'océan.

4. Elles guettent les ai_____erons de requin.

5. Elles sauvent les gens sur la plage et même sur des î_____es.

4 Trouvez le mot.

*Ex. : État + long : **étalon**.*

1. Bas + long : _____   **3.** Ça + long : _____

2. Fée + long : _____   **4.** Va + long : _____

5 Arts et sport. Placez les mots de l'exercice précédent dans les phrases.

*Ex. : L'**étalon** a gagné la course.*

1. Dans le poème épique *La Chanson de Roland*, Roland est trahi par un officier _____ .

2. Les œuvres d'art refusées par les jurys peuvent être exposées au _____ *des refusés*.

3. Le _____ d'or est une récompense attribuée au meilleur joueur de football de l'année.

4. *Le Dormeur du val* est un poème de Rimbaud, *Le Lys dans la vallée* un roman de Balzac et *Le* _____

est une poésie de Lamartine.

6 En classe. Complétez par *l* ou *ll*.

Mademoise*ll*e Cami*ll*e Dumont travai_____e dans un co_____ège. E_____e enseigne l'a_____emand. Ses

co_____ègues sont sympathiques. Camille trouve que les é_____èves sont inte_____igents. La jeune

enseignante habite dans un vi_____age dont elle apprécie la tranqui_____ité.

EN FINALE

■ **-l.** Les noms (ou les adjectifs) terminés par **l** sont généralement masculins : *le bal, le bol, le caramel, le consul, le fil, le gel, le mal, le miel, le poil, le recul, le sel, le sol, le vol,* etc.

> *Pour se déplacer malgré le* **gel***, Raoul a mis du* **sel** *sur le* **sol***.*

Derrière la lettre **i**, le **l** n'est parfois pas prononcé : *le fusil, gentil, l'outil, le persil.* Derrière **ai-, ei-, ui-**, la lettre **l** est prononcée [j] : *rail, travail, éveil, pareil, œil, deuil, fauteuil, fenouil,* etc.

> *Ton frère est bien* **gentil***. Le mien n'est pas* **pareil***.*

■ **-ll.** La finale **-ll** n'est possible que dans des noms d'origine étrangère : *le pull, le baseball, le hall,* etc. *J'ai oublié mon* **pull** *dans le* **hall***.*

■ **-le.** Les mots terminés par **-le** sont souvent féminins : *l'ampoule, la bascule, la bile, la boule, l'épaule, la file, la gueule, la poêle* (instrument de cuisine)*, la pile, la toile, la voile,* etc.

> *C'est la* **file** *pour l'exposition Picasso ? Je suis impatient de voir ses* **toiles***.*

Les masculins sont aussi possibles : *le fidèle, le mâle, le modèle, le poêle* (pour le chauffage)*, le pôle, le saule,* etc.

> *Allume le* **poêle***, on se croirait au* **pôle** *Nord !*

■ **-lle.** Les mots terminés par **-lle** sont en général féminins : *la balle, la bulle, la colle, la malle, la salle, la selle, la sentinelle, la ville, la veille,* etc. Exceptions : *le gorille, le violoncelle,* etc.

> *La* **balle** *est sur la* **malle** *dans la grande* **salle***.*

Derrière la lettre **i** (**ai-, ei-, ui-**), les lettres **-lle** sont prononcées [j] : *la bille, la fille* (mais *la ville, mille* et *tranquille*)*, la faille, la rouille, la veille,* etc.

> *La petite* **fille** *a dessiné une* **abeille***.*

FÉMININS : *-LE* OU *-LLE* ?

■ Les adjectifs en **-al** et **-eul** ont un féminin avec **-le** : *banale, natale, navale, normale, seule,* etc.

> *Elle est* **seule** *depuis qu'elle a quitté sa ville* **natale***.*

■ Les adjectifs en **-il** (**-eil**) sont rares : *gentil, gentille* ; *pareil, pareille,* mais *civil, civile* ; *puéril, puérile* ; *subtil, subtile* ; *vil, vile* ; *viril, virile.* En général, masculin et féminin sont en **-ile** : *facile, difficile, utile.* Les adjectifs (pouvant être aussi des noms) en **-ol** sont aussi rares : *espagnol, espagnole* ; *mongol, mongole.*

> *Ma voisine* **espagnole** *a une* **gentille** *petite fille.*

■ Les adjectifs en **-el** et en **-ul** (très rares) ont un féminin en **-elle** et **-ulle** : *actuelle, formelle, intellectuelle, spirituelle, nulle,* etc.

> *L'époque* **actuelle** *est plus* **intellectuelle** *que* **spirituelle***.*

Quelques adjectifs féminins en **-lle** ne proviennent pas d'un adjectif en **l** : *folle* (*fou*)*, molle* (*mou*)*, belle* (*beau*)*, nouvelle* (*nouveau*) et *vieille* (*vieux*). Devant un nom masculin commençant par une voyelle, ces adjectifs deviennent *fol, mol, bel, nouvel* et *vieil : un vieil ami.*

> *Ma* **nouvelle** *amie a emménagé dans un* **bel** *appartement.*

1   *-l* ou *-le* ? Choisissez la bonne orthographe.

*Ex. : Il commence à faire froid, allume le ~~poil~~ **poêle** .*

1. L'enfant est tombé, il s'est fait mal / mâle .

2. Au restaurant, j'ai commandé une sol / sole meunière.

3. La fil / file d'attente était très longue.

4. Il est vraiment paresseux, il a un poil / poêle dans la main.

5. Sa ruse est cousue de fil / file blanc.

2   Jardin ou télé ? Ajoutez un *-e* si nécessaire.

*Ex. : Les enfants ont vu un film sur Guillaume **Tell__** .*

1. Hier, les enfants ont joué au football__.

2. Ce matin, ils ont joué à la ball__ dans le jardin.

3. Tout à l'heure, ils ont perdu une bill__ et ils la cherchent.

4. Il commence à faire froid, leur mère leur apporte un pull__.

5. « Ne cherchez plus et rentrez voir un film à la télé avec Buffalo Bill__.

6. Laissez vos chaussures sales dans le hall__. »

3   *-l*, *-le* ou *-lle* ? Choisissez la bonne orthographe.

*Ex. : Je connais une des ~~filles~~ **filles** dans la file ~~fille~~ .*

1. Julien se prépare à sortir ce soir. Il va au bal / balle des anciens du lycée.

2. C'est un peu fade, ça manque de sel / selle .

3. Le vase est cassé. J'aurais besoin d'un peu de col / colle .

4. Je regarde rapidement si j'ai reçu des mails / mailles .

5. Les déménageurs sont venus prendre mes mâles / malles .

4   Trouvez l'intrus.

1. Bille   fille   quille   ville

2. Avril   fusil   gentil   persil

5   Mettez les mots soulignés au masculin.

*Ex. : Laura ne vit pas <u>seule</u>, mais Didier vit **seul**.*

1. Julie est une <u>nouvelle</u> étudiante et Richard est un _____ étudiant.

2. La petite fille n'est pas <u>facile</u>, elle est même <u>difficile</u>, mais son frère est très _____, il n'est pas _____ du tout.

3. Ma collègue <u>espagnole</u> est d'une <u>folle</u> insouciance. Son ami _____ l'aime d'un _____ amour.

4. Ma voisine est <u>ridicule</u> et son mari est encore plus _____ .

5. Héloïse est une <u>vieille</u> amie et Jean-Philippe un _____ ami.

6. Carole est <u>gentille</u>, mais son frère n'est pas _____ .

7. Elle est <u>nulle</u>. Mais lui est encore plus _____.

NOMS ET VERBES

■ Certains noms en **-le** ou **-lle** ajoutent un **r** pour faire l'infinitif d'un verbe : *caler* (*cale*), *coller* (*colle*), *mouler* (*moule*), *seller* (*selle*), *veiller* (*veille*), *voiler* (*voile*), etc.

> *Prends une **cale** pour **caler** le pied de la table.*

Avec ces verbes, la première et la troisième personne du présent et l'impératif singulier s'écrivent comme le nom : *Prends de la **colle** et **colle** le vase.*

■ Les noms terminés par **l** doivent ajouter **-er** : *appeler* (*appel*), *calculer* (*calcul*), *exiler* (*exil*), *filer* (*fil*), *geler* (*gel*), *reculer* (*recul*), *signaler* (*signal*), *vol* (*voler*), etc. Exception : *fusil* → *fusiller*.

> *Nous aurons certainement du **gel** demain matin. Il va **geler** cette nuit.*

■ Ceux en **-ail** et **-eil** doivent doubler le **l** : *réveiller* (*réveil*), *sommeiller* (*sommeil*), *travailler* (*travail*), etc.

> *J'ai encore beaucoup de **travail**, je dois continuer à **travailler**.*

Il y a la même prononciation entre le nom et le verbe conjugué, mais parfois une orthographe différente : *le calcul, il calcule, le sommeil, je sommeille.*
La règle est simple : avec **e** dans un verbe conjugué et sans **e** dans un nom terminé par **l**.

un réveil

> *C'est un **signal** (nom) qui me **signale** (verbe) un **appel** (nom).*
> *Jérémy a pris un **vol** pour Moscou. Il **vole** avec Lufthansa.*

⚠ Il faut ajouter un **l** avec **-ail** et **-eil** : ***Réveille**-moi demain, mon **réveil** est en panne.*

L ET LL DANS LES CONJUGAISONS

RAPPEL

■ Les verbes en **-eler** ont une conjugaison particulière. Certains verbes comme *appeler, épeler, renouveler*, etc. doublent la consonne **l** après le son [ɛ] :

> *Elle **s'appelle** Adeline.*

Ceci intervient au singulier et à la troisième personne du pluriel du présent (indicatif et subjonctif), et à l'impératif : *appelle, appelles, appellent.*
Il en est de même au futur et au conditionnel à toutes les personnes.

> – *Je vous **appellerai** quand je **renouvellerai** mon abonnement.*
> – *Bien, j'attends que vous me **rappeliez**.*

D'autres verbes, comme *geler, modeler, peler*, etc., ne doublent pas le **l**, mais ont un accent grave sur le **e** dans les même conditions : *Il **gèle**.*

> *Je **pèle** les fruits, puis vous les **congèlerez**.*

■ Les verbes en **-eller** comme *interpeller, quereller, se rebeller*, etc. et les verbes en **-êler** comme *mêler, fêler, grêler*, etc. ne changent pas.

> *Quand elle était directrice, elle **interpellait** brutalement les collaborateurs qui se **rebellaient**.*

La réforme accepte *interpeler* (*elle interpelait, nous interpelons*, mais *j'interpelle*).
(*cf.* La réforme de l'orthographe de 1990).

1 **Choisissez la bonne orthographe.**

Ex. : Il faut prendre un peu de | **recul** | ~~recule~~ |.

1. L'avion prend son | envol | | envole | à huit heures.

2. Je crois que ça lui est | égal | | égale |.

3. Elle est très mauvaise en | calcul | | calcule |.

4. Le général est parti en | exil | | exile |.

5. C'est un film dans lequel une paysanne | fil | | file | la laine.

2 **À partir du verbe, trouvez le nom.**

*Ex. : Il gèle, il y a du **gel**.*

1. Il travaille beaucoup, il a beaucoup de _____.

2. Je colle le livre avec de la _____.

3. Je sommeille, je commence à avoir _____.

4. Le douanier contrôle, c'est un _____ de routine.

5. La troupe fusille un condamné. Chaque soldat a un _____.

6. L'infirmière veille. Elle fait une _____ de nuit.

3 **Trouvez l'intrus.**

1. Éveiller, réveiller, surveiller, veiller.

2. Exil, fil, fusil, gentil.

4 **Conjuguez les verbes aux temps demandés.**

*Ex. : Rappeler (impératif) : **Rappelle**-moi !*

1. Appeler (futur) : J'_____ en fin de matinée.

2. Renouveler (conditionnel) : Je _____ volontiers mon abonnement, mais je n'ai plus d'argent.

3. Peler (impératif) : _____ la pomme.

4. Rappeler (subjonctif) : Il faudrait que vous _____ votre femme.

5. Mêler (présent) : De quoi te _____ -tu ?

5 **Rappelle-toi, Barbara. Transformez les verbes à l'imparfait et à la forme affirmative.**

*Ex. : Tu ne m'appelles plus. → Tu **m'appelais** tous les jours.*

1. Tu ne te querelles plus avec mes amis →

Tu _____ souvent avec mes amis.

2. Tu ne te rappelles plus la date de mon anniversaire. →

Tu _____ toujours de la date de mon anniversaire.

3. Tu ne renouvelles plus tes invitations. →

Tu _____ souvent tes invitations.

4. Tu ne te rebelles plus contre mes absences quand je dois partir en voyage. →

Tu _____ contre mes absences.

28

LES DOUBLES CONSONNES : RR

> Pierre a vu une **bagarre** à la **gare**.

À L'INITIALE DERRIÈRE UNE VOYELLE

■ Derrière les voyelles **o** et **u**, il faut un seul **r** : *orage, orateur, oriental, uruguayen, urine*, etc.
> *Ce voyageur **uruguayen** aime l'**Orient**.*

■ Derrière les voyelles **e** et **i**, il faut doubler le **r** : *irradier, irréel, irriter, erreur, erroné*, etc.
> Exceptions : *irascible, iris, ironie (ironiser)* et les mots en **air-** et **ér-** : *airelle, ériger, érafler*, etc.
> *Elle **ironise** facilement sur les **erreurs** qui l'ont **irritée**.*

■ Derrière **a**, il y a souvent deux **r** : *arrière, arracher, arrêter, arriver, arrondi*, etc.
Mais un seul **r** est possible : *arabe, arène, aride, aryen*, etc.
> *Le paysan n'**arrête** pas d'**arracher** des mauvaises herbes sur ce sol **aride**.*

À L'INTÉRIEUR D'UN MOT

Peu de règles : *barrage, courrier, horreur, verrou*, etc., mais *aéroport, garage, mariage, pureté*, etc. Cependant, les mots commençant par **bour-**, **four-**, **nour-** et **pour-** ont deux **r** : *bourreau, bourru, fourrage, fourrer, nourrice, nourrir, pourrir, pourriture*, etc.
> *Le **fourrage** est **pourri**. Comment **nourrir** le bétail ?*

EN FINALE

Pas de règle avec une finale en **-ar** (*art, bagarre, bar, barre, canard, épars, jars* [le mâle de l'oie], *guitare, mare*) ou en **-er** (*fer, tonnerre, ver, verre, vers, vert*). Les mots en **-ère** sont souvent des féminins de mots masculins en **-er** : *fermier, fermière ; léger, légère ; berger, bergère*.
> *Pierre boit un **verre** au **bar** de la **gare**. La **bière** n'est pas **chère**.*

Pour les finales en **-ir**, **-or** et **-ur**, pas de double consonne : *cire, désir, encore, décor* (mais aussi *d'abord, port, dehors*), *heure, mur, murmure*, etc.
> *Pour finir le **décor**, les ouvriers sont restés **encore** une **heure** sans un seul **murmure**.*

Exceptions : *abhorre* (du verbe *abhorrer*), *beurre, leurre* et *susurre* (du verbe *susurrer*).

DANS LES CONJUGAISONS

Les verbes *acquérir, courir* et *mourir* ont deux **r** au futur et au conditionnel.
> *Si je courais aussi vite que toi, je **courrais** comme un champion.*

Les verbes *envoyer, pouvoir* et *voir* font aussi leur futur et leur conditionnel avec deux **r**.
> *Tu **verras** qu'il ne **pourra** pas venir.*

1   **Complétez avec *r* ou *rr*.**

*Ex. : Mes voisins sont des **Irakiens**.*

1. *Les Aventures d'Astérix* racontent l'histoire des i_____ éductibles Gaulois.

2. Tu crois que le charme o_____iental est i_____ésistible ?

3. Il doit y avoir un o_____age, j'entends le tonne_____e.

4. Devant ce projet i_____éaliste, il n'a pas pu cacher son i_____onie.

5. Ce médecin i_____anien est spécialiste en u_____ologie.

2   **Charade**

Mon premier est le contraire de haut : _____

Mon second est là où s'arrêtent les trains : _____

Mon tout est une querelle violente : une _____

3   **Comme dans une charade, reliez les deux mots pour en faire un seul.**

*Ex. : Gare + Âge : **garage***

1. Bout + Rot : _____   **4.** Sous + Rire : _____

2. Cou + Rage : _____   **5.** Pou + Riz : _____

3. Fou + Ré : _____

4   **Placez les mots de l'exercice précédent dans les phrases.**

*Ex. : Je vais porter ma voiture au **garage** pour une réparation.*

1. Où ai-je encore _____ mes clés ?

2. Marc travaille beaucoup. C'est un _____ de travail.

3. Il a plu de juin à septembre. Encore un été _____.

4. Pour affronter le directeur, il m'a fallu du _____.

5. Elle l'a accueilli avec un _____ charmant.

5   **À la campagne. Choisissez la bonne orthographe.**

Ex. : Dans ce petit village, il y a un | bar | ~~barre~~ |.

1. Pierre y boit un | ver | verre |.   **4.** On y voit des canards et des | jarres | jars |.

2. Il mange un sandwich jambon- | beur | beurre |.   **5.** Ils cherchent des | vers | verres | de terre.

3. Près de là, il y a une | mare | marre |.

6   **Un week-end tranquille. Conjuguez les verbes (conditionnel ou futur).**

*Ex. : Si tu voulais, on (envoyer) **enverrait** les enfants chez mes parents.*

1. Ils seront à la campagne, ils (courir) _____ dans les champs.

2. Ils n'en (mourir) _____ pas d'être deux jours sans nous.

3. Si tu étais d'accord, on (voir) _____ des amis.

4. S'il fait beau, on (pouvoir) _____ se promener en forêt.

LES ANOMALIES ORTHOGRAPHIQUES

C'est un **honn**ête homme. Il a eu une vie **hon**orable.

La langue française contient de nombreuses anomalies orthographiques qui portent généralement sur le doublement des consonnes et sur les accents. Bien qu'appartenant à la même famille, certains mots s'orthographient différemment (*nommer, nomination*). La réforme de l'orthographe (*cf.* La réforme de l'orthographe de 1990) a corrigé certaines graphies, mais les deux formes restent correctes. Nous notons la nouvelle graphie entre parenthèses.

LES ANOMALIES CONSONANTIQUES

alléger → alourdir
barrique → baril
bonhomme → bonhomie (bonhommie)
bonne → bonifier
cantonner, cantonnier → cantonal
charrette, charrue → chariot (charriot)
chatte → chaton
collet, collier → accolade, accoler, encolure
combattre, combattant → combatif (combattif), combativité (combattivité)
concourir → concurrence
consonne → consonance, consonant, consonantique
courir → courrier
donner, donneur → donataire, donateur, donation
égoutter, égouttoir → égoutier
folle, follement → folie, affoler, affolement
guerre → guérilla
homme → homicide, homosexuel
honneur, honnête → honorable, honorer, honorifique
imbécile → imbécillité (imbécilité)

mammifère → mamelle, mamelon
millionnaire → millionième
monnaie → monétaire
nommer → nominer, nomination
nourrisson → nourrice
nulle, nullité, nullement → annuler, annulation
patronner, patronnesse → patronage, patronal, patronat
rationnel → rationalité
résonner → résonance
salle → salon
siffler → persiflage (persifflage), persifler (persiffler)
sonner, sonnerie, sonnette → sonore, sonorisation sonorité
souffler, soufflet → boursoufler (boursouffler), boursouflure (boursoufflure)
tonner, tonnerre → détonant, détonation, détoner
traditionnel → traditionaliste
trappe → attraper

LES ANOMALIES D'ACCENT

cône → conique
côte → coteau
dépôt → déposer
fantôme → fantomatique
fût, affûtage, affûter → futaie, futaille
grâce → gracieux
infâme → infamie, infamant

jeûner, jeûne → déjeuner, à jeun
pôle → polaire
sûr → assurer, assurance, assureur
symptôme → symptomatique
tâter, tâtonnement, à tâtons → tatillon
trône, trôner, détrôner → intronisation, introniser

AUTRES CAS

absous (absout) → absoute   dissous (dissout) → dissoute   exclu → inclus

1 Complétez les mots.

Ex. : Il ne faut pas mettre la charrue avant les bœufs.

1. Il n'y avait plus de lumière, nous avons dû avancer à t__tons.

2. Paul a attra__é une maladie étrange lors de son voyage.

3. Nos clients ont annu__é leur réservation.

4. Le nouveau pape est moins traditio__aliste que le précédent.

5. Les actionnaires se sont affo__és dès l'ouverture de la Bourse.

2 Rébus. Écrivez les mots.

1   **1 B**   **T**

*Ex. : **infâme***   *une femme*   **1.** _____

B'   **F'**   **... do**
ta ré
sa ...

2. _____   **3.** _____

 ...
vos
leurs

sol
la F'
...

4. _____   **5.** _____

3 Reliez pour former des mots.

*Ex. : **mon** .* ⟶ . norité

1. ho   . *naie*

2. mo   . nétaire

3. sympto   . matique

4. ma   . me

5. déshon   . nerie

6. so   . norifique

7. symptô   . neur

8. son   . melle

30 LE GENRE ET LE NOMBRE DE CERTAINS NOMS

> Pour le dessert, il y a **un entremets** ou **un clafoutis**.
> Paul a écrit **son mémoire**. Sa mère a perdu **la mémoire**.

LES NOMS SINGULIERS PRENANT UN -S OU UN -X

• Plusieurs noms masculins se terminent toujours par **-s** au singulier ou au pluriel. Ce **s** s'explique souvent par un mot de la même famille :

> *un abus → abuser, un débarras → débarrasser*

Mais parfois l'association n'aide pas à deviner le **s** :

> *un décès → décéder, un jus → juteux*

un puits

⚠ Le **s** est parfois prononcé, ce qui facilite son écriture :

> *un atlas, un cursus, un faciès, un ours, un tournevis,* etc.

Dans quelques cas, le **s** se prononce ou non : *un ananas, un détritus,* etc.

Les principaux noms en -is : *acquis, avis, brebis, chablis, chatouillis, clafoutis, colis, coloris, commis, croquis, débris, devis, fouillis, frisottis, frottis, gâchis, gargouillis, gazouillis, gribouillis, gris-gris, hachis, maquis, marquis, mépris, paradis, parvis, permis, pis, préavis, précis, radis, ris, roulis, salsifis, souris, taillis, tamis, tapis, taudis, torticolis, vernis.*

Les principaux noms en -as : *amas, ananas, appas, bas, bras, canevas, cabas, cadenas, cas, cervelas, chasse-las, compas, débarras, embarras, encas (ou en-cas), fatras, fracas, haras, lilas, mas, matelas, pas, repas, taffetas, tas, tracas, trépas, verglas.*

Les principaux noms en -ès : *abcès, accès, congrès, cyprès, décès, excès, grès, procès, progrès, succès.*

Les principaux noms en -us : *abus, dessus, détritus, jus, obus, pardessus, pus, refus, surplus, talus.*

Les principaux noms en -os : *chaos, clos, dos, enclos, endos, propos, repos, tournedos.*
    ⚠ *os* (le **s** se prononce au singulier, mais pas au pluriel)

Autres cas :
en -ais : *engrais, frais, harnais, jais, laquais, marais, palais, panais, rabais, relais.*
en -ois : *anchois, bois, chamois, fois, minois, mois, patois, pavois, pois, putois, trois.*
    ⚠ *poids, surpoids* (le **d** et le **s** ne se prononcent pas)
en -ous : *burnous, dessous, remous.*
    ⚠ *pouls* (le **l** et le **s** ne se prononcent pas)
en -ours : *concours, cours, débours, discours, encours (ou en-cours), parcours, rebours, recours, secours, velours.*
en -ers : *envers, revers, travers, univers, vers.*
en -ens : *encens, guet-apens.*
Et les noms : *corps, mors, remords, fonds, tréfonds, printemps, temps, entremets, mets, puits, gars, jars, pays, legs, mœurs* (le **s** de *mœurs* peut s'entendre ou non).

• Les noms singuliers en **-x** sont moins nombreux. Il s'agit parfois d'adjectifs employés comme noms : *un boueux, un doux, un taiseux,* etc.

Les principaux noms en -x : *afflux, bordeaux, boueux, bouseux, chaux (f), choix, courroux, croix (f), crucifix, deux, doux, faucheux, époux, faux (f), flux, gueux, houx, influx, macareux, matheux, paix (f), perdrix (f), poix (f), prix, rebouteux, redoux, reflux, saindoux, taiseux, taux, toux (f), voix (f).*

f : féminin

E X E R C I C E S

1 **Mettez les noms au singulier.**

Ex. : Des fourmis → une fourmi

1. Des cadenas → _____

2. Des reçus → _____

3. Des enclos → _____

4. Des commis → _____

5. Des abords → _____

6. Des gargouillis → _____

7. Des excès → _____

8. Des délais → _____

9. Des engrais → _____

10. Des refus → _____

2 **Écrivez les noms.**

1. Le _____ à ongles **2.** Le _____ **3.** Le _____ **4.** Le _____

3 **Choisissez la terminaison correcte.**

Ex. : Pour le dessert, il y a un entrem~~et~~ ets ou un beign et ~~ets~~.

1. Il y a un conc our | ours équestre au har a | as .

2. La vieille dame a vendu ce bij ou | oux de famille sans le moindre rem ord | ords .

3. Je ne sais pas comment a fait ce cham oi | ois pour grimper sur cette par roi | rois rocheuse.

4. Aujourd'hui, il n'y aura pas de c our | ours de jud o | os .

5. Malgré son surp oid | oids , le roi a gagné le tourn oi | ois .

4 **Complétez la grille avec des noms de la même famille que les verbes et découvrez, verticalement, le nom d'une partie d'un château-fort.**

Ex. : Permettre

1. Gâcher

2. Tracasser

3. Hacher

4. Mépriser

5. Accéder

6. Secourir

7. Abuser

8. Affluer

9. Relayer

10. Léguer

P	E	R	M	I	S

LES NOMS TOUJOURS PLURIELS

Sincères condoléances

Quelques noms sont toujours au pluriel : *affres (f), agissements, agrès, aguets, ambages (f), annales (f), appointements, archives (f), armoiries (f), arrhes (f), auspices, calendes (f), catacombes (f), condoléances (f), confins, décombres, dépens, dommages-intérêts, entrailles (f), environs, errements, fiançailles (f), floralies (f), frais, funérailles (f), gravats, hardes (f), honoraires, latrines (f), matines (f), mœurs (f) , obsèques (f), ossements , prémices (f), retrouvailles (f), rillettes (f), semailles (f), sévices, ténèbres (f), thermes, vêpres (f), vivres* (sens de *aliments),* etc.

Certains de ces noms sont surtout employés dans des expressions figées :
– *sans ambages* (sans détours, directement) : *Léon a annoncé* **sans ambages** *son divorce.*
– *sous les auspices de* (sous la protection de) : *Une conférence aura lieu* **sous les auspices de** *l'ONU.*
– *sous les meilleurs auspices* (dans les meilleures conditions) : *La récolte de cette année s'annonce* **sous les meilleurs auspices***.*

 Ne pas confondre avec *hospice* (lieu où l'on accueillait les miséreux).
– *renvoyer aux calendes grecques* (à un temps qui ne viendra jamais) : *La réunion a été* **renvoyée aux calendes grecques***.*
– *aux confins de* (à l'extrémité de) : *Léo a fait un voyage* **aux confins de** *la Chine.*
– *aux dépens de* (aux frais de quelqu'un) : *Le fils aîné a gardé la maison de ses parents* **aux dépens de ses frères***.*
– *rester dans les annales* (se dit d'un événement marquant et inoubliable) : *Le feu d'artifice de l'an 2000 à Paris* **restera dans les annales***.*

MASCULIN OU FÉMININ ?

On hésite parfois sur le genre de certains noms. Les plus courants sont :

Noms masculins : *abîme, ail, alcool, amalgame, antidote, antre, aparté, apogée, après-midi, armistice, arôme, artifice, asile, augure, autographe, automne, éloge, emblème, épilogue, équinoxe, esclandre, haltère, hémisphère, obélisque, pétale, planisphère, tentacule,* etc.

Noms féminins : *acné, acoustique, agrafe, alcôve, algèbre, ammoniaque, anagramme, ancre, apostrophe, apothéose, arabesque, argile, arrhes, artère, atmosphère, attache, autoroute, câpre, caténaire, ébène, ecchymose, échappatoire, écharde, écritoire, enclume, enzyme, épitaphe, épithète, équivoque, espèce, icône, idole, idylle, interview, météorite, nacre, oasis, octave, opale, orthographe, ouïe, réglisse, urticaire, vis, volte-face,* etc.

 Amour, délice et *orgue* sont masculins au singulier et féminins au pluriel : *un grand amour, de grandes* (ou *grands*) *amours, un orgue ancien, des orgues anciennes. Légume* est masculin, sauf dans l'expression *une grosse légume* (personnage important, personnalité).

 Certains mots désignant une personne sont toujours au féminin, même s'il font référence à un homme : *une altesse, une canaille, une idole, une personne, une recrue, une sentinelle, une star, une vedette, une victime,* etc.
D'autres mots sont toujours masculins, même s'ils désignent une femme :
un acquéreur, un agent, un agresseur, un conjoint, un témoin, un vainqueur, etc.

1 **Barrez l'intrus.**

Ex. : écailles / semailles / tenailles (semailles est toujours au pluriel)

1. – mariages

– noces

– fiançailles

2. – funérailles

– obsèques

– enterrements

3. – agissements

– mouvements

– bruissements

4. – ossements

– catacombes

– squelettes

5. – arrhes

– avances

– acomptes

2 **Remplacez les mots soulignés par une expression.**

Ex. : L'exploit de l'équipe de France de foot ne s'oubliera jamais. → restera dans les annales.

1. Tu as eu ton augmentation ? – Non, je crois qu'elle n'arrivera jamais. → _____

2. Sophie vient de gagner une belle somme au loto. Elle va pouvoir faire son voyage de noces dans les meilleures conditions. → _____

3. Daniel n'a pas arrêté de rire en se moquant de son frère. → _____

4. Sa femme lui a dit sans ménagement qu'elle le quittait. → _____

3 **Dites si les mots suivants sont masculins (M) ou féminins (F).**

Ex. : automne : M

1. agrafe : _____

2. haltère : _____

3. artifice : _____

4. réglisse : _____

5. interview : _____

6. volte-face : _____

7. arabesque : _____

8. ébène : _____

9. ancre : _____

10. asile : _____

11. tentacule : _____

12. antidote : _____

13. amour : _____

14. armistice : _____

15. échappatoire : _____

une agrafeuse
et des agrafes

4 **Complétez correctement les mots si nécessaire.**

Ex. : Ma mère n'aime pas les alcools forts.

1. Ludovic a eu une mauvaise note à cause de son orthographe désastreu_____ .

2. Pour son anniversaire, Jérôme a reçu un_____ planisphère.

3. Après sa chute, le motard n'a eu que de petit_____ ecchymoses.

4. Fais-toi un masque à l'argile vert_____ si tu as la peau grasse.

5. Cette lettre du centre des impôts n'est pas de bon_____ augure.

5 **Complétez correctement les phrases.**

La star du basket, Johnny Carter, a été l_____ victime d'_____ fau_____ agent de la sécurité, une femme de 35 ans, qui a pénétré dans sa chambre pendant le match France-Espagne pour lui voler trois mille euros. Heureusement, _____ témoin, une femme de ménage, a déclaré avoir vu la voleuse sortir de la chambre et s'enfuir vers 22 heures. _____ autre personne, un client semble-t-il, a également apporté son témoignage à la police qui enquête.

CHANGEMENT DE GENRE, CHANGEMENT DE SENS

Certains noms homonymes diffèrent par le genre et le sens.
*Pour envoyer un recommandé, il faut aller à **la poste**.*
*Jocelyne cherche **un poste** de comptable.*

Noms les plus courants :

	masculin	féminin
cache	Objet qui masque quelque chose.	Endroit pour se cacher.
critique	Personne qui émet un jugement.	Jugement, appréciation.
faux	Contrefaçon.	Outil pour couper l'herbe.
garde	Personne qui garde.	Action de garder.
greffe	Bureau où l'on garde des documents juridiques.	Opération chirurgicale.
livre	Ouvrage à lire.	½ kilo ou unité monétaire.
manche	Partie pour tenir un instrument.	Partie d'un vêtement pour le bras ou partie d'un jeu.
manœuvre	Ouvrier sans qualification.	Maniement d'une machine ou manigance ou mouvement de troupes.
mémoire	Écrit destiné à soutenir un exposé, une thèse. (*Au pluriel*, autobiographie).	Faculté de se rappeler les événements passés.
merci	Mot de politesse.	Pitié.
micro	Microphone.	Micro-informatique.
mi-temps	Emploi à temps partiel.	Partie des deux moitiés d'un match ou pause entre des deux parties.
mode	Manière de faire quelque chose.	La tendance.
mort	Personne décédée.	Contraire de la vie.
moule	Ustensile pour faire cuire un gâteau par exemple.	Mollusque.
mousse	Jeune marin débutant.	Petites bulles ou dessert ou type de végétation.
ordonnance	Serviteur militaire.	Prescription médicale.
page	Petit serviteur.	Chaque côté d'une feuille dans un livre par exemple.
passe	Passe-partout (sorte de clé).	Action de passer, de lancer (sport) ou rapport sexuel d'une prostituée.
pendule	Système oscillant.	Petite horloge.
physique	Physionomie.	Science.
plastique	Matière synthétique.	Aspect des formes du corps.
poêle	Chauffage au bois par exemple.	Ustensile de cuisson.
politique	Personnage politique.	Manière de gouverner ou manière de se conduire.
poste	Emploi.	Service du courrier.
rose	Couleur.	Fleur.
secrétaire	Meuble ou homme en charge du secrétariat.	Femme qui se charge du secrétariat.
solde	Vente avec réduction ou somme restant à payer.	Paie d'un soldat.
somme	Sieste.	Résultat d'une addition ou quantité d'argent.
tour	Rotation ou promenade ou machine pour faire tourner.	Construction haute.
vague	Quelque chose de flou.	Mouvement sur la mer.
vase	Récipient pour mettre des fleurs.	Boue.
voile	Tissu pour cacher.	Sport nautique ou partie du voilier en tissu.

E X E R C I C E S

1 Choisissez l'article correct.

Ex. : Nous vous proposons un une *tour de la ville en bus à impériale.*

1. Bonjour Monsieur, je voudrais un une poêle à blinis s'il vous plaît.

2. Certaines femmes portent le la voile.

3. Ce patient a subi un une greffe du foie.

4. Mon grand-père fait toujours un une somme après le déjeuner.

5. Le La mode avion permet d'utiliser son téléphone portable à bord.

6. Ce quartier est complètement à la au merci des voyous.

7. Ce mannequin sait qu'elle doit préserver son sa physique.

8. Je croyais acheter un vrai sac de marque sur ce marché, mais c'est un une faux.

9. Pour déguster un vin à l'aveugle, mettez d'abord un une cache sur les bouteilles.

2 Écrivez les noms sans oublier l'article.

1. L_ _____ 2. L_____ 3. L_ _____ 4. L_____

5. L_ _____ 6. L_____ 7. L_ _____ 8. L_____

3 Trouvez les noms correspondant aux définitions. N'oubliez pas l'article.

Ex. : Un type de boue. → *La vase.*

1. Une prescription médicale. → U____ _____ .

2. Un endroit pour se cacher. → U____ _____ .

3. Une somme qu'il reste à payer. → U____ _____ .

4. Une clé qui sert à ouvrir toutes les portes. → U____ _____ .

5. Une personne qui écrit une appréciation littéraire. → U____ _____ .

6. La paie d'un militaire. → U____ _____ .

7. Le lieu où l'on garde des documents de justice. → U____ _____ .

8. Un travail à 50 % du temps. → U____ _____ .

31 LE PLURIEL DES NOMS COMPOSÉS

Nos **arrière-grands-parents** avaient des **chauffe-pieds**.
Les gardiens ont des **passe-partout**.

RAPPEL

• Un nom composé est formé d'au moins deux mots réunis ou non avec un trait d'union (-) ou parfois une apostrophe ('). Ces mots peuvent être des noms (*un casse-noix*), des verbes (*un couvre-lit*), des adjectifs (*un libre-service*), des participes passés (*un laissé-pour-compte*), des adverbes (*une presqu'île*), des prépositions (*un pot-au-feu*) ou encore des pronoms (*un on-dit*).
• Seuls **les noms, les adjectifs** et **les participes passés** peuvent se mettre au pluriel : *des essuie-glaces, des chassés-croisés, des longues-vues*.

 Devant un nom, *demi* est invariable : *des **demi**-heures*.

Le nom peut déjà avoir un **s** au singulier si le sens l'exige : *un code-barres*.

 Au pluriel, un nom peut rester au singulier si le sens l'exige : *des **arcs-en-ciel*** (un seul ciel).

Quand le premier mot est *grand*, il reste au masculin et peut être mis au pluriel : *des grands-pères* (ou *des grand-pères*) et *des grands-mères* (ou *des grand-mères*).

Le mot *ayant* prend le pluriel : *un ayant droit* → *des **ayants** droit*.
• Noms composés **sans trait d'union** les plus courants (*cf.* Le trait d'union et la césure) : *ayant droit, château fort, compte rendu, court (long) métrage, faux sens, Moyen Âge, pomme de terre, sac poubelle, sac à main, ticket restaurant,* etc.

LE PLURIEL DES NOMS COMPOSÉS ET LA RÉFORME DE L'ORTHOGRAPHE DE 1990

• Les noms composés formés d'un **verbe + nom** : au singulier, le nom peut toujours rester au singulier et au pluriel, il peut prendre la marque du pluriel sans tenir compte du sens. Les deux formes sont donc acceptées.
un code-barres → *des codes-barres* (orthographe traditionnelle)
un code-barre → *des codes-barres* (nouvelle orthographe)

 Un nom propre reste au singulier : *un hôtel-Dieu* → *des hôtels-**Dieu**.*
Un nom commun précédé d'un article au singulier reste aussi au singulier :
un haut-le-cœur → *des haut-**le-cœur**.*
La règle est la même pour la plupart des noms précédés d'une préposition :
un arc-en-ciel → *des arcs-**en-ciel**, un chef-d'œuvre* → *des chefs-**d'œuvre**.*

• Certains mots composés peuvent remplacer le trait d'union par la soudure comme pour *portefeuille, portemonnaie, millefeuille,* etc. Il s'agit de mots constitués avec les préfixes *contr(e)-, entr(e)-, basse-, haute-,* etc., d'onomatopées, des mots d'origine étrangère et de certains mots savants : *contre-pied* → **contrepied**, *tic-tac* → **tictac**, *play-boy* → **playboy**, *hydro-électricité* → **hydroélectricité**. Ils prennent un **s** au pluriel : *des portemonnaies, des bassecours, des playboys,* etc.

1   **Mettez les mots suivants au pluriel (orthographe traditionnelle).**

Ex. : Un cache-pot → des cache-pots

1. Un arrière-goût   → _____

2. Un chasse-neige   → _____

3. Une chauve-souris   → _____

4. Un demi-litre   → _____

5. Une eau-de-vie   → _____

6. Une presqu'île   → _____

7. Un ingénieur-conseil → _____

2   **Ajoutez les traits d'union et les *s* si nécessaire (orthographe traditionnelle).**

Ex. : Aujourd'hui, c'est la fête des grands-mères (ou grand-mères).

1. La secrétaire écrit les compte___ rendu___ des réunions.

2. Henri a mangé deux croque___ madame___ pour le déjeuner.

3. Les ayant___ droit___ sont rattachés à un bénéficiaire.

4. Les TGV sont généralement équipés de deux wagon___ restaurant___ .

5. Son oncle travaille sur des plate___ forme___ pétrolières.

3   **Écrivez les noms suivants selon la nouvelle orthographe (faites les changements si nécessaire en faisant attention aux soudures et aux *s*).**

	Orthographe traditionnelle		Nouvelle orthographe	
Ex. :	*Un casse-noisettes*	*Des casse-noisettes*	*Un casse-noisette*	*Des casse-noisettes*
1.	Un compte-gouttes	Des compte-gouttes		
2.	Une contre-attaque	Des contre-attaques		
3.	Un coupe-file	Des coupe-file		
4.	Un fast-food	Des fast-foods		
5.	Un sèche-cheveux	Des sèche-cheveux		
6.	Un méli-mélo	Des mélis-mélos		
7.	Un porte-bonheur	Des porte-bonheur		
8.	Une basse-cour	Des basses-cours		

4   (04) **Dictée de phrases. Respectez la nouvelle orthographe pour les noms composés.**

1. _____ .

2. _____ .

3. _____ .

4. _____ .

1 **Les petites filles modèles. Transformez l'adjectif en adverbe.**

*Ex. : Sophie n'est pas insolente. Elle ne répond jamais **insolemment.***

1. Madeleine est patiente. Elle sait attendre son tour _____ .

2. Marguerite n'est pas méchante. Elle ne se comporte pas _____ .

3. Camille n'est pas violente. Elle ne réagit jamais _____ .

4. Catherine n'est pas lente. Elle ne travaille pas _____ .

5. Marie est sérieuse. Elle apprend ses leçons _____ .

2 **Complétez avec -ic ou -ique.**

*Ex. : Prenons le **téléphérique.***

1. Le film n'a pas plu au publ_____ .

2. C'est magnif_____ , mais ce n'est pas très prat_____ .

3. Le médecin a fait une erreur de diagnost_____ .

4. Elle parle mal de ses amis, elle n'est pas très ch_____ .

5. C'est absolument fantast_____ !

3 **Choisissez la bonne orthographe.**

Ex. : Il est resté sans ~~voie~~ **voix** .

1. Après la pluie, le chemin est plein de | boue | bout | .

2. Un vélo s'appelle aussi un deux-| roues | roux | .

3. La journaliste a | revu | revue | le directeur de la | revu | revue | .

4. J'ai dit à ma sœur qu'on doit toujours avoir confiance en | soi | soie | .

5. Avec sa bicyclette, Lise a | monté | montée | une | monté | montée | très raide.

4 **Ajoutez -e si nécessaire.**

*Ex. : En sortant du lycée, **Renée** se promène.*

1. Renée quitte la grande avenu____ .

2. Elle va dans une petite allé____ qui mène au parc du musé____ .

3. Allongé____ dans l'herbe du parc, elle chasse une araigné____ et une fourmi____ .

4. Il est bientôt temps de retourner dans sa petite ru____ de banlieu____ .

5. Elle doit revenir sur ses pas, car elle a oublié____ sa clé____ et son porte-monnai____ .

5 **Les règles du pensionnat. Transformez le futur en infinitif.**

*Ex. : Vous ne direz pas des bêtises : **dire***

1. Vous traduirez chaque jour une page de latin : _____

2. Vous viendrez en salle de classe en silence : _____

3. Vous ne courrez pas dans les couloirs : _____

4. Vous dormirez après l'étude du soir : _____

5. Nous espérons que ces règles suffiront : _____

6 **s ou ss ? Associez les préfixes aux mots pour faire un seul mot et placez-le dans les phrases.**

*Ex. : Re + sortir. Ce texte fait **ressortir** l'humanité du personnage principal.*

1. Bi + syllabiques. Dans cette langue, beaucoup de mots sont _____ .

2. De + saler. Avant de la cuire, il faut _____ la morue.

3. Pré + sage. En France, on croit que croiser un chat noir est un mauvais _____ .

4. Re + sembler : Adrien ne veut pas _____ à son père.

5. Re + servir : La télévision va encore nous _____ le même film.

7 **Complétez avec -r, -re ou -rre.**

Ex. : Les machinistes préparent le décor.

1. Un ancien groupe de musique français s'appelait Noi_____ Dési_____ .

2. Le musée Grévin expose des statues de ci_____ .

3. L'avocat a appelé un témoin à la ba_____ .

4. Il m'a invité à prendre un ve_____ .

5. Les canards barbotent dans la ma_____ .

8 **Choisissez la bonne orthographe.**

Ex. : L'avion est déjà parti. Il est en | **vol** | | ~~volé~~ | .

1. Le projet est bien avancé. Il est maintenant sur les | rails | | railles | .

2. Mes cousins sont partis à la chasse avec des | fusils | | fusilles | .

3. Jean-Noël adore porter des | cols | | colles | roulés.

4. Les incessants | reculs | | recules | du gouvernement font la joie de l'opposition.

5. Les pirates | pilaient | | pillaient | .

9 (05) **Écoutez l'enregistrement et complétez avec m, mm, n ou nn.**

C'est une i*mm*ense actrice. Quoi qu'elle vie_____e d'une modeste fa_____ille algérie_____e, elle est deve_____ue une star europée_____e capable de jouer des rei_____es comme des paysa_____es. Elle sait jouer sur toute la ga_____e des é_____otions. Et ça fonctio_____e. Cette fe_____e peut jouer la co_____édie co_____e la tragédie. Elle a été couro_____ée meilleure actrice de l'a_____ée et pourtant, elle n'a pas été nomi_____ée au festival de Ca_____es. C'est do_____age. Quand je la vois à l'ante_____e, j'enregistre l'é_____ission.

10 **Complétez avec -te ou -tte.**

*Ex. : Elle fait le tour du village à **bicyclette**.*

1. Enlève l'étique_____ .

2. Adieu ! Je te qui_____ .

3. Je ne savais pas qu'elle était si dévo_____ .

4. Jules fait de la lu_____ gréco-romaine.

5. Ma tante me trico_____ un pull.

11 **Complétez la grille et découvrez, verticalement, un nom désignant une personne qui concoure.**

Ex. : Le bord de la mer ou la ...

1. Effet de ce qui résonne, la ...

2. Rendre meilleur.

3. Contraire de exclu.

4. Elle nourrit le nourrisson, la ...

5. Pour transporter les courses au supermarché, le ...

6. Guerre de partisans, pour une cause spécifique, la ...

7. Rendre comme fou.

8. Le petit du chat et de la chatte, le ...

9. Adjectif de canton.

Mot vertical à trouver : un _____

12 **Reconstituez dix-neuf mots en reliant un élément de la liste 1 à un élément de la liste 2 (chaque élément est utilisé une fois).**

Liste 1

Ex. : pré	1.torti	2. fra	3. colo	4. pro	5. cy	6. ha	7. ex	8. ab	9. uni
10. en	11. re	12. tau	13. mate	14. cha	15. ha	16. re	17. ver	18. entre	19. détri

Liste 2

dis	ras	*avis*	clos	glas	cès	tus	vers	os	cès
mords	chis	fus	cas	près	ris	cès	colis	las	mets

*Ex. : Un **préavis***

1. _____   **6.** _____   **11.** _____   **16.** _____

2. _____   **7.** _____   **12.** _____   **17.** _____

3. _____   **8.** _____   **13.** _____   **18.** _____

4. _____   **9.** _____   **14.** _____   **19.** _____

5. _____   **10.** _____   **15.** _____

13 **Complétez avec *un* ou *une*.**

*Ex. : Les deux pays en guerre depuis des années viennent de signer **un** armistice.*

1. Raoul était ivre et a fait _____ esclandre à la fin du dîner.

2. _____ épitaphe commence souvent par « Ci-gît ».

3. Aïe ! Je me suis mis _____ écharde dans le doigt en manipulant un morceau de bois.

4. _____ idylle est en train de naître entre les deux adolescents.

5. Pour remuscler son bras, le patient fait des mouvements en portant _____ haltère.

14 **Choisissez la bonne définition.**

Ex. : Un moule
   a – *Un ustensile pour faire cuire un gâteau.*
   b – ~~*Un mollusque.*~~

1. Un critique

   a – Une personne qui émet un jugement.

   b – Un jugement, une appréciation.

2. Un manœuvre

   a – Un ouvrier sans qualification.

   b – Le maniement d'une machine.

3. Un ordonnance

   a – Une prescription médicale.

   b – Un serviteur militaire.

4. Une solde

   a – La paie d'un soldat.

   b – Une somme restant à payer.

5. Un greffe

   a – Un bureau où l'on garde des documents juridiques.

   b – Une opération chirurgicale.

Pablo Picasso

15 **Mettez les mots composés entre parenthèses au pluriel.**

*Ex. : Picasso a réalisé de nombreux **chefs-d'œuvre** (un chef-d'œuvre).*

1. Il vaut mieux ignorer les _____ (un on-dit).

2. Ce caviste vend des _____ (une demi-bouteille) de champagne.

3. Achète des _____ (une pomme de terre).

4. Notre entreprise nous donne des _____ (un chèque-restaurant).

5. Ma sœur collectionne les _____ (un sac à main).

6. Annabelle se fait souvent des _____ (un pense-bête)
car elle perd un peu la mémoire.

7. Mes _____ (un grand-père et une grand-mère) habitent en Provence.

8. Le nombre de _____ (un sans-abri) augmente dans les grandes villes.

la Provence

LES NOMBRES

> *Mille milliards* de dollars est un film d'Henri Verneuil.

RAPPEL

Quatre-vingt(s) et **cent** ont un pluriel, sauf s'ils sont suivis par un autre nombre.
> *Inès a **quatre-vingts** ans et son mari **quatre-vingt-deux** ans.*
> *Au lieu de payer **cinq cents** euros, je n'ai payé que **quatre cent dix** euros.*

Million et **milliard** ont un pluriel, mais **mille** est invariable.
> *Ce pays compte vingt **millions** cinq cent **mille** habitants.*
> *Le monde a sept **milliards** d'habitants.*

TRAIT D'UNION

Il y a normalement un trait d'union entre les dizaines et les unités, *dix-sept, dix-huit, dix-neuf*, sauf si elles sont reliées par **et** (21, 31, 41, 51, 61, 71). Il n'y en a pas après ou devant *cent* et *mille* : *cent vingt-trois, deux mille cinq cents.*
> *Dans certains pays, la majorité est à **vingt et un** ans, dans d'autres à **dix-huit**.*

Mais la réforme de l'orthographe admet des traits d'union partout, sauf avec *milliers, millions, milliards*, etc. : *deux-mille-trois-cent-vingt-et-un.* (*cf.* La réforme de l'orthographe de 1990)

PLURIEL

Les nombres pris comme noms sont invariables, sauf *zéro, million* et *milliard*.
> *Dans un jeu de cartes, il y a **quatre huit**.*
> *Le passage à la nouvelle monnaie s'est effectué en enlevant **deux zéros** à l'ancienne.*

Un peut avoir un féminin, mais pas de pluriel.
> *Luc a eu **quarante et un** ans, il a soufflé ses **quarante et une** bougies.*

Quatre-vingt et **cent** sont invariables devant *mille*, mais ont un pluriel devant *millions* et *milliards* : *La population de cette ville dépasse les **quatre-vingt** mille habitants. L'Égypte a plus de **quatre-vingts** millions d'habitants. L'Inde a plus de **neuf cents** millions d'habitants.*

Les noms derrière les nombres se mettent normalement au pluriel : *les trois mousquetaires, les quatre points cardinaux, les sept jours de la semaine*, etc. Mais dans certains cas, les noms peuvent rester au singulier, derrière le nombre (*dix octobre*) ou devant le nombre (*page deux cent, l'an huit cent, page quatre-vingt*). Ces nombres n'ont pas, dans ce cas, une valeur de pluriel, mais signifient le dixième jour du mois d'octobre, la deux centième, quatre-vingtième page du livre.

Pour les dates de 1100 à 1789, on compte surtout sur une base de cent : *onze cents* (1100), *quatorze cent douze* (1412), *dix sept cent quatre-vingt-neuf* ou *mille sept cent quatre-vingt-neuf* (1789). Après 1789, sur une base de mille : *mille huit cent quinze* (1815).

1   **Faites un chèque de 317 euros et 80 centimes.**

BANQUE   €

*Payez contre ce chèque non endossable
sauf au profit d'une banque ou d'un établissement assimilé*   *somme en toutes lettres*

€ 317,80

A _____
Le _____

CE-000600   *Payable en France*
15236   000036   15236 00038 03 0002256 33 22 0000256   A _____
PARIS 15ème   M. DUPOND
18 RUE DE LA BANQUE   123 RUE SPECIMEN
75 015 PARIS   75 015 PARIS   *Signature*
TEL : 08 36 22 12 18
Chèque N°   *3ème* BB   *Chèque n°* 000036   (22)

000036   0230021566985   0070006545b

_____

_____

_____

_____

_____

2   **Littérature. Écrivez le nombre en toutes lettres.**

Ex. : Les **trois** Mousquetaires *est un roman d'Alexandre Dumas (3).*

1. *Le Tour du monde en 80 jours* est un roman de Jules Verne (_____).

2. _____ est un roman de Victor Hugo (93).

3. Sade a écrit les _____ *journées de Sodome* (120).

4. _____ *lieues sous les mers* est un ouvrage de Jules Verne (20 000).

5. Roger Vailland a écrit *325 000 francs* (_____).

3   **Cinéma. Écrivez le nombre en lettres.**

Ex. : L'Assassin habite au 21 *est un film policier (**vingt-et-un ou vingt et un**).*

1. *Les 101 Dalmatiens* est un dessin animé de Walt Disney (_____).

2. *Les 400 Coups* est un film de Truffaut (_____).

3. *Fahrenheit 451* est un autre film de Truffaut (_____).

4. *300* est un péplum américano-britannique (_____).

5. *Jonas qui aura 25 ans en l'an 2000* est un film d'Alain Tanner (_____ et _____).

4   **L'infirmière joue au loto. Complétez, si nécessaire, avec un *s*.**

*Ex. : Elle gagne mille__ neuf cent**s** euros par mois.*

1. Elle est née en l'an mille neuf cent____ quatre-vingt____.

2. Elle vit dans une petite ville de quatre-vingt____ mille____ habitants.

3. Elle est infirmière. Elle ne gagne pas des mille____ et des cent____.

4. Elle rêve de gagner des million____.

5. Ce serait comme dans un conte des mille____et une____ nuits.

5   **Les dates de l'histoire de France. Reliez la date à l'événement et écrivez la date en lettres : *481, 800, 1515, 1610, 1789, 1848.***

*Ex. : Le roi Henri IV a été assassiné en **1610** (**seize cent dix / mille six cent dix**).*

1. La Révolution française a débuté en _____ (_____).

2. François Ier a gagné la bataille de Marignan contre les Suisses en _____ (_____).

3. Charlemagne a été couronné empereur en l'an _____ (_____).

4. La révolution qui a renversé le roi Louis-Philippe a eu lieu en _____ (_____).

5. Clovis, premier roi de ce qui allait devenir la France, est devenu roi en _____ (_____).

EN CHIFFRES OU EN LETTRES ?

Les nombres s'écrivent en chiffres dans les tableaux, les textes scientifiques, statistiques et techniques, ainsi que dans les textes commerciaux en général. On écrit aussi en chiffres : adresse, date, heure, poids, mesure, pourcentage, somme d'argent, pagination, numéro de paragraphe, de volume, de chapitre, matricule, etc.

> *Victor Hugo a habité à Paris* **6***, place des Vosges de* **1832** *à* **1848***.*
> *D'une hauteur de* **324** *mètres et d'un poids de* **10 100** *tonnes, la tour Eiffel est composée de* **18 038** *pièces métalliques et de* **2 500 000** *rivets.*
> *Vous ferez un résumé de* **200** *mots des articles que vous trouverez en pages* **45** *et* **46** *du livre.*

 On doit éviter de commencer une phrase par un nombre écrit en chiffres : **Deux cents** *étudiants occupent l'université pour protester contre la réforme des examens.*

CHIFFRES ROMAINS

On écrit principalement en chiffres romains :
- – Les siècles et les millénaires : *le* **XX**^e *siècle, le* **XXI**^e *siècle.* Les arrondissements des grandes villes françaises ne s'écrivent normalement pas en chiffres romains, ce qui permet de différencier siècles et arrondissements : *le* **XVI**^e *est un siècle, le* **16**^e *un arrondissement : une église du* **XVI**^e *(siècle), une église du* **16**^e *(arrondissement).* Cependant, lorsqu'il n'y a pas de confusion possible, les arrondissements peuvent s'écrire en chiffres romains : *Le commissariat du* **XVIII**^e*, La Femme du* **V**^e *est un roman de Douglas Kennedy.*
- – Les années du calendrier républicain : *l'an* **I***, l'an* **II** *de la République, la Constitution de l'an* **III** *(et par analogie ou ironie les époques jugées révolutionnaires : l'an* **I** *du front populaire).*
- – Les régimes politiques : *le* **III**^e *Reich, la* **V**^e *République, la* **X**^e *dynastie égyptienne,* etc.
- – Les grandes assemblées : *le* **XX**^e *congrès du parti communiste, Vatican* **II***,* etc.
  > *Les* **XXX**^e *Jeux olympiques ont eu lieu à Londres.*
- – Les souverains : rois, empereurs, papes, etc. : *Henri* **IV***, Louis* **XIV***, Napoléon* **III***, Jean-Paul* **II***,* etc. Mais *François* **I**^er *(François Premier).*
- – Les armées généralement : *la* **VI**^e *armée allemande, la* **VII**^e *armée britannique,* etc. Mais les chiffres arabes sont parfois possibles : *la* **3**^e *armée américaine.*
  > *En 1942, la bataille de Stalingrad opposait la* **VI**^e *armée allemande à l'armée rouge.*

 Le onze de France (équipe de football) est toujours écrit en lettres, mais *le quinze de France* (équipe de rugby) est souvent écrit en chiffres romains : *Le* **XV** *de France.*

EXERCICES

1 Transformez si possible le mot souligné en chiffres romains ou arabes.

Ex. : Les vingt-neuvièmes (XXIXᵉ) Jeux olympiques ont eu lieu à Pékin.

1. Trois mille spectateurs (_____) ont vu le match.

2. Le quinze de France (_____) affronte ce soir l'Irlande.

3. L'Allemagne du Troisième (_____) Reich a vaincu la France de la Troisième (_____) République.

4. En finale, le onze (_____) de France a dû s'incliner face à l'Italie.

5. Le concile appelé Vatican deux (_____) est le vingt et unième (_____) concile œcuménique de l'Église catholique.

6. Ouvrez votre livre page dix (_____).

2 Quel est le bon pape ?

❑ Jean Paul 2

❑ Jean Paul Second

❑ Jean-Paul II

❑ Jean-Paul Deux

3 Quelle est la bonne date ? Le deux avril 2015 :

❑ Le 4 / 2 / 2015   ❑ Le deux / quatre / 2015

❑ Le 2 / IV / 2015   ❑ Le 2 / 4 / 2015

4 Quel est le bon arrondissement ? C'est une église du :

❑ Dix-neuf   ❑ 19ᵉ

❑ XIXᵉ   ❑ XVIIIIᵉ

5 Un peu de culture. Complétez avec des chiffres romains ou arabes. Ajoutez -ᵉ si nécessaire.

Ex. : Le dernier pape qui a démissionné était Benoît XVI.

1. La fête nationale française est le _____ Juillet.

2. La Révolution française a débuté en _____.

3. On l'appelait le Roi-Soleil, Louis _____.

4. Le drapeau de l'Union européenne a _____ étoiles.

5. Actuellement, en France, c'est la _____ République.

6 Rébus

Quel est ce prénom composé de chiffres romains ?

XX   C : _____

33 LA PONCTUATION

> Quelle chaleur ! Ce matin, il faisait déjà 30° à Paris.
> Et chez toi, à Rome ?

LE POINT

• Le point termine la phrase : *Il fait chaud aujourd'hui.*

• Le point d'interrogation termine une phrase interrogative : *Tu n'as pas trop chaud ?*

• Le point d'exclamation termine une phrase exclamative et suit une interjection :
Quelle chaleur ! Qu'il fait chaud ! Aïe ! Chut !

Il est obligatoire derrière un impératif seul, un impératif avec pronom, mais facultatif si un complément suit l'impératif.
> *Pars ! Vas-y ! Fais-le ! Laissez-moi partir ! Viens ici tout de suite.*

Il est aussi obligatoire à la fin des phrases avec **que** et le subjonctif (ordre).
> *Qu'il parte ! Qu'il entre !*

• Les points de suspension (trois points) indiquent que la phrase n'est pas achevée ou une coupure dans une citation.
> *C'est possible, mais...*
> *Racine se conforme à nos idées (...), il peint les hommes tels qu'ils sont.* (La Bruyère)

Les points de suspension peuvent indiquer une énumération qui n'est pas terminée (en fin ou en milieu de phrase), mais aussi la mise en valeur d'un énoncé, l'annonce d'une surprise.
> *Les pays lusophones, Portugal, Brésil, Cap-Vert..., font partie de la communauté des pays de langue portugaise.*
> *Et le gagnant de l'Eurovision est... le Danemark.*

• Les deux-points annoncent une citation, une énumération, une explication, une conséquence.
> *Descartes a dit : « Je pense, donc je suis. »*
> *Les langues scandinaves sont : le danois, le suédois, le norvégien et l'islandais.*
> *Il n'a pas pu se présenter à l'examen : il était malade. Résultat : il n'a pas eu son diplôme.*

LES GUILLEMETS

Les guillemets annoncent une citation : *Le ministre s'est dit « anéanti » par cette nouvelle.*
Si les guillemets comportent une phrase, le point final est placé à l'intérieur :
Pascal : « Le cœur a ses raisons que la raison ne connaît pas. »

Mais aussi le style direct : *Mon voisin m'a demandé : « Auriez-vous du feu ? »*

Les guillemets peuvent servir d'excuse pour l'emploi d'un mot trop familier ou étranger, ou pour indiquer le scepticisme.
Les jeunes ont présenté leur « composition » musicale. L'ambiance était « trop cool ».

1 Complétez avec un point (point, point d'interrogation, point d'exclamation).

Ex. : Comme il fait chaud !

1. Regarde-la ____

2. Viendras-tu ce soir ____

3. Qu'elle est belle ____

4. Elle travaille à la mairie ____

5. Hourrah ____

6. Il est quelle heure ____

7. Qu'ils sortent ____

8. Dis-moi pourquoi tu n'es pas venu ____

9. Saluez-le de ma part ____

10. Comment ____

2 Dans ces petits dialogues, trouvez si la première phrase est affirmative, interrogative ou exclamative. Soulignez la bonne phrase.

Ex. : – __Quel acteur !__ / Quel acteur ? (phrase exclamative)
– Il est remarquable.

1. – Elle est allemande. / Elle est allemande ? (_____)
– De Berlin ?

2. – Ton travail est difficile. / Ton travail est difficile ? (_____)
– Mais intéressant.

3. – Quel imbécile ! / Quel imbécile ? (_____)
– Le grand avec des lunettes.

4. – Je n'ai pas réussi le test. / Je n'ai pas réussi le test ? (_____)
– Il était difficile.

5. – Tu veux partir avec elle. / Tu veux partir avec elle ? (_____)
– Tu le sais très bien.

3 Un point, deux-points ou points de suspension ?

Ex. : Finalement, l'inspecteur a découvert que le coupable n'était autre que ... Victor, le majordome.

1. En Afrique de l'Ouest, beaucoup de pays ont le français comme langue officielle __ Sénégal, Mali, Niger__

2. Il n'y a qu'une explication __ Paul est fou__

3. Je pars demain en Italie__ Julie reste en France__

4. Et j'ai crié __ Aline, pour qu'elle revienne__ (chanson)

5. Elle parle toutes les langues scandinaves __ danois, suédois, norvégien, islandais__

4 (06) Écoutez l'enregistrement et mettez la ponctuation (point, point d'interrogation, point d'exclamation).

Ex. : Tu sors ?

1. Il pleut ____

2. Tu pars demain ____

3. Attention ____

4. Quelle folie ____

5. Quel mystère ____

6. C'est possible ____

PARENTHÈSES ET TIRETS

Les parenthèses (ou les tirets) introduisent une remarque ou une précision.

Les germanophones (Allemands, Autrichiens, Suisses) parlent bien anglais.
Les touristes chinois – et ils sont de plus en plus nombreux – dépensent beaucoup à Paris.

LA VIRGULE

La virgule est généralement obligatoire avant le sujet si celui-ci est précédé d'un complément (temps, lieu, manière, etc.). Elle est facultative s'il s'agit d'un adverbe comme *hier, demain.*

Ce matin, il faisait beau. Joyeux, je suis sorti.
Sur le chemin de l'université, j'ai rencontré un ami. Hier (,) je pensais justement à lui.

La virgule est obligatoire pour séparer une suite de mots de même nature, sauf si ces mots sont reliés par *et, ou* et *ni.*

*Jean étudie la biologie, la chimie **et** la physique.*
Laura joue du piano, du violon, de la guitare. Elle est intelligente, sensible, talentueuse.
*Que prendrez-vous ? Thé, café **ou** chocolat ?*

Avec **mais**, il n'y a pas de virgule entre deux adjectifs. Entre deux propositions, la virgule est souvent utilisée.

*Il est petit **mais** courageux. Kirikou n'est pas grand, mais il est vaillant.*

Pas de virgule devant une proposition subordonnée (introduite par *si, quand, que*, etc.).

*Dis-moi **si** tu pars. Je ne sais pas **quand** il reviendra. Je crois **qu'**il ne reviendra pas.*

Mais la virgule est obligatoire entre deux propositions.

Il pleut, il mouille, c'est la fête à la grenouille. (comptine)

Avec **mais**, **car** et **donc** entre deux propositions, la règle est moins stricte. Si les propositions sont courtes, la virgule peut disparaître.

*Pavel veut sortir faire une promenade, **car** il a besoin de se détendre.*
*Il reste **car** il pleut. Je pense, **donc** je suis.*

Dans une proposition relative, la virgule est nécessaire si le pronom relatif peut être remplacé par un pronom personnel (*il / elle / ils / elles*) et il n'y a pas de virgule si le pronom relatif signifie *celui / celle / ceux / celles qui.*

*Les touristes **qui étaient chinois** achetaient des produits de luxe* (ceux qui étaient chinois).
*Les touristes, **qui étaient chinois**, achetaient des produits de luxe* (ils étaient tous chinois).

LE POINT-VIRGULE

Dans une phrase, le point-virgule sépare deux propositions (ou plusieurs) et permet d'équilibrer une phrase un peu longue (plutôt que de faire deux phrases).

Depuis qu'il est étudiant, Yves achète beaucoup de livres ; dans quelques années, il aura une magnifique bibliothèque.

1 Laura. Mettez des virgules si nécessaire.

Ex. : Laura joue du piano,_du violon_ et de la guitare.

1. Laura est jolie___ cultivée___ musicienne.

2. Elle n'est ni blonde___ ni brune___ elle est rousse.

3. La semaine dernière___ elle est allée à un concert.

4. Elle va souvent au concert___ car c'est une grande mélomane.

5. Elle espère___ qu'elle pourra devenir un jour une pianiste célèbre.

2 Ajoutez, si nécessaire, la ponctuation (parenthèses, virgule, point-virgule).

Ex. : Les étudiants grévistes (et ils sont nombreux) ont bloqué l'université.

1. Dans trois heures le soir sera tombé s'il ne pleut pas les gens viendront s'asseoir aux terrasses des cafés.

2. S'il y a trop de monde je ne sais pas si je pourrai trouver une place.

3. Les pays du Benelux Pays-Bas Belgique Luxembourg sont dans la zone euro.

4. Il pleut dans mon cœur comme il pleut sur la ville Verlaine.

3 Répondez aux questions.

1. Dans ce restaurant, les clients qui sont riches commandent souvent du champagne.

Qui commande souvent du champagne ? | Tous les clients | | Seuls les riches clients |

2. Le frère de Lucie, qui est coiffeur, vient de se marier. Lucie a combien de frères ? | Un seul | | Au moins deux |

4 Ajoutez dans ce texte des points et des virgules et répondez à la question.

GEORGES ENTRE DANS LA MAISON UN PISTOLET À LA MAIN ALAIN L'ATTEND TREMBLANT DE PEUR SA FEMME SE CACHE DANS LA CHAMBRE GEORGES S'AVANCE SANS CRAINTE ALAIN LE REGARDE GEORGES DIT ALAIN EST UN TRAÎTRE
PUIS IL LÈVE SON REVOLVER, VISE ET TIRE

– Qui tire ? _____

5 (07) Écoutez les deux enregistrements. Ajoutez dans ce texte des points et des virgules et répondez à la question.

Premier enregistrement :
GEORGES ENTRE DANS LA MAISON UN PISTOLET À LA MAIN ALAIN L'ATTEND TREMBLANT DE PEUR SA FEMME SE CACHE DANS LA CHAMBRE GEORGES S'AVANCE SANS CRAINTE ALAIN LE REGARDE GEORGES DIT ALAIN EST UN TRAÎTRE
PUIS IL LÈVE SON REVOLVER VISE ET TIRE

– Qui tire ? _____

Deuxième enregistrement :
GEORGES ENTRE DANS LA MAISON UN PISTOLET À LA MAIN ALAIN L'ATTEND TREMBLANT DE PEUR SA FEMME SE CACHE DANS LA CHAMBRE GEORGES S'AVANCE SANS CRAINTE ALAIN LE REGARDE GEORGES DIT ALAIN EST UN TRAÎTRE
PUIS IL LÈVE SON REVOLVER VISE ET TIRE

– Qui tire ? _____

34 LE TRAIT D'UNION ET LA CÉSURE

> Fixez-**moi** un **rendez-vous** dans l'**après-midi**, m'a-**t-il** dit.

TRAIT D'UNION ET GRAMMAIRE

Il faut un trait d'union dans les nombres composés (*vingt-deux*, cf. Les nombres).

Il faut aussi un trait d'union lorsque le pronom sujet est inversé. Si le verbe se termine par une voyelle et que le pronom commence par une voyelle, il faut **-t-**.
> *Est-**ce** que Pierre viendra ? Viendra-**t-il** ? Je ne sais pas, répondit-**elle**.*

Et aussi entre l'impératif et le pronom complément, mais pas avant *ça*.
> *Dites-**le-lui** ! Allez-**y** ! Faites-**le** ! Allez-**vous-en** ! Prends ça !*

Avant **ci** et **là** derrière un nom ou un pronom (*celui, celle, ceux, celles*).
> *Je ne connais pas cet **homme-là**. Tes clés, ce sont **celles-ci** ou **celles-là** ?*
> *Je vais de ce **côté-ci** et toi de ce **côté-là**.*

Avant **même** (*cf.* Même et mêmes) devant les pronoms *moi, toi, lui, soi, nous, vous, eux, elles*, mais pas avec les autres pronoms ou les noms.
> *Nous avons pu le constater **nous-mêmes**. Cet homme est l'honnêteté **même**.*
> *Fais-le **toi-même** ! C'est **cela même**.*

Entre **au**, **par** et une préposition ou un adverbe : *au-dessus, au-dessous, au-dehors* (mais *en dehors*), *par-devant, par-derrière, par-dessus, par-dessous*, etc. Et aussi dans la locution **jusque-là**.
> *Le général est **au-dessus** du colonel. Ses amis sont venus **au-devant** de lui.*

 Attention : *jusque-là* mais *jusqu'au bout*, *par ici* et *par là* mais *par-ci, par-là*.

Il y a un trait d'union dans quelques adverbes : *ici-bas, là-bas, là-dedans, là-dessus, peut-être, sur-le-champ, vis-à-vis*, etc.
> ***Peut-être** nous reverrons-nous **là-bas**.*

Avec les pronoms **quelques-uns**, **quelques-unes** (mais **quelqu'un**).
> *Tu veux des cerises ? Prends-en **quelques-unes**.*

TRAIT D'UNION ET APOSTROPHE

Dans certains cas d'inversion du sujet, il faut éviter la présence de deux voyelles côte à côte et ajouter un **t** entre les traits d'union : *Tu viendras ? Viendras-tu ?* Mais *Il viendra, viendra-**t-il** ?*
> *Viendra-t-elle ? s'interroge-**t-il**.*

S'il y a suppression d'une voyelle (élision), il faut une apostrophe : *Tu m'en donnes ?* (me + en = m'en), *Donne-**m'en** !*
> *Vous, ne vous en allez pas, mais toi, va-**t-en** !*

 Pas de trait d'union ni d'apostrophe entre **y** et **a** : *Y a-t-il encore du café ?*

EXERCICES

1 **Transformez ces phrases à la forme affirmative.**

Ex. : Ne le fais pas ! → Fais-le !

1. Ne les regarde pas ! → _____

2. Ne fais pas ça ! → _____

3. N'y allez pas ! → _____

4. Ne nous le dites pas ! → _____

5. Ne t'en occupe pas ! → _____

2 **Ajoutez, si nécessaire, un trait d'union.**

Ex. : – Madame Renoir ? – Elle-même.

1. Tu connais quelqu'un ici ? Je crois qu'il y a quelques___uns de tes amis.

2. Ce sont ses mots___mêmes.

3. Jean-Charles se ment à lui___même.

4. C'est pour cela___même que je refuse.

5. Je prendrai ce livre___ci.

3 **Transformez ces phrases à la forme interrogative (avec inversion du sujet).**

Ex. : Elle viendra. → Viendra-t-elle ?

1. Il prend sa voiture. → _____

2. Elle le demande. → _____

3. Il le sait. → _____

4. Elles ont répondu. → _____

5. On y va. → _____

4 **Ajoutez *là*, *-là* ou *là-*.**

Ex. : Donnez-moi celui-là.

1. Patrick est en train de jouer _____ bas.

2. Passe par ici et moi je passerai par _____.

3. Jusque _____, c'est la Normandie.

4. À partir de _____, c'est la Bretagne.

5. Ce sont ceux _____ que je préfère.

6. Il fait noir _____ dedans.

5 **Choisissez la bonne orthographe.**

Ex. : Tes chaussures ? Elles doivent être sous la table. Regarde **en dessous** ~~en-dessous~~ *.*

1. Il ne faut pas marcher | sur le champ | | sur-le-champ | de mines.

2. Pourquoi as-tu mis le livre | au dessus | | au-dessus | de l'armoire ?

3. Il n'a pas discuté, il a obéi | sur le champ | | sur-le-champ |.

4. | En dehors | | En-dehors | de quelques petits problèmes, tout s'est bien passé.

5. Je ne sais pas où elle est. Elle | peut être | | peut-être | à l'université ou au café | peut être | | peut-être |.

TRAIT D'UNION ET PRÉFIXES

Il y a un trait d'union derrière les préfixes **après**, **arrière**, **avant**, **contre**, **demi**, **mi**, **outre**, **sans**, **semi**, **sous**, **vice**.

> *À la **mi-juin**, le **vice-président** a visité une exposition d'**avant-garde**.*
> ***Outre-Rhin**, les **contre-révolutionnaires** français préparaient un combat d'**arrière-garde**.*
> *Le **sans-abri** est **sous-alimenté**.*

Normalement, il n'y a pas de trait d'union derrière des préfixes abstraits ou scientifiques comme **anti**, **bio**, **macro**, **micro**, **socio**, etc.

> *Serge fait des recherches en **microbiologie** sur les **anticorps**.*
> *Il s'intéresse à la **biodiversité**. Sa copine étudie la **sociolinguistique**.*

Si le deuxième mot commence par une voyelle, il faut un trait d'union : *bio-industrie*.

> *Tu peux faire cuire ce plat au four **micro-ondes**. Des études en **socio-économie**.*

Quasi et **non** ont un trait d'union dans les noms et les verbes, mais pas dans les adjectifs, il faut alors un espace : *un **non-voyant**, une personne **non voyante**.*

> *En dix ans, la population a **quasi-doublé**. C'est une **quasi-certitude**. J'en suis **quasi certain**.*
> *Gandhi était un adepte de la **non-violence**. Il préconisait une attitude **non violente**.*

Ex a un trait d'union seulement lorsqu'il signifie quelque chose qui n'existe plus : *ex-président*, mais *exhumer*, *expatrié*, etc. **Nu** (avec trait d'union) est invariable.

> *Son **ex-copine** a perdu son chapeau. Elle marche **nu-tête** sous le soleil.*

TRAIT D'UNION ET MOTS COMPOSÉS

Les mots composés sont formés de deux ou plusieurs mots avec ou sans trait d'union (*rez-de-chaussée*, *ouvre-boîte*, *tire-bouchon*, *bar-tabac*, *arc-en-ciel*, mais *pomme de terre*, *compte rendu*, *vélomoteur*, etc.).

> *Je suis désolé, je n'ai pas de **tire-bouchon**, je n'ai qu'un **ouvre-boîte**.*

Le trait d'union est fréquent entre deux mots. Il peut relier :
– un verbe et un nom (*allume-cigare*, *ouvre-bouteille*, *faire-part*) ;
– un verbe et un verbe (*laisser-faire*, *laisser-aller*, *faire-valoir*) ;
– un adjectif et un nom (*belle-mère*, *grand-père*, *rouge-gorge*, *longue-vue*) ;
– un nom et un nom (*timbre-poste*, *porte-fenêtre*, *pause-café*) ;
– un nom et un adjectif (*amour-propre*, *coffre-fort*, *fer-blanc*) ;
– un adverbe ou une préposition et un nom (*après-midi*, *à-côté*, *en-tête*) ;

un ouvre-boîte

– un adjectif ou un adverbe et un adjectif (*sourd-muet*, *tout-puissant*, *bien-pensant*).
Il peut aussi y avoir un trait d'union entre un verbe et un pronom (*rendez-vous*) ou des locutions, des phrases (*c'est-à-dire*, *un va-nu-pieds*, *le plus-que-parfait*, etc.)

> *Jean-Jacques a envoyé un **faire-part** de mariage à sa future **belle-mère**.*
> *Elle lui a donné **rendez-vous** à la **pause-café**. Elle veut lui montrer son **nouveau-né**.*

Les points cardinaux sont reliés par un trait d'union (*sud-est*), de même que deux adjectifs de nationalité (*anglo-saxon*, *franco-allemand*).

> *Le pacte **germano-soviétique** était un traité de non-agression entre l'Allemagne et l'URSS.*

1 **Ajoutez ou non un trait d'union.**

Ex. : On se verra dans l'__après-midi__.

1. Après la réunion, la secrétaire a fait un compte rendu.

2. Juliette adore son grand père.

3. Après la pluie, il y a eu un arc en ciel.

4. Avec le rôti, il y a des pommes de terre.

5. J'habite au rez de chaussée.

2 **Un adepte de la non-violence. Choisissez la bonne orthographe.**

Ex. : Le père de Klaus était ~~sous lieutenant~~ *sous-lieutenant* *en Allemagne de l'Est.*

1. Un jour, il est devenu non violent non-violent .

2. Il a quitté son pays et a franchi la frontière franco allemande franco-allemande .

3. Il est parti habiter outre Manche outre-Manche .

4. Il habite au sud est sud-est de l'Angleterre.

5. Il revient parfois en ex RDA ex-RDA .

3 **Vocabulaire. Trouvez le bon mot (tous ont un trait d'union).**

*Ex. : Un instrument pour voir de loin est une **longue-vue**.*

1. Un enfant qui vient de naître est un _____ .

2. L'instrument pour ouvrir les bouteilles est un _____ .

3. Et celui pour ouvrir les boîtes de conserve est un _____ .

4. Le père de ma femme est mon _____ .

5. Au début d'une lettre, il y a un _____ .

6. Un bar où on vend du tabac est un _____ .

7. Quelqu'un qui ne peut ni entendre ni parler est un _____ .

8. Une date fixe pour se rencontrer est un _____ .

9. Une porte qui est aussi une fenêtre est une _____ .

10. Un instrument pour allumer les cigares ou les cigarettes est un _____ .

4 **Choisissez un préfixe et insérez-le dans la phrase avec ou sans trait d'union : *anti, bio, micro, socio*.**

*Ex. : Elle étudie la **sociolinguistique** et la **socio-anthropologie**.*

1. La _____ biologie étudie les _____ organismes.

2. Un _____ biotique est une molécule qui détruit les bactéries.

3. Le _____ informaticien fait le pont entre la biologie et l'informatique.

4. Les _____ inflammatoires sont des médicaments qui combattent les inflammations.

5. En sociologie, on travaille sur les différences _____ culturelles.

6. En cours, on peut prendre ses notes sur un _____ ordinateur.

TRAIT D'UNION ET NOMS PROPRES

Les prénoms composés ont un trait d'union : *Anne-Marie, Jean-Jacques, Jean-Marie*, etc.
Jean-Marie *Le Clézio a reçu le prix Nobel de littérature en 2008.*

Les noms propres composés de personnes ont généralement un trait d'union, sauf si le deuxième nom commence par **de** (**d'**) : *Saint-Exupéry, Giscard d'Estaing.*
Maurice **Merleau-Ponty** *était un philosophe français.*

Les noms propres composés des pays ou de villes ont un trait d'union : *les États-Unis, le Royaume-Uni, la Grande-Bretagne, les Pays-Bas, Clermont-Ferrand*, etc.
Elle a quitté le **Royaume-Uni** *pour les* **États-Unis***.*

Pas de trait d'union pour les saints, mais pour les villes ou les lieux (*cf.* Les majuscules) :
Saint Jean*,* **saint Luc***,* **saint Marc** *et* **saint Mathieu** *sont les quatre évangélistes.*
Laura a visité **Saint-Raphaël***,* **Saint-Étienne** *et* **Saint-Nazaire***.*
Elle a adoré la place **Saint-Marc** *à Venise.*

LE TRAIT D'UNION ET LA RÉFORME DE L'ORTHOGRAPHE

Les mots composés d'origine étrangère ont un trait d'union, mais la réforme de l'orthographe permet deux écritures : *le fac-similé, le facsimilé ; le week-end, le weekend.*
Où partez-vous en **week-end** *(***weekend***) ?*

La réforme de l'orthographe permet aussi quelquefois la suppression du trait d'union dans des mots composés français : *bassecour (basse-cour), chauvesouris (chauve-souris), hautparleur (haut-parleur), portemonnaie (porte-monnaie), sage-femme (sage-femme)*, etc. (*cf.* La réforme de l'orthographe de 1990).
Derrière la ferme, il y a une **bassecour** *(***basse-cour***).*

LA CÉSURE

La césure est la coupe d'un mot en fin de ligne. Il est parfois nécessaire de couper le mot avec un tiret. La coupe se fait entre les syllabes. Il est préférable de couper le mot en son milieu ou au début plutôt qu'à la fin : *sin-/ cères, salu-/ tations, dis-/ tinguées,* etc.
Dans l'attente de votre réponse, veuillez agréer mes sincères **remer-ciements** *et mes salutations distinguées.*

En cas de doubles consonnes (*ina**tt**ention, emba**rr**asser, inte**ll**igent, dépa**ss**ement,* etc.), il faut couper entre les consonnes : *inat-/ tention, embar-/ rasser, intel-/ ligent, dépas-/ sement,* sauf si la césure change la prononciation : dans un mot comme *fillette,* **ll** est prononcé [j], une coupure changerait la prononciation : *fil-lette* est impossible.

Il n'y a pas de césure :
- après une apostrophe : *l'hôpital (l'-hopital* est impossible, il faut *l'hô-pital)* ;
- entre deux voyelles : *monsieur (monsi-eur* est impossible, il faut *mon-sieur)* ;
- entre **g** et **n** : *résignation (résig-nation* est impossible, il faut *rési-gnation).*
Dans un mot composé, c'est le trait d'union qui sert de césure : *porte-fenêtre* et non *porte-fe-nêtre.*

1   **Villes du monde. Répondez aux questions (tous les mots ont un trait d'union).**

*Ex. : Sarajevo est la capitale de la **Bosnie-Herzégovine**.*

1. La plus grande ville de Louisiane : la _____ .

2. Londres est la capitale de la _____ .

3. Amsterdam est aux _____ .

4. Le gouvernement des _____ est à Washington.

2   **Complétez avec *saint*, *sainte*, *Sainte-* ou *Saint-*.**

*Ex. : Le protecteur de l'Angleterre est **saint** Georges.*

1. Près du Canada, il y a deux îles françaises : _____ Pierre et Miquelon.

2. Ma grand-mère disait que si on perd quelque chose, il faut prier _____ Antoine.

3. Vincent a visité la basilique _____ Sophie à Istanbul.

4. Yves a passé ses vacances en Bretagne à _____ Malo.

5. La patronne de Paris est _____ Geneviève.

6. Antoine de _____ Exupéry a écrit *Le Petit Prince*.

3   **Réécrivez si possible le mot souligné avec un trait d'union.**

*Ex. : Le <u>hautparleur</u> ne fonctionne plus. **Haut-parleur**.*

1. Je n'ai plus d'argent dans mon <u>portemonnaie</u>. _____

2. J'ai perdu mon <u>portefeuille</u>. _____

3. Où vas-tu ce <u>weekend</u> ? _____

4. Il vient de réparer son <u>vélomoteur</u>. _____

5. J'ai vu une <u>chauvesouris</u> dans la grotte. _____

4   **Vous écrivez une lettre. Faites la césure des mots soulignés (il y a parfois plusieurs possibilités).**

> Mon cher ami,
>
> Depuis que je suis arrivé sur l'Atlantique, il n'arrête pas de *<u>pleu-voir</u>*.
>
> Heureusement que j'ai pensé à emporter un parapluie et un <u>imperméable</u>,
>
> ainsi que des vêtements chauds. Je reste tristement dans mon <u>camping-car</u>
>
> à jouer aux cartes avec mes voisins. Je ne trouve pas ça très <u>passionnant</u>.
>
> Si le temps ne s'améliore pas, je quitte le camping et vais à <u>l'hôtel</u>
>
> où j'espère trouver une chambre confortable. Je ne veux pas <u>stagner</u>
>
> plus longtemps dans ma caravane.
>
> Amitiés
>
> Marc

LES MAJUSCULES

Jonathan est né en **Suisse**, à **Bâle**. Il habite près du **Rhin** et
va souvent skier dans les **Alpes**.

RAPPEL

On met les majuscules au début des noms propres de personnes, mais aussi
de villes, de régions, de pays, de continents, de planètes, etc.

> *Jules Verne est né à **Nantes**. Il a longtemps habité à **Amiens** en **Picardie**.*
> *Est-ce que **Chypre** est en **Europe** ou en **Asie** ? La **Terre** tourne autour du*
> ***Soleil**.*

Il faut aussi une majuscule au début des noms de fleuves, de rivières, de montagnes,
de mers et d'océans.

> *Le **Rhône** se jette dans la **Méditerranée**.*
> *L'Europe va de l'**Oural** à l'**Atlantique**.*

Pour des noms de monuments, de quartiers, de voies, etc.

> *En 1800, la place **Royale** à Paris est devenue la place des **Vosges**.*
> *Le boulevard du **Temple** est près de la place de la **République**.*
> *La semaine dernière, Marta a visité le **Capitole** à Toulouse. Aujourd'hui,*
> *à Paris, elle visite **Montmartre** et demain elle ira à **Montparnasse**.*

Pour les organisations (nationales ou internationales) et les sigles.

> *La **Confédération** suisse ne fait pas partie de l'**Union** européenne.*
> *La guerre froide opposait les **USA** à l'**URSS**.*

Certaines dates, en général des fêtes religieuses, ont une majuscule : *l'Avent,*
l'Épiphanie, Noël, Pâques, la Toussaint, le Nouvel An, etc.

> *C'est le dernier dimanche de l'**Avent**. Ce sera bientôt **Noël**.*
> *Le lundi de **Pâques** est férié en France.*
> *C'est la **Toussaint**. Beaucoup de gens vont au cimetière.*

MAJUSCULES OU MINUSCULES ?

• Les noms de peuples et d'habitants (continents, pays, régions, villes, etc.) ont une
majuscule. Pas de majuscule aux adjectifs ou pour les langues (ou les locuteurs de
langues).

> *Les **Suisses** sont des **Européens**, mais ne font pas partie de l'Union **européenne**.*
> *Les **Genevois** parlent **français** et les **Zurichois** parlent **allemand**.*
> *Friburg est une ville bilingue, il y a des **francophones** et des **germanophones**.*

• Pas de majuscule pour les philosophies, les doctrines, les idéologies : le
marxisme, les *marxistes*, les *maoïstes*, les *freudiens*, les *platoniciens*, les *épicuriens*,
les *stoïciens*, etc.

> *Dans sa jeunesse, Arthur a longtemps hésité entre le **trotskisme** et le*
> ***maoïsme**. Après être devenu **freudien**, puis **lacanien**, il est aujourd'hui **alter-***
> ***mondialiste**.*

• Pas de majuscules non plus pour les religions et les membres des religions : le *bouddhisme*, le *christianisme*, l'*islam*, le *judaïsme*, etc.

> *Jérusalem est une ville importante pour les **chrétiens**, les **juifs** et les **musulmans**.*
>
> *Dans cet état indien, on pratique l'**hindouisme** et le **bouddhisme**.*

 Juif peut avoir une majuscule s'il désigne un Israélien : *Au Moyen-Orient, les Arabes et les **Juifs** sont arrivés à un accord.*

Le **Dieu** de la bible a une majuscule, mais pas les autres : *les dieux grecs, les dieux romains*, etc.

> *Les **dieux** sont tombés sur la tête est un film sud-africain.*

Le mot **saint** a une majuscule et un trait d'union (*cf.* Le trait d'union et la césure) pour les lieux (villes, villages, bâtiments, fêtes, etc.) : *la ville de Saint-Malo, la commune de Saint-Émilion, la gare Saint-Lazare, la nuit de la Saint-Sylvestre*, mais pas pour les personnes (*saint Pierre, saint Paul*), ni pour les produits (*saint-émilion, saint-nectaire*).

> *C'est **saint Malo**, un évêque de Bretagne, qui donna son nom à la ville de **Saint-Malo**.*
>
> *Comme vin, nous avons du **saint-émilion** ; comme fromage, achète du **saint-nectaire**.*

• Pour les titres ou les formules de politesse, il faut une majuscule (*Docteur, Madame, Mademoiselle, Maître, Monsieur le Directeur, Madame la Comtesse, le Premier ministre*, etc.). Sinon, il faut une minuscule.

> *C'est **Monsieur** Leblanc, un vieux **monsieur** qui va souvent chez le **docteur**.*
>
> *Bonjour **Docteur**, je vous présente mon cousin qui est **directeur** de banque.*

• Majuscule pour les époques historiques (*l'Antiquité*), les événements et les régimes politiques (*la Révolution française, la Troisième République*), les institutions (*le Parti socialiste, l'Église*), les titres de journaux (*le Monde*), etc. Mais minuscule pour ces mêmes mots dans un autre contexte (*les antiquités, une révolution, une république, une église, le monde entier*).

> *Pierre, spécialiste de l'**Antiquité**, a un magasin d'**antiquités**.*
>
> *Le **Soir** est un journal belge. Je le lirai ce **soir**.*

• Les points cardinaux (et aussi **midi**) ont une majuscule s'ils désignent une région ou un pays (*le pôle Nord, l'Afrique du Sud, le Midi de la France, l'Europe de l'Est*), sinon il faut une minuscule. Même chose pour certains adjectifs : *la mer Noire, l'océan Indien, le golfe Persique*, etc.

> *Cet été, je vais dans le **Midi** de la France. De là, j'irai peut-être en **Afrique du Nord**.*
>
> *La **mer Noire** est-elle vraiment si **noire** ?*

Certaines dates ou certaines fêtes ont une majuscule, d'autres n'en ont pas : *le 1er Novembre et le 14 Juillet* mais *le premier mai* ; *le Vendredi saint et Mardi gras* mais *le lundi de Pâques* ; *la Fête du Travail* mais *la fête des mères*, etc.

> *La **Fête du Travail** a lieu le **premier mai**.*

Les noms de marques commerciales gardent la majuscule (*une Renault, une Peugeot, les Gitanes, les Gauloises*), tout comme les tableaux (*un Corot, un Picasso*) ; mais si la marque ou le nom propre est pris comme un nom commun, il faut une minuscule : *un camembert, un frigidaire, un colt, un cognac*, etc.

E X E R C I C E S

1 **Réécrivez en minuscules. N'oubliez pas les majuscules.**

*Ex. : LE ROYAUME-UNI : **Le Royaume-Uni.***

1. LES CHAMPS-ÉLYSÉES : _____

2. LE MOYEN-ORIENT : _____

3. LA CONFÉDÉRATION HELVÉTIQUE : _____

4. L'UNION EUROPÉENNE : _____

5. L'URSS : _____

2 **Trouvez le bon mot et écrivez-le en minuscules : *NOUVEL AN, NOËL, PENTECÔTE, PREMIER AVRIL, SAINT-SYLVESTRE, TOUSSAINT.***

*Ex. : La nuit du 31 décembre est la nuit de la **Saint-Sylvestre.***

1. Le premier novembre : La _____

2. Le 25 décembre : _____

3. Le premier janvier : Le _____

4. Le jour où on fait des blagues : Le _____

5. Cinquante jours après Pâques : La _____

3 **Visitez la France. Choisissez la bonne orthographe.**

Ex. : À Toulouse, Kristina a vu le Capitole ~~capitole~~ *et le canal du* Midi ~~midi~~.

1. En Provence, elle a visité les Arènes arènes de Nîmes.

2. À Cannes, elle s'est promenée sur le boulevard de la Croisette croisette .

3. À Paris, elle a vu la cathédrale Notre-Dame notre dame et le musée du Louvre louvre .

4. En Bretagne, elle a admiré les remparts de Saint-Malo saint Malo .

5. En Normandie, elle a marché le long des plages du Débarquement débarquement .

4 **Visitez le monde. Complétez avec *est, ouest, nord, sud, centre* (majuscules ou minuscules ?).**

*Ex. : La Belgique est au **nord** de la France.*

1. Séoul est la capitale de la Corée du _____.

2. Le Centrafrique est au _____ de l'Afrique.

3. Pretoria est au _____ de l'Afrique du _____.

4. Leipzig est une ville de l'ex-Allemagne de l'_____.

5. La Colombie est à l'_____ de l'Amérique du _____.

5 **Réécrivez les phrases en ajoutant les majuscules nécessaires.**

*Ex. : les belges parlent français et néerlandais. → **Les Belges parlent français et néerlandais.***

1. jean est québécois, c'est un canadien francophone. → _____.

2. ronaldo est brésilien, il parle portugais. → _____.

3. aux états-unis, les hispaniques sont hispanophones. → _____.

4. jean-jacques étudie le marxisme-léninisme. → _____.

E X E R C I C E S

6 **Trouvez la bonne orthographe.**

Ex. : Patrick a étudié dans une université ~~Catholique~~ **catholique** .

1. Dans cette île de l'océan indien | Indien , il y a des bouddhistes | Bouddhistes et des musulmans | Musulmans .

2. Vishnou | vishnou est un Dieu | dieu de l'Hindouisme | hindouisme .

3. À l'ONU, Juifs | juifs et Arabes | arabes avaient des positions opposées.

4. Martin est Alsacien | alsacien . Ce n'est pas un Catholique | catholique , il est Protestant | protestant .

5. Saint Patrick est considéré comme le fondateur du Christianisme | christianisme irlandais.

7 **Complétez avec *Saint* ou *saint*. Ajoutez un trait d'union si nécessaire.**

*Ex. : Aline prend le train à la gare **Saint**-Charles.*

1. Quand elle était au Sénégal, Marie a visité _____ Louis.

2. Louis IX était appelé _____ Louis.

3. S'il pleut à la _____ Médard, il pleut quarante jours plus tard. (proverbe)

4. Le _____ marcellin est un fromage du Dauphiné.

5. On dit que la nuit de la _____ Jean est la plus courte de l'année.

la gare Saint-Charles

8 **Choisissez la bonne orthographe.**

Ex. : La ~~quatrième république~~ | **Quatrième République** *a duré de 1946 à 1958.*

1. Dans ce musée, il y a beaucoup de tableaux de la renaissance | Renaissance italienne.

2. Dans cette commune | Commune , on a commémoré la commune | Commune de Paris.

3. Dimitri fréquente souvent l'église | Église russe de Nice. Il est membre de l'église | Église orthodoxe.

4. Le parti | Parti communiste a refusé de prendre parti | Parti .

5. Depuis cinq ans, elle est abonnée au monde | Monde .

6. Le docteur | Docteur Dumas est un monsieur | Monsieur très sérieux.

7. Dans ce musée, il y a des statues de l'antiquité | Antiquité et un Monet | monet .

9 **Écrivez le mot avec ou sans majuscule.**

*Ex. : Jeudi. Une semaine imaginaire est appelée la semaine des quatre **jeudis**.*

1. Vendredi. On mange souvent du poisson le _____.

2. Mardi. Les enfants se déguisent et mangent des crêpes à _____ gras.

3. Lundi. On ne travaille pas le _____ de Pâques.

4. Vendredi. Les accords du _____ saint ont apporté la paix en Irlande du Nord.

5. Juillet. Le peuple de Paris a pris la Bastille le 14 _____ 1789.

10 (08) **Dictée**

_____

_____

_____

36 LES ACCENTS ET LE TRÉMA

C'est **sûr** que **Joël** et **Thérèse** sont encore sur Internet.

DIFFÉRENCE DE SON

Rappel

L'accent aigu ne se place que sur la lettre **e**. Il permet le son [e] : *été*, *bébé, thé*, etc.

du maïs

L'accent grave se place sur les lettres **a, e, u**. Avec la lettre **e**, il permet le son [ɛ] : *père*. Sur les lettres **a** et **u**, il ne change pas la prononciation (*déjà, où*).

L'accent circonflexe se place sur **a, e, i, o, u**. Sur **i** et **u**, pas de changement de prononciation (*île, maître, coûter*) ; sur **e**, il indique le son [ɛ] (*tête*). Sur **a** et **o**, il précise la prononciation : *mal* [a], *mâle* [ɑ] ; *hotte* [ɔ], *hôte, hôtel* [o].

Le tréma se place sur **e, i** et **u**. Il indique que la lettre sur laquelle il est placé se prononce : *Noël, maïs, Emmaüs*. La lettre **ë** se lit [ɛ] : *Israël*. Placé entre deux voyelles, **ï** est prononcé [j] : *aïe ! aïeul, paranoïaque*, ainsi qu'en finale de mot : *Tolstoï, thaï*. La réforme de l'orthographe préconise **güe** plutôt que **guë** (plus classique) : *aigüe, ambigüe, exigüe* (*cf*. La réforme de l'orthographe de 1990).

 Lorsqu'une consonne prononcée termine le mot ou la syllabe, il ne faut pas mettre d'accent grave ou circonflexe sur le **e** qui se prononce automatiquement [ɛ] : *bec, espoir* (*es|poir*), *cher, erreur* (*er|reur*), *sel*, etc. Pas d'accent non plus devant **x** : *excellent, texte, exact*, etc.

> *C'est un **texte** que **Michel estime excellent** mais trop **intellectuel**.*

Si le mot est mis au féminin, il faut mettre un accent grave ou redoubler la consonne.

> *Cette **nouvelle** voiture est **chère**.*

DIFFÉRENCE DE SENS ET DE SON

L'accent circonflexe précise la prononciation, mais peut aussi changer le sens.

a [a] / **â** [ɑ] : *tache / tâche, patte / pâte, haler* (tirer) / *hâler* (brunir, bronzer), *mal / mâle*, etc. (même si beaucoup de francophones ne respectent pas la différence de prononciation).

> *En mangeant une **patte** de poulet avec des **pâtes**, Luc a fait une **tache** à sa chemise.*

o [ɔ] / **ô** [o] : *notre / votre* (adjectifs), *nôtre / vôtre* (pronoms), *côte / cote, côté / coté, roder / rôder*, etc.

> *Votre** voiture n'est pas jeune. La **nôtre** n'est pas encore **rodée**.*
> *Quelle est la **cote** de l'euro face au dollar dans cette banque de la **Côte** d'Azur ?*

Et aussi *jeune* [œ] / *jeûne* [ø] : *Le **jeune** homme se trouve trop gros. Il fait un petit* **jeûne**.

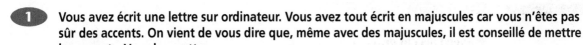

1 **Vous avez écrit une lettre sur ordinateur. Vous avez tout écrit en majuscules car vous n'êtes pas sûr des accents. On vient de vous dire que, même avec des majuscules, il est conseillé de mettre les accents. Vous les mettez.**

Ex. : CHÈRE MADAME,

ETUDIANT ERASMUS AU DEPARTEMENT DE GEOLOGIE, JE ME PERMETS DE VOUS ECRIRE POUR VOUS EXPO-SER MES PROBLEMES. JE LOGE A LA CITE UNIVERSITAIRE, JE DOIS QUITTER MA CHAMBRE LE 21 DECEMBRE. OR JE NE RETOURNERAI DANS MON PAYS QU'APRES LES VACANCES DE NOEL. CE SERAIT TRES GENANT POUR MOI D'ETRE OBLIGE DE TROUVER UN HOTEL POUR LA DERNIERE SEMAINE DE DECEMBRE. J'ESPERE QUE VOUS ME PERMETTREZ DE RESTER EN CITE U QUELQUES JOURS DE PLUS. MERCI DE VOTRE COMPRE-HENSION.

SALUTATIONS DISTINGUEES.

PABLO FERNANDEZ

2 **Choisissez la bonne orthographe.**

Ex. : ~~Michel~~ Michèle *est la maman d'un petit* Joël ~~Joëlle~~ .

1. Si vous passez dans ma ville, vous serez mes hottes hôtes .

2. Il est tombé et il s'est fait mal mâle .

3. Cet enfant a une voix aigue aigüe .

4. Jacques ne sait cuisiner que les pattes pâtes .

5. Elle commande une salade niçoise, mais maïs sans mais maïs .

3 **Mettez un accent circonflexe si nécessaire.**

Ex. : En vélo, il a du mal à monter la <u>côte</u>.

1. J'entends du bruit dans le jardin. Sans doute quelqu'un qui <u>rode</u>.

2. De quel <u>coté</u> vas-tu ?

3. Le carême est une période de <u>jeune</u>.

4. En effectuant cette <u>tache</u> salissante, elle a <u>taché</u> sa robe.

5. Le remorqueur a <u>halé</u> un petit bateau.

4 **Complétez avec *notre, le (la) nôtre, les nôtres, votre, le (la) vôtre, les vôtres*.**

*Ex. : C'est votre voiture ? Oui, c'est **la nôtre**.*

1. Ce ne sont pas nos affaires, ce sont _____ .

2. _____ problème ne nous intéresse pas. _____ nous suffisent.

3. Notre voiture ne fonctionne pas. Prenons _____ .

4. Ne vous inquiétez pas, ce n'est pas de _____ faute.

5. Notre fille et vos filles se sont battues. _____ fille sera punie, _____ devront aus-si recevoir une punition.

DIFFÉRENCE DE SENS

■ Avec l'accent grave

L'accent grave sert à faire une différence de sens dans les mots grammaticaux.

– **à** est une préposition et **a** est la troisième personne du verbe avoir.
   *Mélanie **a** une tante **à** Marseille.*

– **là** est un adverbe et **la** est un article ou un pronom féminin. Dans l'expression **çà** et **là** (un peu partout), **çà** signifie ici.
   *La directrice est **là** aujourd'hui, tu peux **la** contacter.*

– **dès** est une préposition et **des** un article indéfini ou contracté.
   ***Dès** le matin, il y a des gens à la terrasse **des** cafés.*

– **où** indique le lieu et **ou** le choix.
   ***Où** vas-tu étudier ? En France **ou** en Belgique ?*

■ Avec l'accent circonflexe

L'accent circonflexe permet aussi une différence de sens

– Entre des participes passés : *cru* (croire) et *crû* (croître), entre participes et adjectifs : *crû* (croître), *cru* (le contraire de *cuit*), entre participes, articles et noms : *dû* (devoir), *du* (article partitif ou contracté), *le dû* (ce que l'on doit). L'accent disparaît sur les participes passés au féminin : *crue, due*.
   *À chacun son **dû**. Je paierai les sommes **dues**.*

– Entre verbes différents : *il croit* (croire), *il croît* (croître).
   *L'arbre n'a pas grandi. Gérard **croit** qu'il ne **croît** plus.*

– Entre passé simple et imparfait (ou plus-que-parfait et passé antérieur) du subjonctif (*cf*. Les conjugaisons particulières) : *fut / fût, crut / crût*, etc. Attention *le fût* (petit tonneau), *le cru* (vignoble) et *la crue* (montée des eaux).
   *Elle **fut** étonnée que son frère **fût** choisi pour ouvrir le **fût**.*

– Entre noms et adjectifs : *le mur / mûr*, entre noms et noms ou verbes : *gène* et *gêne* (noms) / *gêne* (gêner), *boîte / boite* (boiter), entre prépositions et adjectifs : *sur / sûr*, et entre adjectifs : *sur, sure* (acide), *sûr, sûre* (certain, certaine).
   *C'est **sûr**. Tu peux prendre un fruit **mûr sur** la table près du **mur**.*

– Entre verbes et nom : *il pèche* (pécher), *il pêche* (pêcher), *la pêche* (nom).
   *Tu crois qu'il **pèche** contre l'environnement s'il **pêche** des espèces protégées ?*

L'accent circonflexe peut disparaître dans les mots dérivés : *déjeuner* (jeûner), *fantomatique* (fantôme), *polaire* (pôle), *tempétueux* (tempête), *introniser* (trône), etc.

La réforme de l'orthographe autorise l'absence d'accents circonflexes (sur les lettres **i** et **u**) qui ne changent ni le sens ni la prononciation : *couter* (coûter), *diner* (dîner), *flute* (flûte), *fraiche* (fraîche), *ile* (île), *maitre* (maître), etc. (*cf*. La réforme de l'orthographe de 1990).

1   Choisissez la bonne orthographe.

Ex. : Sais-tu ☒ où *tu vas ?*

1. Théo a | à un rendez-vous a | à la bibliothèque.

2. Il a des | dès examens des | dès le début de la semaine prochaine.

3. C'est la | là ou | où j'habite.

4. La | là secrétaire est la | là ou | où elle est déjà partie ?

5. Dans sa maison, il y avait ça | çà et la | là des tableaux magnifiques. Je n'avais jamais vu ça | çà.

2   Orthographiez correctement le mot *cru : cru, crû, crue, crut, crût.*

*Ex. : Le botaniste s'étonna que le bambou **crût** si vite dans cette région.*

1. Les bambous ont _____ à une vitesse folle.

2. La rivière en _____ a inondé le village.

3. L'ethnologue Claude Lévi-Strauss a écrit *Le* _____ *et le cuit.*

4. Quand Galilée expliqua que la Terre tournait autour du Soleil, personne ne le _____.

3   Choisissez le bon mot.

Ex. : pêches | pêches *: J'ai acheté au marché un kilo de **pêches**.*

1. du | dû : Béatrice a _____ téléphoner au directeur _____ Département.

2. boite | boîte : En sortant d'une _____ de nuit, Sylvain est tombé. Maintenant il _____.

3. sur | sûr : Tu es _____ qu'on peut compter _____ lui ?

4. mur | mûr : L'apprenti du maçon n'est pas encore assez _____ pour construire un _____ tout seul.

4   Reliez le mot à sa définition.

1. *C'est une sensation désagréable, une*   fût.

2. C'est un tonneau où on met du vin, un   sur.

3. Quelque chose qui a un goût acide est   → *gêne*.

4. Des fruits qui poussent dans les ronces, des   gènes.

5. Les maladies héréditaires sont transmises par les   mûres.

5   Ajoutez aux mots soulignés un accent circonflexe, seulement si c'est obligatoire (suivez les règles de la réforme de l'orthographe).

Ex. : Combien coutent *ces* pêches *?*

1. Le roi est monté sur le trone.

2. La température était fraiche, puis elle est devenue polaire.

3. L'agence du travail s'appelle maintenant « Pole emploi ».

4. Après deux jours de jeune, il a pris un copieux déjeuner et un énorme diner.

5. La tempete a atteint l'ile.

6   Le pêcher. Que signifie ce mot ?

☐ Un arbre qui porte des pêches.   ☐ Quelqu'un qui prend des poissons.   ☐ Une mauvaise action.

ABSENCE D'ACCENT

Quelquefois, la lettre **e** sans accent est prononcée [ɛ] (plus rarement [e]).

– Lorsque le mot est terminé par une consonne prononcée, **e** est prononcé [ɛ]:
abdomen, archipel, bec, cep, chef, cher, colonel, mer, relief, spécimen, etc.
> *Ce poisson de **mer** est un **spécimen** peu fréquent dans l'**archipel**.*

– Lorsque la consonne finale (sauf **s**) n'est pas prononcée, le **e** est prononcé [e] :
assez, bijoutier, boucher, chez, nez, etc. ou [ɛ] : *banquet, colifichet, jouet, jet,* etc.
> *Jérôme va **chez** le **bijoutier**.*

Devant la lettre **s**, le **e** peut porter un accent : *abcès, après, congrès, décès, progrès, succès,* etc. Dans quelques mots grammaticaux, il n'y a pas d'accent : *les, des, mes, tes, ses, ces.*
> *Tu pourras avoir du **succès après** avoir fait **des progrès**.*

– Le **e** devant **x** n'a pas d'accent et est prononcé [ɛ]: *annexe, exagérer, examen, lexique, perplexe, réflexe, sexe, textile, vexer,* etc.
> *Révisez bien le **lexique** pour l'**examen**.*

– Il n'y a pas d'accent sur le **e** (prononcé [ɛ] ou [e]) devant les doubles consonnes :
belle, blessure, dilemme, effet, excellent, impeccable, reddition, renne, serre, steppe, terre, voyelle, etc.
> *Les scientifiques redoutent pour le climat de la **Terre** l'**effet** de **serre**.*

– Il n'y a généralement pas d'accent sur le **e** (prononcé [ɛ]) devant deux consonnes différentes : *allergie, berger, descendre, espoir, estimer, infect, nectar,* etc.
> *Le **berger estime** qu'il est temps de **redescendre** dans la vallée.*

Dans ces cas, la première consonne termine une syllabe et la seconde en commence une autre : *ber/ger, des/cendre, nec/tar.*

Mais ce n'est pas toujours le cas si la seconde consonne est un **h**, un **l** ou un **r**. Il faut alors un accent pour avoir les prononciations [e] ou [ɛ] si ces consonnes ne commencent pas une syllabe : *éléphant* (é/lé/phant), *éther, méchant, sèche* ; *éclat, négligence, réflexion, règle* ; *algèbre, déprimer, intégrer,* etc., mais *merle* (mer/le). Sinon, le **e** est prononcé [ə] : *reproche, reflet, reprendre,* etc.
> *Son patron lui a **reproché** sa **négligence** d'une voix **sèche**.*

– Il n'y a pas d'accent sur le **e** prononcé [ɛ] devant trois consonnes : *cercle, description, esprit, lettre, mettre, technique,* etc.
> *Il ne faut pas **mettre** d'accent sur la **lettre** e du mot « **esprit** ».*

l'effet de serre

E X E R C I C E S

1 **Mettez au masculin selon le modèle.**

*Ex. : Julie est boulangère et son mari est aussi **boulanger**.*

1. La panthère est une belle bête et le lion est un _____ animal.

2. Catherine est indiscrète, Jules est aussi _____ .

3. La bière est un peu amère, le café sans sucre est aussi _____ .

4. Michèle est un prénom féminin et _____ un prénom masculin.

2 **Complétez avec un nom qui contient la lettre *x* (tous les mots sont dans la leçon). Attention aux pluriels.**

*Ex. : À la fin d'un ouvrage, il y a parfois un **index**.*

1. C'est la fin du semestre à l'université, c'est l'époque des _____ .

2. C'est un mâle ou une femelle ? De quel _____ est cet animal ?

3. Un autre mot pour le vocabulaire : le _____ .

4. L'industrie du _____ permet la production de beaucoup de vêtements.

5. Avec un petit marteau, le médecin frappe sur les genoux pour contrôler les _____ .

3 **Trouvez l'intrus.**

Dilemme, femme, flemme, gemme.

4 **Écrivez en minuscule le mot en majuscule et ajoutez les accents si nécessaire.**

*Ex. : Ce vin fait 13 DEGRES : **degrés***

1. La nouvelle cuisinière de ce restaurant est une PERLE : _____

2. J'ai commandé des ASPERGES : _____

3. Le froid lui fait mal aux LEVRES : _____

4. Pour rentrer dans la mosquée, il faut se DECHAUSSER : _____

5. Pascal manque de REFLEXION : _____

6. Les princes tombaient amoureux des BERGERES : _____

7. Bernard étudie l'ALGEBRE : _____

8. Il voudrait faire des études de TECHNOLOGIE : _____

9. C'est un ADOLESCENT AGRESSIF : _____

10. Les politiciens ne sont pas toujours INTEGRES : _____

5 **Charades littéraires**

Mon premier est la dix-neuvième lettre de l'alphabet : _____

Mon second est un fruit : une _____

Mon tout est le titre d'un célèbre roman d'André Malraux : L' _____

Mon premier est encore la dix-neuvième lettre de l'alphabet : _____

Mon second est ce que coûte un objet : le _____

Mon tout est une revue intellectuelle française : _____

37 LA CÉDILLE ET L'APOSTROPHE

Ç'a été difficile, mais **c'en** valait la peine.

LA CÉDILLE : RAPPEL

La cédille se place sous la lettre **c** pour garder le son [s] devant **a**, **o** et **u** : *ça, façade, garçon, déçu*, etc. Sinon, le **c** se prononce [k] : *Canada, Cuba, Colombie*.
> *J'ai encore le **reçu** du **maçon** qui a repeint la **façade**.*
> *La **Colombie**-Britannique est une province du **Canada**.*

Pas de cédille devant **e**, **i** et **y** : *placer, silence, cycle*, etc.
> *Ceci n'est pas une **cigogne**, c'est un **cygne**.*

 Un **e** devant le **a** permet la prononciation [s] : *morceau, pinceau, douceâtre* (ou *douçâtre*).

La cédille est fréquente dans la conjugaison des verbes se terminant par **-cer** (ou **-scer**) et dans des participes passés en **u** : *acquiesçons, commençons, avançant, reçu, déçu, aperçu*, etc.
> *Je m'**aperçois** qu'il n'a pas **reçu** les consignes. **Commençons** sans lui !*

LA CÉDILLE ET L'APOSTROPHE : ÇA OU Ç' (C') ?

Lorsque le pronom **ça** est en contact avec un verbe qui commence par une voyelle (sauf les auxiliaires *être* et *aller*) ou avec le pronom **y**, il n'y a pas d'élision.
> ***Ça** arrive. Les enfants, **ça** aime les bonbons. **Ça** y est.*

Par contre, il est possible d'avoir élision et apostrophe, **ç'** ou **c** :

– Devant le pronom *en* (**c** et non **ç**, car il n'y a pas de **ç** devant e) :
> ***C'en** a tout l'air. **C'en** devient insupportable.*

Quelques expressions comme *c'en est fait de moi / toi, c'en est trop ; c'en est fini*, etc.

– Devant le verbe *aller* lorsqu'il est auxiliaire :
> ***Ç'allait** être plus facile.*

– Devant le verbe *être* aux temps composés :
> *Si **ç'avait** été plus intéressant, je serais resté plus longtemps.*
> *Tu crois que **ç'aurait** été possible ?*

Cependant, ces formes ne sont pas obligatoires. En français plus standard, il y a tendance à garder le pronom *ça* :
> *J'étais sûr que **ça** allait arriver.*
> ***Ça** a été difficile, mais **ça** en valait la peine.*

1 **Au camp de vacances. Réécrivez en minuscules les mots en majuscules en ajoutant une cédille si nécessaire.**

Ex. : Le camp est près de BESANCON. **Besançon**

1. FRANCOIS s'est présenté, il vient de Paris. _____

2. Christophe a dit qu'il était PROVENCAL. _____

3. Thierry vient aussi du Midi, il est NICOIS. _____

4. Les frères Meyer sont ALSACIENS. _____

Besançon

5. Rachid n'est pas FRANCAIS, il est venu avec un ami MAROCAIN. _____

2 **Le professeur est absent. Ajoutez des cédilles si nécessaire dans ce petit texte.**

*Ex. : Nathan est un petit **garçon** qui va à l'école.*

Aujourd'hui, Nathan a eu une grande surprise. Le professeur habituel n'était pas là. C'était une remplacante. Il a pensé que c'allait être plus facile avec elle, mais il s'est trompé. D'abord elle a vérifié que les élèves savaient leur lecon. Puis elle leur a donné des exercices de francais qu'elle avait concus. Nathan a trouvé que ce n'était pas trop difficile. Il a vaincu toutes les difficultés. Il a été félicité.

3 **Mettez le verbe ou les verbes au temps demandé.**

*Ex. : Fabien commence à étudier le russe (imparfait). **Fabien commençait à étudier le russe**.*

1. Colette s'immisce toujours dans les affaires des autres *(imparfait)*.

_____

2. Ton comportement m'a déçu *(présent)*.

_____

3. Tu m'agaces toujours quand tu lances le ballon à côté *(imparfait)*.

_____

4. Sabine vit à Berlin *(passé composé)*.

_____

5. Nous avons prononcé correctement cette phrase *(présent)*.

_____

4 **Mettez ces phrases négatives à la forme affirmative. Faites l'élision avec ça si possible.**

*Ex. : Ça n'arrive pas. → **Ça arrive**.*

1. Ça n'inquiète pas tes amis. →

_____

4. Ça n'aurait pas pu être pire. →

_____

2. Ça n'allait pas marcher. →

_____

5. Ça n'ira pas mieux demain. →

_____

3. Ça n'en devient pas meilleur. →

_____

LES ABRÉVIATIONS

Il y a plusieurs diplômes en **FLE**, **par ex.** le **DELF**, le **DALF**, le **DILF**, **etc.**

ABRÉVIATIONS

Les abréviations s'écrivent en minuscules si le mot est abrégé et sont suivies d'un point : *adj.* (*adjectif*), *par ex.* (*par exemple*), *vol.* (*volume*), etc. Les traits d'union sont gardés : *c.-à-d.* (c'est-à-dire). Ces abréviations ne sont pas prononcées.

> *Vous vous reporterez **par ex.** à la revue citée, **vol. 3, p. 13**.*

Elles s'écrivent sans point s'il s'agit d'un mot dont on a pris des initiales de syllabes : *km* (kilomètre), *qqn* (quelqu'un) et s'il y a la dernière lettre *pt* (point). Exception : *cf.* (*confer*).

Pour les siècles et les arrondissements par exemple, le suffixe *-ième* est abrégé en ^{e} : *le XVIIIe siècle, le 16e arrondissement.*

Certaines abréviations (initiales de mots) peuvent être en majuscules : *COD, COI, PDG* (*président-directeur général*). Parfois l'usage hésite sur l'emploi de majuscules et de points : *SVP, svp, S.V.P.* (s'il vous plaît). Elles peuvent être prononcées.

> *Prévenez **S.V.P.** le **PDG** de ma part.*

Si le nom (un titre par exemple) a une majuscule, l'abréviation garde la majuscule : *Dr* (*Docteur*), *M.* (*Monsieur*), *Mme* (*Madame*), *Mlle* (*Mademoiselle*).

 M. est l'abréviation de *Monsieur* et non *Mr* ou *Mr.* (anglicisme très fréquent).

Des abréviations peuvent avoir un pluriel : *Mmes* (*Mesdames*), *Mlles* (*Mesdemoiselles*). Parfois, on redouble la consonne : *MM.* (*Messieurs*), *pp.* (*pages*). Il faut alors un point.

SIGLES ET ACRONYMES

Un sigle est l'abréviation d'un groupe de mots dont on ne garde (en général) que les initiales qui sont prononcées : *BNP* (Banque Nationale de Paris), *RER* (Réseau Express Régional), *TGV* (Train à Grande Vitesse). Le sigle peut s'écrire avec ou sans points : *R.E.R.* ou *RER*.

> *Inutile de prendre l'avion pour aller à Bruxelles, tu iras plus vite en **TGV**.*

Lorsque le sigle est court et composé d'une consonne et d'une voyelle, il y a souvent des points : *les J.O.* (les Jeux olympiques).

> *Les **J.O.** de Moscou en 1980 ont été boycottés par une cinquantaine de nations.*

Les sigles peuvent avoir un article, mais ils sont invariables.

> *En raison d'une grève, **les TGV** auront tous un important retard.*

Un acronyme est un sigle qui se prononce comme un mot : *l'ONU, l'OTAN, le SAMU* (service d'aide médicale urgente), *le SIDA*, etc. Les acronymes n'ont généralement pas de point derrière les lettres. Ils peuvent être écrits en minuscules (*le Samu, le sida*), particulièrement s'ils ont un dérivé : *onusien, sidéen*, etc.

> *Une organisation **onusienne** a lancé un programme d'aide pour les **sidéens**.*

1 Les Français font souvent des fautes dans les abréviations. Corrigez ces abréviations fautives.

*Ex. : Les malades du S.I.D.A. → Les malades du **sida** (ou du **SIDA**).*

1. J'ai rendez-vous avec le Dr. Minier. → J'ai rendez-vous avec le _____ Minier.

2. MM Leroy et Durand sont arrivés. → _____ Leroy et Durand sont arrivés.

3. Le Benelux, cad la Belgique, la Hollande et le Luxembourg. → Le Benelux, _____ la Belgique, la Hollande et le Luxembourg.

4. Une résolution de l'Onu. → Une résolution de l'_____.

5. Cette note est à l'attention de Mr Dupont. → Cette note est à l'attention de _____ Dupont.

2 Réécrivez les mots soulignés avec des abréviations.

*Ex. : Le participe passé s'accorde avec le complément d'objet direct (**COD**) si celui-ci est placé devant le verbe.*

1. Comment s'appelle votre président-directeur-général (_____) ?

2. Reportez-vous au volume (_____) 5, page (_____) 8, point (_____) 2.

3. Bonjour Mademoiselle (_____).

4. Veuillez s'il vous plaît (_____) ne pas faire de bruit après 22 h.

5. Ces tomates coûtent 5 euros le kilogramme (_____).

3 Voici quelques abréviations pour des personnes : *Lt, Me, Mgr, Pr, Vve*, qui peuvent être utilisées dans un courrier. Placez-les dans les phrases et dites de quel nom elles proviennent.

*Ex. : Pour une jeune fille qui n'est pas mariée : **Mlle (Mademoiselle)**.*

1. Pour quelqu'un qui enseigne à l'école de médecine : _____ (_____).

2. Pour un avocat ou un notaire : _____ (_____).

3. Pour un officier au-dessous d'un capitaine : _____ (_____).

4. (rare) Pour une femme dont le mari est décédé : Madame _____ (_____).

5. Pour un évêque : _____ (_____).

4 Mettez ces abréviations au pluriel.

*Ex. : Mme Richard est arrivée. **Mmes** Richard et Perez sont arrivées.*

1. Il n'y a pas de COD dans la première phrase, il y a deux _____ dans la seconde phrase.

2. M. Simon est absent, mais _____ Jean Moreau et Luc Rey sont là.

3. Il n'y a qu'un seul TGV qui fonctionne. Hier tous les _____ marchaient.

4. Cf. Bescherelle p. 15 et Grevisse _____ 48-50.

5. Mlle Jeanne est très amie avec _____ Caroline et Agnès.

5 Répondez à la question.

NRJ est un sigle, c'est le nom d'une station de radio. Mais si c'était un rébus *N R J*, ce serait un nom qui signifie ardeur et dynamisme : _____

LE LANGAGE SMS

Slt, sava ? Koi 29 ?

Le langage SMS (ou langage texto), utilisé surtout avec les téléphones portables, est caractérisé par des mots et des phrases raccourcis au moyen de quatre procédés :
– l'abréviation : *slt* (salut), *tt* (tout), *stp* (s'il te plaît),
– la phonétique : *koi* (quoi), *koman* (comment),
– le rébus typographique qui mêle lettres et chiffres : *bi1* (bien), *ojourd'8* (aujourd'hui),
– les analogies sonores : *G* (j'ai), *OQP* (occupé). Les majuscules correspondent généralement au son des lettres de l'alphabet (*C* [se], *G* [ʒe], *E* [ə], etc.).

Le langage SMS est surtout utilisé par les jeunes et le registre de langue ainsi que le vocabulaire utilisés pour les SMS sont donc plutôt modernes. On constate aussi beaucoup de mots anglais (*go* pour *aller* par exemple).

Petit lexique français du langage SMS

A	Cigarette : 6garett	Intéressé : 1TreC	Quelqu'un : kLq1
À bientôt : ab1to	Clair : klR	Inviter : 1viT	Qu'est-ce que c'est : keske C
Acheter : HT	Cœur : kEr	**J**	Quoi : koi
À demain : a2m1/@2m1	Comme : Kom	J'ai : G	Quoi de neuf : koi29
Âge : aj	Comment : koman	Jamais : jamé	**R**
Âgé : aG	Crois : croa ou croi	Je : J	Rappel : rapL
Aider : éD	**D**	J'en ai marre : jenémar	Rejoins : rejo1
À la prochaine : alp	D'accord : dac ou dak	Je suis : chuis	Rendez-vous : rdv
Aller : alé, go	Dans : ds	Je t'aime : JtM, Je t'M	Réponse : rep
Apéro : aPro	De : 2	Je te l'ai dit : jetelédi	Rien : Ri1
À plus tard : A+	Des : dê	Jour : jr	Rien à signaler : ras
Arrêter : arèT	Désespéré : DzSPré	**L**	**S**
Arriver : ariV	Désolé : dsl	Lequel : lekL	Salut : slt
Aujourd'hui : ojourd'8	Détester : DtST	Laisse tomber : l'S tomB	Sans : 100
À un de ces quatre : a12C4	Discuter : diskuT	Laisser : LéC	Semaine : semN
Aussi vite que possible :	Dommage : dmg	Lui : l8	Sérieux : CriE
asap (as soon as possible)	**E**	**M**	Si : 6
Avancer : avanC	Éclater de rire : lol	Magasin : magaz1	S'il te plaît : stp
B	Elle : L	Maintenant : m1tNan, mnt	Sympa : 5pa
Beaucoup : bcp	Énervé : NRV	Manger : manG	**T**
Bien : Bi1	Enfer : enfR	Même : mm	Temps : tps
Bientôt : Bi1to	Exagère : éxagR	Mère : mR	T'es : T
Bisou : bizz	Excellent : exClen	Message : msg	Toujours : tjrs
Bon après-midi : bap	**F**	Mort de rire : MDR	Tout : tt
Bonjour : bjr	Faire : fR	**N**	Tout le monde : tlm
Bonsoir : bsr	Fête : fet	Nombre : nb	Train : tr1
Bosser : boC	Fois : x	Non : no	**U**
C	France : FR	**O**	Un, une : 1
Cadeau : Kdo	Frère : frR	Occupé : OQP	**V**
Café : Kfé	**G**	**P**	Vas-y : vazi
Casser : Kc	Garçon, mec : mek	Passer : paC	Vélo : Vlo
Ça va pas : savapa	Génial : Gnial	Payer : péyé	Vers : vR
Ça y est : sayé	**H**	Pendant : pdt	Viens : vi1
C'est : C	Habiter : abiT	Pour : pr	Voiture (caisse) : ks
C'est-à-dire : cad	Haine : N	Pourquoi : pk	Vous : vs
C'est ça : C sa	Hier : IR	Pressé : preC	**W**
C'est chaud : C cho	Hystérique : isTrik	Problème : pb	Weekend : WE
C'est pas grave : C pa grave	**I**	**Q**	
C'était : CT	Idée : ID	Quand : qd	
Cette, cet : 7	Impossible : 1posibl	Que : ke	

D'après le site dictionnaire-sms.com

1 Traduisez en français les mots suivants écrits en langage SMS.

*Ex. : vrMen : **vraiment***

1. Bsr → _____

2. criE → _____

3. bavarD → _____

4. mat1 → _____

5. pdt → _____

6. tarD → _____

7. cad → _____

8. Kfé → _____

9. Kc → _____

10. koi 29 ? → _____

2 Petit quizz SMS.

1. Que veut dire *dmg* ?

  a- Déménager

  b- Dommage

2. Comment écrit-on *Rappelle-moi* ?

  a- raplé moi

  b- rapL moi

3. Que veut dire *NRV* ?

  a- Ne rien voir

  b- Énervé

4. Que veut dire *sayé* ?

  a- Ça y est

  b- Essayé

5. Que veut dire *tlm* ?

  a- Tu l'aimes

  b- Tout le monde

6. paC signifie *Pâques*.

  a- Vrai

  b- Faux

7. Que veut dire *CT IR* ?

  a- C'était hier

  b- Contrôle irrégulier

8. Comment écrit-on *Elle est âgée* ?

  a- El é ajé

  b- L é aG

3 Transcrivez cette conversation en français.

Slt, tu vi1 a la fèt 2 Juli ?

Oui, ta panC o Kdo?

M1s, G oublié...

On fé koi alor ?

l'S tomB, jman okup.

T CriE ?

Oui, G 1 ID : 1 sacam1.

Gnial ! jpas tE prandr a kelEr ?

vR 7Er ? savaètlafèt !

OK a +

*Ex. : **Salut, tu viens à la fête de Julie ?***

1. _____

2. _____

3. _____

4. _____

5. _____

6. _____

7. _____

8. _____

9. _____

4 Écrivez ces mots ou expressions en langage SMS.

Ex. : Problème → *pb*

1. Rien à signaler → _____

2. Bientôt → _____

3. Sympa → _____

4. Trois fois → _____

5. À un de ces quatre → _____

6. Excellent → _____

40 LES PRÉFIXES

L'athlète a été **dis**qualifié à cause d'un **dys**fonctionnement du chronomètre.
Il est **il**logique que cet employé soit déclaré **in**apte.

Un préfixe se soude devant un mot en modifiant son sens (*dis+paraître* → *disparaître*). La plupart des préfixes sont grecs ou latins et certains ont la même prononciation, ou presque, et peuvent donc être confondus.

 Des mots sont déjà préfixés en latin ou en grec (*innocent* vient du latin *innocens,* de *nocere,* « nuire »).

 Des préfixes peuvent se rattacher au mot par un trait d'union (*cf.* Le trait d'union et la césure).

DIS- ou DYS- ?

• **DIS-** indique la séparation, la différence, quelque chose **qui ne marche pas** : *discontinu, discourtois, discrédit, disculper, disgrâce, disjoindre, disjoncter, disparaître, disqualifier, dissemblance, dissocier, dissolvant, dissonance, dissuader, dissymétrique,* etc.

• **DYS-** indique la difficulté, le manque, une anomalie, quelque chose **qui marche mal** (présent dans de nombreux mots de médecine) : *dysenterie, dysfonctionnement*, dysharmonie*, dyslexie, dysmorphie, dysorthographie, dysphasie,* etc.

* Quelques dictionnaires acceptent *disfonctionnement* et *disharmonie*.

 DIS- double le *s* devant une voyelle (*dissoluble*), mais pas **DYS-** (*dysorthographie*).

HIPPO- ou HYPO- ?

• **HIPP(O)-** indique un rapport avec le cheval (*hippos* signifie cheval en grec) : *hippique, hippisme, hippocampe, hippodrome, hippophagie, hippopotame,* etc.
• **HYPO-** signifie en-dessous, sous, inférieur (grec). Avec ce préfixe, les mots peuvent exprimer une idée de diminution : *hypoallergique, hypocalorique, hypocondriaque, hypocrisie, hypodermique, hypoglycémie, hypophyse, hypothalamus, hypothèque, hypothermie, hypothèse,* etc.

un hippocampe

I ou Y ?

On peut aussi hésiter sur l'orthographe d'autres préfixes, non homophones, contenant un *i* ou un *y*. Rappelons les principaux.
• Avec **I** :
ANTI- (contre) : *antibactérien,* **BI(S)-** (deux) : *bicyclette,* **CALLI-** (beauté) : *calligraphie,* **HÉMI-** (demi) : *hémicycle,* **HIÉRO-** (sacré) : *hiéroglyphe,* **PÉRI-** (autour de) : *périmètre,* **PHIL(O)-** (qui aime) : *philosophe,* **PLURI-** (plusieurs) : *pluriannuel,* **RHIN(O)-** (nez) : *rhinocéros, rhinopharyngite,* etc.
• Avec **Y** :
GYN- (féminin) : *gynécologue,* **HYDR(O)-** (eau) : *hydrogène,* **HYPER-** (intensité) : *hyperactif,* **HYPN(O)-** (sommeil) : *hypnose,* **OXY-** (pointu, acide) : *oxygène,* **POLY-** (nombreux) : *polyester, polyphonie,* **PYR(O)-** (feu) : *pyromane,* etc.

E X E R C I C E S

1 **Complétez par *dis-* ou *dys-*.**

*Ex. : Cet orthophoniste reçoit beaucoup d'enfants **dys**lexiques.*

1. La manucure enlève le vernis à ongle avec du _____ solvant.

2. La _____ phasie est un trouble du langage.

3. Le contraire de concordant est _____ cordant.

4. L'explosion est due à un _____ fonctionnement d'une chaudière.

5. Le compteur électrique _____ joncte à chaque fois que j'allume le four.

2 **Trouvez le mot correct.**

*Ex. : Gérard manque de courtoisie, il est **discourtois**.*

1. Sur une route, il peut y avoir une ligne continue ou une ligne _____ .

2. Bastien aime les chevaux et il fait beaucoup de courses _____ .

3. Comme l'athlète a triché, il a été _____ .

4. Ce petit poisson a un profil qui ressemble à celui du cheval, c'est un _____ .

5. Kévin veut étudier les _____ , l'écriture ancienne égyptienne.

3 **Le docteur Rey a reçu plusieurs patients ce matin. Remettez le préfixe pour reconstituer les mots.**

*Ex. : M. Martin n'a pas assez de sucre dans le sang. Il souffre d'**hypo**glycémie.*

1. Le petit Dupré est trop actif, il est _____ actif.

2. Ce SDF est resté toute la nuit dans le froid, il souffre d'_____ thermie.

3. M. Blanc a mal à la gorge et il est très enrhumé, il a une _____ pharyngite.

4. Le petit Léon inverse les syllabes quand il parle, c'est peut-être de la _____ lexie.

5. Mme Brun est enceinte, le docteur lui recommande un confrère _____ cologue.

4 **Retrouvez dans la grille 13 noms contenant un préfixe. Les mots peuvent se lire de gauche à droite, de droite à gauche, de haut en bas ou de bas en haut.**

B	A	L	E	U	N	N	A	I	R	U	L	P	Z	W
E	S	E	H	T	O	P	Y	H	W	N	B	G	S	P
I	E	P	O	L	Y	E	S	T	E	R	S	A	W	O
R	N	P	J	U	H	Y	P	O	C	R	I	S	I	E
E	A	E	U	Q	I	R	T	E	M	Y	S	S	I	D
T	M	G	Y	R	E	I	C	O	S	S	I	D	P	U
N	O	E	I	H	P	R	O	M	S	Y	D	S	Y	P
E	R	G	H	I	P	P	O	D	R	O	M	E	T	P
S	Y	C	Z	Z	A	T	M	H	T	K	Q	Z	J	G
Y	P	C	A	L	L	I	G	R	A	P	H	I	E	P
D	O	Z	J	E	N	E	G	Y	X	O	O	V	Ç	D
J	U	E	H	P	O	S	O	L	I	H	P	W	Y	M

PRÉFIXES ET CONSONNES DOUBLES

• **IN-** ou **INN-** ?

Si le radical commence par un *n*, il y a deux *n* (celui du préfixe et celui du radical). Dans les autres cas, un seul *n* : *apte* → **in**apte, *espéré* → **in**espéré, *utile* → **in**utile, etc.

Il y a très peu de mots en **INN-** : *inné, innommable, innover, innovation, innombrable, innommable, innocent,* etc.

Si le radical commence par un *l*, un *m* ou un *r*, le *n* du préfixe disparaît et on double le *l*, le *m* ou le *r* (cf. Les doubles consonnes : LL) :

légal → **ill**égal, *légitime* → **ill**égitime, *logique* → **ill**ogique, etc.
mangeable → **imm**angeable*, *matériel* → **imm**atériel, *mature* → **imm**ature,
meuble → **imm**euble, *mettable* → **imm**ettable*, etc.
*dans trois exceptions, on entend la nasale [ɛ̃] en début de mot : *immangeable* [ɛ̃mɑ̃ʒabl], *immanquable* [ɛ̃mɑ̃kabl] et *immettable* [ɛ̃metabl] mais *immature* [imatyr].
rationnel → **irr**ationnel, *réel* → **irr**éel, *respect* → **irr**espect, etc.

D'autres préfixes peuvent ainsi provoquer l'apparition de consonnes doubles :

• **COM-** ou **COMM-, CON-** ou **CONN-, COL-** ou **COLL-** (sens de « ensemble ») ?
commun, **conn**exe, **coll**atéral (mais **col**ocataire), etc.

• **EN-** ou **ENN-, EM-** ou **EMM-** (sens de « dans ») ?
enneigement [ɑ̃nɛʒmɑ̃], **enn**uager [ɑ̃nyaʒe], **emm**énager [ɑ̃menaʒe],
emmitoufler [ɑ̃mitufle], etc. (cf. Les doubles consonnes : MM)

• **OB-** (en face, à l'encontre , **ob**jecter) qui prend la forme **OC-, OF-, OP-** si le radical commence par *c, f* ou *p* : **occ**asion, **occ**ulter, **off**enser, **off**usquer, **opp**ortun, **opp**rimer, etc.

PRÉFIXES SUIVIS DE LA LETTRE S (*cf.* S ou SS ?)

Généralement, en français, un **s** entre deux voyelles se prononce [z] : *résider* [rezide], *hasard* [azar], etc.
Dans le cas d'un préfixe se terminant par une voyelle et d'un radical commençant par un *s* suivi d'une voyelle, un seul *s* peut produire le son [s] et non [z] : *asepsie, asexué, asocial, asymétrie, antisèche, antisémite, antisocial, aérosol, autosatisfaction, biosynthèse, désensibiliser, désolidariser, dysenterie, parasol,* etc.

Dans *désolidariser* [desɔlidarize], le radical est *solidaire*, on garde la prononciation du *s* (dé + solidariser).

 Dans d'autres cas, on entend le son [z] : *désunir* [dezynir], *désorienter* [dezɔrjɑ̃te], etc.

1 *in-* ou *inn-* ? Choisissez la bonne réponse.

Ex. : C'est ☐ in ☒ inn *utile d'insister Madame, il n'y a plus de place.*

1. Julien a un sens ☐ in ☐ inn é du commerce.

2. L'ouragan a détruit plusieurs quartiers à une vitesse ☐ in ☐ inn imaginable.

3. Ce sont des projets très ☐ in ☐ inn ovants.

4. Il y a des ☐ in ☐ inn exactitudes dans les chiffres donnés par le gouvernement.

5. Certains serpents sont totalement ☐ in ☐ inn offensifs.

2 À partir du mot souligné, trouvez le mot correspondant à la définition.

Ex. : José n'est pas <u>apte</u> à un travail de force. → Il est *inapte.*

1. Tony a dix-huit ans mais il n'est pas très <u>mature</u>. → Il est _____ .

2. Son raisonnement n'est pas <u>logique</u>. → Il est _____ .

3. Christelle refuse de <u>mettre</u> cette vieille jupe. → Elle la trouve _____ .

4. Ce sera impossible de <u>réaliser</u> nos projets. → Ils sont _____ .

5. Le mot « <u>modestie</u> » ne fait pas partie de son dictionnaire. → Xavier est _____ .

3 Reliez les préfixes en jaune aux autres éléments et trouvez 13 nouveaux mots (les éléments peuvent être utilisés plusieurs fois).

| a | col | con | dé | dés | em | en |

| barquer | battre | laborateur | magasiner | ménager |

| neigé | nexion | social | symétrique | unir |

Ex. : désunir

1. _____   **5.** _____   **9.** _____

2. _____   **6.** _____   **10.** _____

3. _____   **7.** _____   **11.** _____

4. _____   **8.** _____   **12.** _____

13. _____

4 (09) La dictée de Marcel

_____
_____
_____
_____
_____
_____

41

LES SUFFIXES

Fabrice est super**ficiel** et préten**tieux**.
Un techni**cien** viendra réparer votre conne**xion** wi-fi.

Un suffixe se soude derrière un mot en modifiant son sens ou son genre grammatical (*vert → verdâtre, souci → soucieux*). Quelques suffixes peuvent être confondus.

-CIEL ou -TIEL [sjɛl] ?

-CIEL : – Derrière *i* : *artificiel, cicatriciel, didacticiel, logiciel, officiel, progiciel, superficiel*, etc. Exception : *interstitiel* (rare).
– Derrière *an* : *circonstanciel, tendanciel*, etc. Exception : *substantiel*.

-TIEL : – Derrière *en* : *concurrentiel, confidentiel, différentiel, essentiel, événementiel, existentiel, exponentiel, pestilentiel, potentiel, préférentiel, présidentiel, providentiel, référentiel, résidentiel, séquentiel, torrentiel*, etc. Exception : *révérenciel*.
– Et : *partiel*.

Ces mots s'accordent au féminin et au pluriel : *une chose essentielle ; des logiciels*.

-CIEUX ou -TIEUX [sjø] ?

-CIEUX : – Pour les adjectifs formés à partir d'un nom en **-ce** ou **–ci** : *astuce → astucieux, audace → audacieux, caprice → capricieux, délice → délicieux, espace → spacieux, grâce → gracieux, souci → soucieux*, etc.
– Pour les adjectifs : *fallacieux, judicieux, précieux, suspicieux*.

-TIEUX : Pour tous les autres mots (formés à partir d'un nom en **-tie** ou **-tion**) : *ambitieux, contentieux, facétieux, infectieux, minutieux, prétentieux, superstitieux*, etc.

-CIAL ou -TIAL [sjal] ?

Plus rares, les mots en **-cial** ou **-tial** peuvent aussi créer des hésitations. Les principaux sont :

-CIAL : *commercial, crucial, facial, glacial, provincial, racial, social, spécial*, etc.

-TIAL : *abbatial, impartial, initial, martial, nuptial, partial, spatial*, etc.

Ces mots s'accordent au féminin (*-iale*) et au pluriel (*-iaux et -iales*) : *spécial, spéciale, spéciaux et spéciales ; initial, initiale, initiaux et initiales*.

 Attention à *glacial* qui fait *glacials* au masculin pluriel (*glaciaux* est permis, mais rare).

1 Complétez les mots avec *-ciel* ou *-tiel* (faites les accords si nécessaire).

*Ex. : Christophe et Catherine vont se marier, mais il n'y a encore rien d'offi**ciel**.*

1. Des pluies torren_____ ont causé des inondations dans le nord de la Chine.

2. Jean a téléchargé un logi_____ gratuit sur Internet.

3. Ce malade souffre d'un syndrome dément_____, cet autre vient de sortir d'un coma artifi_____.

4. Les élections présiden_____ auront lieu en mai prochain.

5. Helena habite dans un quartier résiden_____ de São Paulo.

2 Choisissez le suffixe correct.

Ex. : La danseuse que nous avons vue hier était très gra| cieuse || ~~tieuse~~ |.

1. Henri a trouvé un appartement spa| cieux || tieux |.

2. Justine a travaillé au service des contenti| cieux || tieux | dans une banque.

3. David s'est vu refuser son visa sous un prétexte falla| cieux || tieux | des autorités.

4. Soyez toujours suspi| cieux || tieux | si vous recevez un email vous demandant vos codes bancaires.

3 Trouvez l'adjectif correspondant à la définition.

*Ex. : Ludovic travaille dans le commerce. Il est **commercial** pour une grande société.*

1. Xavier ne vient pas de Paris mais de la Bretagne, c'est un_____al.

2. En 1986, la navette _____ale Challenger a explosé peu après son départ.

3. Il fait moins dix degrés, il fait un froid _____al.

4. Le judo est un art _____al.

4 Complétez la grille et vous trouverez un nouveau mot verticalement.

Ex. : Jean a de l'audace. Il est …

1. Pierre travaille avec minutie. Il est …

2. Jo travaille un jour sur trois, donc à temps …

3. Le rubis et le diamant sont des pierres …

4. Un adjectif de la même famille que *société.*

5. Un adjectif de la même famille que *tendance.*

6. Alain a des superstitions. Il est …

7. Une musique de mariage ou une marche …

8. Le contraire de *final.*

9. Un adjectif de la même famille que *silence.*

10. Le contraire de *naturelle.*

11. Robin fait des caprices. Il est …

12. Marc fait des facéties. Il est …

13. Relatif au visage, à la face.

a	u	d	a	c	i	e	u	x

-CIEN, -SIEN, -SSIEN ou -TIEN [sjɛ̃] ?

-CIEN : – Pour les mots formés à partir de mots en *-ique*. C'est la graphie la plus fréquente : *diététique → diététicien, électrique → électricien, esthétique → esthéticien, musique → musicien, optique → opticien, technique → technicien*, etc.

– Pour les mots formés à partir de noms en *-ie* : *académie → académicien, magie → magicien, pharmacie → pharmacien*, etc.

– Pour les mots formés à partir des noms en *-ce* ou *-cie* : *Alsace → alsacien, milice → milicien, Phénicie → phénicien*, etc.

– On le trouve aussi dans *batracien, cistercien*, etc.

-TIEN : Pour quelques mots souvent formés à partir de noms dont la dernière consonne est *t* : *aoûtien* (août), *capétien* (Capet), *dalmatien* (Dalmatie), *égyptien* (Égypte), etc.

Mais *Laos → laotien, Mars → martien* et *Venise → vénitien*.

un dalmatien

-(S)SIEN : Un très petit nombre de mots : *jurassien, métatarsien, parnassien, paroissien, prussien, tarsien*, etc.

-TION, -SION, -SSION ou -XION [sjɔ̃] ?

-TION : C'est la graphie la plus fréquente après *a, i, o* et *u*.

-ation : *accusation, activation, allocation, collaboration, illustration*, etc.
Exceptions : *compassion* et *passion*.

-ition : *addition, édition, préposition, punition, répétition, supposition, tradition*, etc.
Exceptions : *admission, commission, démission, émission, fission, mission, omission, permission, scission, soumission, transmission*, etc. et *suspicion*.

-otion : *commotion, dévotion, émotion, locomotion, lotion, notion, portion*, etc.

-ution : *allocution, caution, distribution, évolution, institution, locution, solution*, etc.
Exceptions : *discussion, percussion, répercussion*, etc. et *succion*.

Et derrière les consonnes autres que *l, r* et *n* : *absorption, abstraction, action, collection, digestion, élection, éruption, fraction, projection, réception*, etc.

-SSION : C'est la graphie la plus fréquente après *e*.

-ession : *agression, compression, impression, obsession, possession, pression*, etc.
Exceptions : *discrétion, indiscrétion, sécrétion*, etc.

-SION : Derrière *r* et *l* : *aversion, diversion, excursion, immersion, version, convulsion, émulsion, expulsion, impulsion, pulsion*, etc.

-TION et **-SION** sont tous deux aussi fréquents derrière *an* et *en*.

-ansion : *expansion* (pas de mot en -antion).

-ention : *abstention, attention, contravention, convention, détention, intention, intervention, invention, mention, prétention, prévention, subvention*, etc.

-ension : *appréhension, ascension, compréhension, dimension, extension, intension, pension, propension, suspension, tension*, etc.

-XION : Pour les mots : *annexion, complexion, connexion, crucifixion, flexion, réflexion*, etc.

E X E R C I C E S

1 Reliez les éléments pour former des mots, comme dans l'exemple.

Ex. : *mar*		sien
1. pru		ssien
2. alsa		*tien*
3. opti		cien

4. diététi		ssien
5. jura		tien
6. aoû		cien
7. tar		sien

2 Trouvez le mot correct et complétez les phrases.

*Ex. : Il fait de la magie : **un magicien**.*

1. Il vient d'Égypte : un _____ .

2. Il a été nommé à l'Académie française : un _____ .

3. Un habitant de Venise : un _____ .

4. C'est un spécialiste d'astrophysique : un _____ .

5. Baudelaire faisait partie du courant des poètes du Parnasse : les _____ .

3 (10) Écoutez les titres des informations et écrivez les mots manquants.

*Ex. : **Agression** d'une jeune fille dans le métro parisien.*

1. _____ de repas aux sans-abri.

2. _____ lors des obsèques de l'ancien ministre.

3. Un joueur de football marseillais en _____ de discipline.

4. _____ du président de la République.

5. Le marché mondial du luxe en pleine _____.

6. Des _____ et des _____ dans le parti de _____.

7. Taux record _____ aux _____ législatives.

8. Des bouchons en prévisions pour le pont de l'_____.

4 Choisissez la forme correcte.

Ex. : Ma fille adore « Les 101 Dalma tiens | ~~ciens~~ *».*

1. Barbara s'est fait poser des exten sions | tions pour avoir les cheveux longs.

2. Prenez un peu de lo ssion | tion et faites-vous une fri ction | xion du cuir chevelu.

3. Vous avez vu le film « Sept Ans de réfle ction | xion » ?

4. L'accident de TGV a eu des répercu ssions | tions sur toute la ligne Paris-Bordeaux.

5. Ce musicien fait des percu sions | ssions .

6. Le Premier ministre lao sien | tien est en visite en France.

7. Le malade a été pris de convul sions | tions .

8. Mylène s'est fait faire une liposu ccion | ssion .

9. Ils repassent « Un Drôle de Paroi ssien | tien » au ciné-club.

10. Un joueur de football doit être un athlète, mais aussi un bon tacti cien | tien .

-CIÈRE, -(S)SIÈRE, -CIAIRE ou -TIAIRE [sjɛr] ?

-CIÈRE : – Pour former le féminin des mots en **-cier** : *confé-rencier* → *conférencière, justicier* → *justicière, poli-cier* → *policière, sorcier* → *sorcière*, etc.

– Et les mots *gibecière, glacière, saucière, souricière*, etc.

des policières

-(S)SIÈRE : – Pour former le féminin des mots en **-(s)sier** : *bour-sier* → *boursière, dépensier* → *dépensière, grossier* → *grossière, pâtissier* → *pâtissière*, etc.

– Et les mots *brassière, carnassière, glissière, huissière, poussière*, etc.

-CIAIRE : Quelques mots à retenir : *bénéficiaire, fiduciaire, glaciaire, judiciaire*, etc.

-TIAIRE : Quelques mots à retenir : *pénitentiaire, plénipotentiaire, tertiaire*, etc.

-O, -OT ou -EAU [o] ?

-O : Il s'ajoute à la fin d'un mot que l'on a abrégé pour en faire un mot familier : *alcoolo* (alcoolique), *apéro* (apéritif), *proprio* (propriétaire), *resto* (restaurant), etc. Certains mots subissent des modifications : *hosto* (hôpital), *clodo* (clochard), *mollo* (mou), etc.

-OT : – Il permet de faire un diminutif (sens de « petit ») : *bécot* (petit bec, sens de bisou), *chiot* (petit chien), *colinot* (petit colin), *frérot* (petit frère) et même *petiot(e)*, etc.

– Il permet aussi de rendre un mot péjoratif : *boulot(e)* (petit et gros, surtout employé au féminin), *fiérot(e)* (fier), *jeunot(te), parigot(e), pâlot(te), poivrot(e)* (ivrogne), *vieillot(te)*, etc.

– Il se trouve enfin dans beaucoup d'autres mots sans connotation spéci-fique : *bistrot, chariot, cuistot*, etc.

⚠ Le féminin des mots en *-ot* se fait en *-ote* ou en *-otte* (*cf.* Les doubles consonnes : TT).

-EAU : Il permet d'indiquer le nom des petits de beaucoup d'animaux : *baleine* → *baleineau, chèvre* → *chevreau, dindon* → *dindonneau, éléphant* → *éléphanteau, pigeon* → *pigeonneau*, etc.

⚠ Certains mots subissent des modifications : *lapin* → *lapereau, lion* → *lionceau, souris* → *souriceau, loup* → *louveteau*, etc.

-IATRE [jatr] ou -ÂTRE [atr] ?

Ces deux suffixes peuvent porter à confusion sur l'accent circonflexe.

-IATRE est un suffixe grec désignant un médecin : *pédiatre, psychiatre, gériatre*, etc.

-ÂTRE indique un caractère péjoratif ou l'approximation : *acariâtre, bellâtre, ver-dâtre, opiniâtre*, etc. On trouve aussi cette graphie dans les mots : *albâtre, âtre, théâtre*, etc.

D'autres suffixes ou fins de mots sont traités dans cet ouvrage (*cf.* -OIR ou -OIRE ?, -IC ou –IQUE ?, -ANT ou -AND ?).

E X E R C I C E S

1 Complétez les mots avec *-cière*, *-(s)sière*, *-ciaire* ou *-tiaire* (pensez aux accords).

*Ex. : Régine Deforges était une **romancière** française célèbre.*

1. L'État a mis en place une aide finan_____ pour les étudiants en difficulté.

2. Benjamin a fait trois fautes gro_____ dans sa dictée.

3. En économie, le secteur ter_____ est celui qui produit des services.

4. Cet escroc a déjà eu affaire à la police, il a un casier judi_____ bien rempli.

5. Roger a des fins de mois difficiles car sa femme est dépen_____ .

2 Dans ces deux histoires, mettez les mots entre parenthèses dans un style familier en utilisant les suffixes *-o* ou *-ot* (faites les accords nécessaires).

1. Il y a le même *clodo* (clochard) dans ma rue depuis des années. De temps en temps, le _____ (proprié-taire) du _____ (restaurant) d'en face lui donne à manger. Il refuse de lui donner du vin car il pense que c'est un _____(alcoolique). C'est vrai que le SDF est parfois un peu énervé et il traite les passants de sales _____(parisiens) quand ils ne lui donnent rien. Un jour, je ne l'ai plus vu, puis il est revenu. On dit qu'il est allé à l' _____ (hôpital).

2. Photos de famille. Olivier, c'est mon _____ (frère). Autrefois, c'était le préféré de ma mère car c'était le _____ (petit). Il était très brillant, il savait déjà lire et compter quand il était tout _____ (jeune). Sylvie, c'est ma sœur. À cette époque, elle était un peu _____ (petite et grosse) et ne se sentait pas bien dans sa peau. Elle était d'une santé assez fragile et elle était toujours un peu _____(pâle).

3 Donnez les noms des ces bébés animaux.

1. Un _____ 2. Un _____ 3. Un _____ 4. Un _____

4 Mettez l'accent circonflexe sur le *a* des mots soulignés si nécessaire.

*Ex. : Avec l'âge, sa belle-mère est devenue **acariâtre**.*

1. Napoléon avait un teint olivatre.

2. Régine a emmené son enfant hyperactif chez un pédopsychiatre.

3. Le directeur est venu nous parler avec un ton douçatre qui nous a déplu.

4. Un gériatre est un médecin spécialiste des personnes âgées.

5. Les murs de la chambre étaient recouverts d'un vieux papier peint verdatre.

42

QUELLE(S) OU QU'ELLE(S), QUELQUE OU QUEL QUE ?

Les candidats ont eu **quelques** problèmes à répondre aux questions.
Nous ferons cette randonnée, **quel que** soit le temps.

QUELLE(S) ou QU'ELLE(S) ?

Rappel

Quand on peut remplacer par *qu'il(s)* ou *que lui (qu'eux)*, c'est *qu'elle(s)*, sinon c'est *quelle(s)*.

> **Quelle** *voiture préférez-vous ?* **Quelle** *belle fille !* **Quelle** *est sa nationalité ?*
> *Je crois* **qu'elles** *(qu'ils) sont là.* **Qu'elle** *est belle !* (Qu'il est beau !).

QUELQUE(S)

• **QUELQUE au singulier** :

– Dans les locutions : *quelque temps, quelqu'un, quelque chose, quelque part, quelque peu* (ironique), *quelquefois, en quelque sorte*, etc.
Pedro a vécu **quelque temps** *à Paris.*
– Devant un nombre, *quelque* est invariable et signifie « environ ».
L'athlète a eu du mal à parcourir les **quelque** *cinquante mètres qu'il lui restait.*
Mais : *Yves a fait une étape de 20 kilomètres et* **quelques** (et quelques kilomètres).

 Quelque s'élide seulement devant *un* : *quelqu'un.*

• **QUELQUES au pluriel** signifie « un petit nombre de ».
Les étudiants ont **quelques** *difficultés avec l'orthographe.*
Avec les pronoms *uns* et *unes*, on écrit : *quelques-uns, quelques-unes.*

Ne pas confondre *quelquefois* (de temps en temps, parfois) et *quelques fois* (à plusieurs reprises, action répétitive, on peut dire *plusieurs fois*).
> **Quelquefois**, *Bérénice est mélancolique.*
> *Patrick a téléphoné* **quelques fois** *à Josiane, mais elle n'était jamais là.*

• **QUELQUE** s'emploie parfois dans un langage recherché ou littéraire.
– Devant un nom singulier et comptable, il signifie « un(e) certain(e) » :
Auriez-vous **quelque** *idée de cadeau pour votre mère ?*
– Devant un nom singulier et non comptable, il signifie « un peu de ».
Nous aurions peut-être **quelque** *intérêt à contacter ce vendeur.*
– Devant un adjectif, *quelque* est adverbe, donc invariable, et signifie « si ».
Il s'emploie alors avec **que** suivi du subjonctif.
Quelque intelligents **qu'**ils soient, ils n'ont pas résolu l'énigme.*

« Un homme d'esprit fait toujours quelque profit du mal qu'on dit de lui. »
Achille Tournier

QUEL QUE / QUELS QUE / QUELLE QUE / QUELLES QUE

Devant le verbe être au subjonctif, la locution *quel que* signifie « peu importe, malgré ». *Quel* s'accorde alors avec le sujet.
> *Je vous attendrai,* **quelle que** *soit l'heure à laquelle vous rentrerez.*

E X E R C I C E S

1 Complétez avec *quel, quelle* ou *qu'elle*.

Ariane a mieux réussi le test *qu'elle* ne le pensait, mais Patricia a encore mieux réussi _____. _____ soulagement pour Patricia ! Elle va pouvoir s'inscrire à l'université, c'est la seule chose _____ voulait. Il faut _____ se renseigne car elle ne sait pas encore _____ est la marche à suivre.

2 Écrivez correctement les locutions.

*Ex. : quelque + peu = **quelque peu***

1. Quelque + fois   = _____

2. Quelque + part   = _____

3. Quelques + uns   = _____

4. Quelques + fois   = _____

5. Quelque + un   = _____

6. Quelque + chose = _____

3 Complétez avec *quelque, quelqu'* ou *quelques*.

*Ex. : **Quelques** retardataires viennent d'arriver.*

1. Depuis _____ temps, mon ordinateur est très lent au démarrage.

2. Pendant le dîner, nous avons parlé de cinéma, de politique et de _____ autres sujets.

3. Pour _____ euros de plus, vous avez la livraison gratuite de votre commande.

4. Damien réclame sans cesse à Greg les _____ trente euros qu'il lui a prêtés.

5. J'ai trouvé ce vieux livre chez un bouquiniste. Il m'a coûté trois euros et _____.

6. _____ un aurait-il une paire de ciseaux ?

4 Choisissez la forme correcte.

Ex. : Présentez vos arguments, ~~quelque~~ ~~quelqu'~~ quels qu' ils soient.

1. Nous vous proposons une formation adaptée, quelque | quel que soit votre niveau.

2. Quelque | quels que soient ses défauts, je trouve Jean-Luc très sympathique.

3. Chacun a le droit d'appartenir à une religion quelqu' | quelle qu' | qu'elle qu' elle soit.

4. Les politiques, quelqu' | quels qu' ils soient, ne recherchent que le pouvoir.

5. Les chasseurs ont rapporté quelque | quel que | quelles que cinquante pièces de gibier.

6. Martin assume ses actes quelles qu' | quelqu' | quelque en soient les conséquences.

5 *Quelque* ou *quelques* ? Complétez ces citations littéraires.

*Ex. : Elle lui présentait **quelque** bon bouillon, **quelque** tranche de gigot. (Flaubert)*

1. Il faut avouer que toux ceux qui excellent en _____ science sont dignes de grande louange […]. (Molière)

2. Les femmes sortent en groupes, […]_____ -unes s'attardent et pleurent. (Loti)

3. Descartes est proprement le premier qui ait traité du système du monde avec _____ soin et _____ étendue. (D'Alembert)

4. Il y avait toujours eu _____ propos aigres-doux entre _____-uns de nous et M. de Luxembourg. (Saint Simon)

QUOIQUE OU QUOI QUE ?

> **Quoi qu'**il offre à sa femme, elle n'est jamais contente.
> **Quoique** sa femme soit américaine, il ne parle pas un mot d'anglais.

QUOI QUE

Devant un sujet et un verbe au subjonctif, la locution *quoi que* signifie « quelle que soit la chose que ... ».

> *Quoi que vous disiez pour le convaincre, il ne vous écoutera pas.*
> *Quoi qu'elle vous ait dit, ne la croyez pas.*

 La tournure *quoi qu'il en soit* est fréquente. Elle signifie « de toute façon, quelle que soit la situation ».

> *Lionel a perdu mille euros au casino. **Quoi qu'il en soit**, il y retournera dès demain.*

QUOIQUE

– Devant une subordonnée, la locution *quoique* exprime généralement une concession et signifie « bien que ». Elle est suivie du subjonctif.

> *Il fait un temps d'été **quoiqu'**on soit en octobre* (bien qu'on soit en octobre).

 Le *e* final de *quoique* s'élide devant *il, elle, ils, elles, on, un* et *une* et généralement devant *aucun, aussi, avec, en* et *enfin*.

> *Jean prend des cours de soutien en maths **quoiqu'**il soit déjà bon dans cette matière.*

– *Quoique* peut s'employer **sans le verbe *être* conjugué** (comme *bien que*), devant un adjectif ou un participe passé si le sujet est le même que celui de la phrase.

> ***Quoique*** *timide, Marie a pris la parole la première.*
> ***Quoique*** *parti le premier, Vincent est arrivé le dernier au sommet de la montagne.*

 Dans la conversation, on peut trouver *quoique* seul en fin de phrase.

> *Je ne suis pas paresseux, **quoique**...*

(La phrase n'est pas finie, elle est sous-entendue et c'est à l'interlocuteur de deviner la fin. Ici : Je ne suis pas paresseux quoiqu'il m'arrive de l'être).

Betty,

Quoi que tu me dises, je ne te pardonnerai jamais.

C'est fini entre nous.

Adieu,

Guillaume

1 Complétez avec *quoi que* ou *quoique* (faites l'élision si nécessaire).

*Ex. : Géraldine sort ce soir **quoiqu'**elle soit épuisée par sa journée de travail.*

1. _____ on en dise, l'entreprise a de quoi augmenter nos salaires.

2. Séraphine de Senlis a peint de très beaux tableaux _____ elle n'ait jamais appris à peindre.

3. Les blagues de Patrick sont drôles _____ parfois un peu trop grivoises.

4. _____ malade, le professeur était présent pour son cours.

5. S'il y a _____ ce soit, n'hésitez pas à me rappeler.

6. _____ nous fassions, les enfants ne trouvent jamais cela bien.

7. _____ cet homme soit fort attirant, pas question que je sorte avec lui.

8. Hélène a signé pour l'appartement _____ on ait tous tenté de l'en dissuader.

2 Formez une phrase en reliant avec *quoi que* ou *quoique* et en modifiant un peu.

*Ex. : Ce serpent est effrayant. Il n'est pas dangereux. → Ce serpent est effrayant **quoiqu'**il ne soit pas dangereux.*

1. La langue française est parlée dans de nombreux pays. Pourtant, elle a perdu de son prestige.

→ _____

2. Vos parents ne vous croiront jamais. Peu importe ce que vous direz.

→ _____

3. Charlotte a invité sa belle-sœur à dîner. Pourtant, elle ne la porte pas dans son cœur.

→ _____

4. Je ne changerai pas d'avis. Peu importe ce que tu diras.

→ _____

5. Mes voisins partent en vacances. Pourtant, ils n'ont pas un sou.

→ _____

3 Dans ces deux extraits, complétez avec *quoi que* ou *quoique*.

1. _____ je fasse

Où que je sois

Rien ne t'efface

Je pense à toi

Pas toi, chanson de Jean-Jacques Goldman

2. Et subitement, j'ai réalisé que je parlais à un chien... J'ai dit :

– « Tiens ! Tu n'es qu'une bête, je ne veux pas discuter avec toi ! Enfin quoi ! Un chien qui parle ! Est-ce que j'aboie moi ? »

_____... _____...

Mon chien de Raymond Devos

44

LES HOMOPHONES

L'**air** est pollué sur cette **aire** d'autoroute.

Rappel

Les homophones peuvent être grammaticaux *(a/à)*, lexicaux *(cou/coup/coût)* ou encore grammaticaux et lexicaux à la fois *(cour/cours/court)*.

- **air, aire, ère, erre**
    un air : *François a l'**air** fatigué. Il a besoin de prendre l'**air**.*
    une aire : *Savez-vous calculer l'**aire** (la surface) d'un triangle ?*
    une ère : *C'est à l'**ère** (époque) secondaire que la terre était peuplée de dinosaures.*
    erre : *Ce chien **erre** (verbe errer) dans les rues depuis une semaine.*
- **aller, allée**
    aller/un aller : *– Je voudrais **aller** à Genève. – Un **aller** simple ou un **aller**-retour ?*
    une allée : *Une **allée** bordée d'arbres. Paul a fait de nombreuses **allées** et venues.*
- **are, arrhes, art**
    un are : *Cent **ares** font un hectare ou dix mille mètres carrés.*
    des arrhes (f.pl.) : *Henri a versé 35 euros d'**arrhes** pour réserver une chambre dans cet hôtel.*
    un art : *On appelle le cinéma le septième **art**.*
- **auspices, hospice(s)**
    des auspices (m.pl.) (cf. Le genre et le nombre de certains noms) : *Son projet d'achat de maison se présente sous d'heureux **auspices** (dans de bonnes conditions).*
    un hospice : *On accueillait autrefois les personnes âgées dans des **hospices**.*
- **aussitôt, aussi tôt**
    aussitôt : *Justine a appelé son mari qui est arrivé **aussitôt** (tout de suite).*
    aussi tôt : *Tu n'aurais pas dû me réveiller **aussi tôt** (à une heure si matinale).*
    Pour choisir, il faut remplacer *aussi tôt* par son contraire *aussi tard*.
- **autel, hôtel**
    un autel : *L'**autel** est la table où le prêtre célèbre la messe.*
    un hôtel : *Ma sœur préfère dormir dans une chambre d'hôtes plutôt qu'à l'**hôtel**.*
- **avoir affaire, avoir à faire**
    avoir affaire : *Lors de mon entretien, j'**ai eu affaire à** (j'ai été confronté à) deux directeurs.*
    avoir à faire : *André **a** beaucoup **à faire** (de choses à réaliser) aujourd'hui.*
- **balade, ballade**
    une balade : *Il y a de belles **balades** (promenades) à faire le long du canal Saint-Martin.*
    une ballade : *Chopin a composé des **ballades** (morceaux de musique ou poème).*
- **balai, ballet**
    un balai : *Thomas, peux-tu passer le **balai** dans la cuisine ?*
    un ballet : *Il y a un **ballet** au Palais Garnier ce soir.*
- **bientôt, bien tôt**
    bientôt : *Il va **bientôt** (prochainement) neiger.*
    bien tôt : *Il est **bien tôt** (trop tôt) pour prendre l'apéritif.*
    Pour choisir, on peut remplacer *bien tôt* par son contraire *bien tard*.
- **but, butte**
    un but : *Les Bleus ont gagné 3 **buts** à 0 contre le Brésil.*
    une butte : *L'église du village a été construite sur une **butte** (petite colline).*
- **cap, cape**
    un cap : *Ce marin a passé le **cap** Horn plusieurs fois. En obtenant son diplôme, Jérémie vient de franchir un **cap** important dans sa vie.*
    une cape : *Un magicien porte souvent une grande **cape** noire par-dessus ses vêtements.*
- **davantage, d'avantage**
    davantage : *Depuis que Serge va mieux, il sort **davantage** (plus). Il a **davantage** d'amis.*
    d'avantage(s) : *Avec cette carte, vous bénéficiez **d'avantages** (de gains, de profits, d'intérêts).*

un balai

un ballet

E X E R C I C E S

1 Cochez la case correspondant au mot correct comme dans l'exemple.

	air	aire	ère	erre
Ex. : L'_____ industrielle a commencé au XIXe siècle.			X	
1. Gabriel va nous jouer un petit _____ de flûte.				
2. Comment apprendre à l'_____ d'Internet ?				
3. L'enfant _____ dans le centre commercial depuis une heure.				
4. Arrêtons-nous sur cette _____ de repos.				
5. Il y a un _____ de famille entre Clément et Camille.				
6. Raphaël a l'_____ fatigué ce matin.				

2 Choisissez le mot correct.

Ex. : Ce journaliste a l' **art** *☒are☒ de couper la parole à ses invités.*

1. Allez visitez les ⬚auspices ⬚hospices de Beaune, ce sont d'anciens hôpitaux.

2. ⬚Aussitôt ⬚Aussi tôt que vous serez prêts, appelez-moi.

3. Le couple de futurs mariés marche vers l'⬚autel ⬚hôtel de l'église.

4. J'ai eu une place en première au retour de Marseille, mais pas à l'⬚allée ⬚aller.

5. Les ⬚ares ⬚arrhes versées avant un achat ne sont pas toujours remboursables.

3 Écrivez les noms sous les images.

1. Un _____ **2.** Une _____ **3.** Un _____ **4.** Une _____

4 Complétez avec *affaire, à faire, davantage, d'avantage(s), bientôt* ou *bien tôt*.

Ex. : Nathalie sera **bientôt** *là, je prépare le café.*

1. Tu pars _____ à l'école ce matin, je croyais que tu n'avais pas cours aujourd'hui.

2. Xavier parle _____ pendant les réunions, il a pris de l'assurance.

3. Les enfants, si vous faites des bêtises, vous aurez _____ à moi !

4. Il va _____ être huit heures, il faut se mettre en route.

5. Il y a plus d'inconvénients que _____ à avoir une voiture en ville.

6. Tu ne prends qu'un bonbon ? Prends-en _____ !

7. J'ai encore le dessert _____ et j'aurai fini de préparer le repas.

8. Votre fils fait déjà du latin, c'est _____ pour un enfant de huit ans.

9. L'assistante ne savait pas à qui elle avait _____ en se disputant avec ce client.

10. La société a reçu _____ de commandes cette année que l'année passée.

* **en train, entrain**

  en train : *Odile est **en train** de préparer le dîner* (action en cours). *Mon équipe a mis le projet **en train*** (en route, en marche).

  un entrain : *Les bénévoles se sont mis au travail avec **entrain*** (enthousiasme).

* **cinq, sain, saint, sein, seing, ceins (ceint)**

  cinq : *Le devis des travaux s'élève à **cinq** cents euros.*

  ⚠ Le *q* de *cinq* ne se prononce pas devant cent et mille et souvent devant les mots commençant par une consonne : *Trente-**cinq*** [sɛ̃] *personnes.*

  sain : *Les fruits et les légumes sont des aliments **sains*** (bons pour la santé).

  un saint : *Les moines bénédictins obéissent à la règle de **saint** Benoît.*

  un sein : *Cette maman donne le **sein** à son bébé pour le nourrir. Arthur a évolué **au sein de*** (au milieu de, dans) *son entreprise.*

  un seing : *Le **seing** est la signature qui atteste de l'authenticité d'un document.*

  ceins, ceint : verbe *ceindre* (mettre autour de son corps, de sa tête). *La reine est entrée, le front **ceint** d'un diadème de pierres précieuses.*

* **censé, sensé**

  censé : *Ma sœur était **censée*** (supposée) *venir me chercher à l'aéroport.*

  sensé : *Joël a pris une décision **sensée*** (pleine de bon sens, réfléchie).

* **cep, cèpe**

  un cep : *Un **cep** s'appelle aussi un pied de vigne.*

  un cèpe : *Les promeneurs ont cueilli des **cèpes** dans la forêt.*

un cèpe

* **cerf, serf, serres, serre, sers (sert)**

  un cerf : *En septembre, on peut entendre les **cerfs** bramer dans la forêt.*

  un serf : *À l'époque féodale, les **serfs** étaient des travailleurs agricoles.*

  une serre : *L'hiver, on peut mettre les plantes fragiles dans une **serre**. La **serre** est aussi le pied muni de griffes d'un rapace.*

  serre (verbe *serrer*) : *Ce jean me **serre** trop.*

  sers, sert (verbe *servir*) : *Tom se **sert** d'un dictionnaire.*

* **cession, session**

  une cession : *Les avocats ont préparé un contrat de **cession** d'entreprise* (action de céder, transmission d'un bien ou d'un droit).

  une session : *Le tribunal de commerce se réunira en **session** spéciale ce vendredi* (période de temps pendant laquelle un groupe, une assemblée se réunit).

* **champ, chant**

  un champ : *Au printemps, les **champs** de colza sont en fleurs.*

  un chant : *Mon mari prend des cours de **chant*** (du verbe *chanter*).

* **cher, chère, chair, chaire**

  cher, chère : *Chère Patricia. Ces cerises sont trop **chères**.*

  la bonne chère : *Léon aime **la bonne chère*** (les bons repas).

  la chair : *Cette tomate a une **chair** très ferme. Un être humain est surtout constitué d'os et de **chair**.*

  une chaire : *Autrefois, le prêtre montait dans sa **chaire** pour dire la messe. Ce professeur est titulaire d'une **chaire** de philosophie* (poste à l'université).

* **chœur, cœur**

  un chœur : *Élise chante dans un **chœur*** (une chorale). *Le **chœur** est aussi la partie centrale d'une église.*

  un cœur : *Mon grand-père a eu une opération chirurgicale à **cœur** ouvert.*

* **clause, close**

  une clause : *L'avocat a rajouté plusieurs **clauses*** (dispositions) *au contrat.*

  close : *La discussion est **close*** (finie). *La porte est **close*** (fermée).

* **différent, différend**

  différent : *Marc et Louis sont jumeaux mais très **différents**.*

  un différend : *Geoffrey a eu un **différend*** (dispute, conflit) *avec son employeur.*

* **far, fard, phare**

  un far : *Un **far** breton est un gâteau aux pruneaux.*

  un fard : *La jeune femme se met du **fard** à paupières.*

  un phare : *Les **phares** servent à guider les bateaux. Une voiture a des **phares**.*

* **filtre, philtre**

  un filtre : *Le café passe à travers un **filtre**. Les cigarettes ont un bout **filtre**.*

  un philtre : *Le **philtre** est une boisson magique pour rendre quelqu'un amoureux.*

E X E R C I C E S

1   **Complétez les phrases avec *entrain* ou *en train*.**

*Ex. : Un nageur était **en train** de se noyer et personne ne l'avait remarqué.*

1. Muriel est _____ de préparer sa thèse de doctorat.

2. Le mariage manque d'_____, on commence à s'ennuyer.

3. Le gouvernement est _____ de mettre en place de nouvelles restrictions.

4. Cet humoriste est très apprécié pour son _____ et sa finesse.

2   **Complétez les phrases avec *censé* ou *sensé* (accordez si nécessaire).**

*Ex. : Charles n'a pas dit une parole **sensée** de la soirée.*

1. Nul n'est _____ ignorer la loi.

2. Tu devrais discuter avec ton DRH, c'est une personne _____, il t'écoutera.

3. Jules est inquiet, la société était _____ le contacter hier pour le poste.

4. Corinne n'était pas _____ être en congé aujourd'hui ?

3   **Complétez cette phrase (c'est une phrase ludique et difficile à prononcer) avec *ceints, Saint, sein, cinq, seing* et *sains* (un capucin est un moine).**

_____ cents capucins, _____ de corps et d'esprit et _____ de leur cordon,

portaient sur leur _____ le _____ du _____ -Père.

4   **Reliez les mots qui vont ensemble.**

Ex. : Pour le dessert, il y a du	cèpes.	**4.** À l'école, Timoté fait du	cœur.
1. Dans la vigne, il faut tailler les ...	fard.	**5.** Ce voyage lui tient à	chant.
2. Elle se maquille, elle se met du ...	ceps.	**6.** Le randonneur coupe à travers ...	champs.
3. Mélangez les œufs, ajoutez les ...	*far.*	**7.** Jacques a été enfant de	chœur.

8. Luc est un ami qui m'est très	chair.	**12.** L'aigle a des	cerf.
9. Ce poisson est réputé pour sa	chère.	**13.** Le mâle de la biche est le	serres.
10. Christophe adore la bonne	chaire.	**14.** Il travaillait pour un seigneur : le	sert.
11. Cette église est connue pour sa	cher.	**15.** Victor prépare le dîner et le.............	serf.

5   **Trouvez les homophones.**

*Ex. : Synonyme de fermée : **close**. Disposition d'un contrat : **une clause**.*

1. Une dispute : un _____. Contraire de identique : _____.

2. Un gâteau breton aux pruneaux : un _____. Du maquillage pour les paupières ou les joues : du _____.

3. Un morceau de papier pour passer le café : un _____. Une boisson magique qui peut rendre amoureux : un _____.

4. Action de céder : une _____. Une séance pendant laquelle un groupe se rassemble : une _____.

- **flamand, flamant**

  flamand / un Flamand : *Il y a une exposition de peintres **flamands** (de Flandre) au Louvre.*
  un flamant : *Les enfants ont vu des **flamants** roses au zoo.* (cf. -ANT ou -AND ?)

- **fond, fonds, font**

  un fond : *Les yaourts se trouvent au **fond** du magasin* (à l'arrière). *Il y a de l'eau au **fond** du puits* (à la base, en profondeur).
  un (ou des) fonds : *Léa vient d'acheter un **fonds** de commerce* (une exploitation). *Elle a besoin de **fonds** pour commencer son activité* (argent, liquidités).
  font : *Les étudiants **font*** (verbe faire) *des progrès.*

- **golf, golfe**

  un golf : *Charles-Henri joue au **golf** avec Marie-Chantal.*
  un golfe : *Un ouragan se dirige vers le **golfe** du Mexique.*

- **grâce, grasse**

  grâce / une grâce : ***Grâce** à son copain, il a retrouvé son vélo. Cette danseuse a beaucoup de **grâce*** (élégance). *Le prisonnier a bénéficié de la **grâce*** (amnistie) *présidentielle.*
  grasse : *Cette sauce est trop **grasse*** (masculin de gras, avec trop de graisse).

- **gré, grès**

  gré : (volonté) *Nous vous saurions **gré** de bien vouloir retourner ce document signé.*
  grès : (sorte de roche) *Cette potiche en **grès** sera très belle dans ma cuisine.*

- **jeune, jeûne**

  jeune / un jeune : *Robin est encore trop **jeune** pour aller seul à l'école.*
  un jeûne : *Caroline s'est astreinte à un **jeûne*** (période sans manger) *de trois jours.*

- **lacer, lasser**

  lacer : *La petite Laure sait **lacer** ses baskets toute seule.*
  lasser : *Mon fils adorait le rap mais il a fini par s'en **lasser*** (se fatiguer).

- **mal, mâle, malle**

  mal / un mal : *Rachel a eu un **mal** de tête épouvantable.*
  un mâle : *Au moment de choisir un chiot, je ne savais pas si je voulais un **mâle** ou une femelle.*
  une malle : *Lise a rangé ses jouets dans une grande **malle**.*

- **mite, mythe**

  une mite : *Les **mites** ont dévoré mon manteau dans l'armoire, quelles sales bêtes !*
  un mythe : *Arnaud a lu un livre sur le **mythe*** (récit fabuleux) *de l'Atlantide.*
  *La fortune colossale de ses parents ? C'est un **mythe** !* (un mensonge).

- **panser, penser, pensée**

  panser : *Perdu dans la montagne et blessé, il n'avait rien pour **panser** ses plaies* (mettre des pansements). *Le cavalier **panse*** (brosse) *son cheval.*
  penser : *Mon filleul a **pensé** à mon anniversaire ce matin.*
  une pensée : *La **pensée** est une fleur. La **pensée*** (idée, action de réfléchir).

- **parti, partie**

  un parti : *Gilbert Dumont est de quel **parti** politique ? Denis a pris le **parti*** (a choisi) *de ne rien dire.*
  une partie : *On fait une **partie** de cartes ? Dans quelle **partie** du monde est-il en ce moment ? Les desserts ont été en **partie** faits par les enfants.*

- **péché, pécher, pêcher**

  un péché : *C'est un **péché*** (faute d'un point de vue religieux) *de voler.*
  pécher : *Certains demandent à se confesser à un prêtre quand ils ont **péché*** (sens religieux). *Ce contrat **pèche** par sa longueur* (qui a un défaut, sens non religieux).
  pêcher *: Roland a **pêché** des saumons en Irlande.*
  un pêcher : *Un **pêcher** est un arbre fruitier qui donne des pêches.*

- **plutôt, plus tôt**

  plutôt : *Steve veut aller marcher mais moi j'irais **plutôt** au cinéma* (idée de préférence).
  plus tôt : *Lucas est arrivé **plus tôt*** (plus en avance) *que prévu.*
  Pour choisir, on peut remplacer plus tôt par son contraire plus tard.

- **poids, pois, poix**

  un poids : *Jocelyne a pris du **poids** et elle veut maigrir. Cet athlète est un lanceur de **poids**.*
  un pois : *Jacques déteste les petits **pois**. Manon a une robe blanche à **pois** roses.*
  la poix : *La **poix** est un extrait de résine qui peut servir de colle.*

- **poignée, poignet**

  une poignée : *La **poignée** de la porte est cassée. Le directeur m'a donné une **poignée** de mains. Joachim a rapporté une **poignée** de sable des Seychelles.*
  un poignet : *Isabelle s'est cassé le **poignet** en tombant de moto.*

une poignée de main

un poignet

1 **Choisissez (accordez si nécessaire).**

Ex. : lacer / lasser
  *a. Tu as oublié de **lacer** ta chaussure !*
  *b. Agnès va **lasser** tout le monde avec ses histoires de bureau.*

1. Flamand / flamant

   a. La Belgique est divisée entre Wallons et _____ .

   b. Pourquoi le _____ rose est-il rose ?

2. golf / golfe

   a. La ressource essentielle du _____ persique est le pétrole.

   b. Robert joue au _____ tous les weekends.

3. gré / grès

   a. Le sénateur a démissionné de son plein _____ .

   b. Le carrelage de l'entrée est en _____ .

4. jeune / jeûne

   a. Chez les chrétiens, le Carême est une période de _____ de quarante jours.

   b. Théo est devenu un beau _____ homme.

5. grâce / grasse

   a. Nina est au régime, elle évite toute nourriture trop _____.

   b. _____ à Agathe, Julian a compris l'exercice de maths.

6. plutôt / plus tôt

   a. _____ que de rester allongé au soleil, viens donc te baigner.

   b. Mais, vous arrivez beaucoup _____ que prévu !

2 **Trouvez le mot correct.**

*Ex. : Faites chauffer de l'eau et jetez-y une **poignée** de riz par personne.*

1. On appelle souvent le F_____ monétaire international, le FMI.

2. Rachel a m_____ aux pieds.

3. Le cerf est le m_____ de la biche.

4. Ce politicien a changé de p_____ politique.

5. Ces mangues ne se vendent pas à l'unité mais au p_____.

6. Marius a proposé de faire une p_____ de pétanque.

3 **Écrivez les noms sous les images.**

pêches

1. Une _____   **2.** Une _____   **3.** Un_____

une reine

un renne

les rênes

- **poing, point**
  - **un poing :** *L'automobiliste furieux lui a mis son **poing** dans la figure.*
  - **un point :** *Il y a un **point** à la fin de cette phrase.*
- **porc, pore, port**
  - **un porc :** *Monique a préparé des côtelettes de **porc**.*
  - **un pore :** *Un masque au concombre resserre les **pores** de la peau.*
  - **un port :** *La Rochelle est un joli **port** de l'Atlantique.*
- **puis, puits**
  - **puis :** *Les touristes ont visité la tour Eiffel **puis** les Champs-Élysées.*
  - **un puits :** *Il y a de l'eau au fond du **puits**.*
- **raisonne, résonne**
  - **raisonner :** *Pierre essaie de **raisonner** son fils qui veut arrêter ses études.*
  - **résonner :** *On entend les voix **résonner** dans l'église.*
- **reine, renne, rêne**
  - **une reine :** *Certains pays ont un roi, d'autres une **reine**.*
  - **un renne :** *Ce sont des **rennes** qui tirent le chariot du père Noël.*
  - **une rêne :** *On dirige le cheval en tirant sur les **rênes**.*
- **repaire, repère**
  - **un repaire :** *La police a trouvé le **repaire** des bandits.*
  - **un repère :** *Colette a tracé des **repères** sur la carte de la région.*
- **ri, riz, ris**
  - **ri :** *Les invités ont beaucoup **ri** (verbe rire) pendant le dîner.*
  - **le riz :** *Vous préférez le **riz** basmati ou le **riz** thaï ?*
  - **le ris :** *Paul a pris du **ris** de veau aux champignons (morceau dans la poitrine du veau).*
- **satire, satyre**
  - **une satire :** *Son sketch était une **satire** (écrit ou discours moqueur) du monde politique.*
  - **un satyre :** *Ce tableau représente une scène mythologique avec des **satyres** (divinités à corps humain et pieds de chèvre) jouant de la flûte. Méfie-toi de cet homme au coin de la rue, c'est un vrai **satyre** (homme obscène, exhibitionniste).*
- **saut, sceau, seau, sot**
  - **un saut :** *L'athlète russe a battu le record du **saut** en hauteur.*
  - **un sceau :** *Cette enveloppe porte le **sceau** (cachet officiel) de l'État français.*
  - **un seau :** *Le bébé joue à la plage avec un **seau** et une pelle.*
  - **un sot :** *Olivier a été **sot** (idiot) de mentir à ses parents.*
- **sceptique, septique**
  - **sceptique :** *Bertrand est **sceptique** (a des doutes) quant à la réussite de son fils.*
  - **septique :** *Jeff a installé une fosse **septique** dans son jardin.*
- **tache, tâche**
  - **une tache :** *Zut, j'ai fait une **tache** de sauce sur ma robe en soie.*
  - **une tâche :** *À la maison, Zoé et Julien se partagent les **tâches** ménagères.*
  - **tâche** (verbe tâcher) : ***Tâche** (Essaie) d'être rentré à la maison avant minuit.*
- **soi, soie, soit**
  - **soi :** *Quand on a sa propre entreprise, on travaille pour **soi**.*
  - **la soie :** *Linda m'a offert une écharpe en **soie** qu'elle a rapportée d'Inde.*
  - **soit :** *On passera Noël **soit** chez mes parents **soit** chez ceux de Lucie.*
- **vain, vin, vingt**
  - **vain :** *Vincent a appelé sa fille toute la matinée en **vain** (sans réussir, sans résultat).*
  - **un vin :** *Vous prendrez bien un verre de **vin** ?*
  - **vingt :** *Louise a eu **vingt** sur **vingt** à sa dictée.*
- **vice, vis**
  - **un vice :** *L'oisiveté est mère de tous les **vices** (défauts). Le **vice**-président seconde le président.*
  - *Il y a plusieurs **vices** (défauts) de construction dans la maison.*
  - **une vis :** *La poignée de la porte bouge, il faut resserrer les **vis**.*
- **voie, voix , vois, voit, etc.**
  - **une voie :** *Ce n'est pas une autoroute, c'est une **voie** rapide. Cet animal est en **voie** de disparition.*
  - **une voix :** *Léo a une belle **voix** de ténor. Roland a eu deux cents **voix** (suffrages) à l'élection.*
  - **vois, voit, voie, voies, voient** (verbe voir) : *Tu **vois** ? Il faut que tu **voies** ça !*

1   **Écrivez l'homophone du mot et reliez avec le bon exemple.**

Ex. : **point**   On se souvient de Mandela le bras levé et le _____ serré.

      poing   Je préfère ma viande cuite à _____ .

1. tache   a. Il y a une _____ de vin sur la nappe.

_____   b. La pause est finie, remettons-nous à la _____ .

2. voix   a. Mathieu veut devenir avocat, il a trouvé sa _____ .

_____   b. Le résultat de l'élection s'est joué à une centaine de _____ .

3. satire   a. Mon voisin est un vieux _____ . Il fait peur à toutes les jeunes filles.

_____   b. Cet article est une _____ du discours du ministre.

4. vis   a. Pour monter un meuble en kit, il faut mettre des _____ .

_____   b. Retourner au casino quand on a déjà tout perdu, c'est du _____ .

2   **Mots croisés. Complétez la grille à l'aide des définitions.**

Horizontalement :

Ex. : *1. Synonyme de ensuite, après.*

2. Synonyme de cochon.

3. On le fait à partir du raisin.

4. Ma voix ... dans cette grande église.

5. Le Havre en est un, Toulon et Marseille aussi.

6. Un animal qui vit en troupeau dans le Nord.

7. Un minuscule trou de la peau.

Verticalement :

8. Elle règne sur un ou plusieurs pays.

9. Chœur et cœur, cher et chair, etc. en sont.

10. On y jette un seau pour prendre de l'eau.

11. Sans réussir, ou en ... .

12. Yves va faire une folie, il faut qu'on le ... .

13. Deux fois dix.

(Grille de mots croisés : 1. P U I S)

3   **Choisissez le mot correct.**

Ex. : *Les spectateurs ont tous bien* ri / ~~riz~~ / ~~ris~~.

1. Pendant ce stage, nous travaillerons sur la confiance en soi / soit / soie .

2. William est sûr qu'il va obtenir le poste. Sa mère est sceptique / septique .

3. Mathias a tout quitté pour partir en Asie. Pour lui, c'est un saut / sceau / seau / sot dans l'inconnu.

4. Quoi qu'il en soi / soit / soie , Line refuse de partir en vacances avec ses parents.

LES MOTS OU EXPRESSIONS SOUVENT MAL ORTHOGRAPHIÉS

Charles vient d'**acquérir** un **appartement** de **plain-pied**.

Certains mots ou groupes de mots sont souvent orthographiés avec des erreurs, et ce pour plusieurs raisons. Doublement des consonnes ou non : *attraper* (*cf.* chapitres sur les doubles consonnes) ; la consonne finale ou non : *cauchemar* (mais *cauchemarder*) ; la transcription de certains sons comme le son [s] (*cf.* S ou SS ?) : *ascenseur* ; plusieurs lettres pour un son : **i** ou **y** : *misogyne, bicyclette* ; le trait d'union ou non (*cf.* Le trait d'union et la césure) : *va-t'en, le Moyen Âge* ; la confusion avec d'autres mots : *de plain-pied*, etc. Enfin, la similitude avec des mots dans d'autres langues peut provoquer des erreurs : *adresse, mariage, (address, marriage* en anglais*)*, etc.

Des mots à mémoriser :

l'absence	la bicyclette	la littérature	le quatuor
l'abscisse	le carrousel	le magasin	le remords
l'accalmie	la concurrence	le magazine	requérir
l'accroc	débarrasser	malin, maligne	le serment
l'acompte	le dilemme	la Méditerranée	le sermon
acquérir	discerner	misogyne	le soutien
l'addition	exaucer	le Moyen Âge	spatial
aggraver	exhaustif	national	succinct
aigu, aiguë (ou aigüe)	exorbitant	occuper	susceptible
apparaître	la gaufre	parallèle	la tranquillité
appeler	hormis	parmi	la vertu
un a priori, des a priori	l'hygiène	pécuniaire	vis-à-vis
l'ascension	l'infarctus	personnel	volontiers
attraper	intéressant	la pilule	etc.
bénin, bénigne	interpeller	pourrir	

Des expressions à mémoriser :

à bon escient	au temps pour moi	en mon for intérieur
à cor et à cri	aux dépens de	en suspens
à l'instar de	avoir à voir	savoir gré (je vous saurais gré)
à l'insu de	avoir cours	sens dessus dessous
aller de pair	de plain-pied	soi-disant
aller de soi	d'ores et déjà	le sot-l'y-laisse
à tort	en l'occurrence	etc.
à tort et à travers		

Des mots proches de l'anglais à mémoriser :

l'abréviation	le développement	le mariage
l'adresse	l'enveloppe	M. (abréviation de Monsieur)
agressif	l'exercice	le paiement
l'appartement	le fantôme	la personnalité
le bagage	la girafe	professionnel
bizarre	le hasard	la ressource
le confort	le langage	le trafic
la connexion	la manucure	etc.

1 **Trouvez le mot correspondant à la définition.**

*Ex. : On peut dire un vélo ou une **bicyclette**.*

1. Cet homme méprise les femmes, il est _____ .

2. Marseille est un port de la mer _____ .

3. Dans la salle d'attente du dentiste, Léa lit des _____ .

4. Le contraire de la présence : l'_____ .

5. Quatre musiciens forment un _____ .

2 **Remettez les lettres des mots dans l'ordre.**

*Ex. : La pluie s'est arrêtée. Profitons de cette M E C A A L C I **accalmie** pour sortir.*

1. Tina travaille pour l'agence E A L A T I P S _____ américaine.

2. Les élèves doivent tracer deux droites A L E S A P L L E R _____ .

3. Le commissaire a fait un exposé très N T C U C I C S _____ des faits.

4. En cassant les prix, ce site fait de la N O U R N E R E C C C _____ déloyale.

5. La suite présidentielle de cet hôtel de luxe est au prix T E X O I T B A R N _____ de huit mille

euros la nuit.

6. À Bruxelles, j'ai mangé une F A G E U R _____ à la crème Chantilly.

3 **Complétez les expressions.**

*Ex. : Quand on va à un mariage, on s'habille correctement, cela va de **soi**.*

1. Les adolescents ont fumé à l'_____ de leurs parents.

2. – Michel, n'oublie pas que tu me dois vingt euros. – Mais non, c'est toi qui me les dois !

– Ah oui, tu as raison, au _____ pour moi.

3. Mon fils me réclame à _____ et à cri la nouvelle tablette tactile qui vient de sortir.

4. Je vous saurais _____ de bien vouloir transmettre ce document à vos collaborateurs.

5. Le sot-_____laisse est un petit morceau de viande très délicate de chaque côté et sur le dos d'une volaille.

6. Laissons cette question en _____, je vous donnerai une réponse demain.

4 **Complétez les mots avec une ou deux lettres.**

Ex. : Le paiement s'effectuera en caisse numéro quatre.

1. Il paraît qu'il y a des ___antômes dans ce château.

2. Jean-Paul n'a pas répondu à mes e-mails, c'est vraiment biza___e.

3. Prépare tes ba___ages, il faut quitter l'a___artement à neuf heures.

4. Catherine est une grande professio___elle des re___ources humaines.

5. Nous sommes arrivés en retard au ma___iage à cause du tra___ic.

6. Est-ce que tu aurais par ha___ard un livre sur le lan___age des fleurs ?

7. Quelle est l'a___réviation de Monsieur ? – C'est ___ .

8. Votre chambre tout co___fort est aussi munie d'une conne___ion wifi.

46 LA RÉFORME DE L'ORTHOGRAPHE DE 1990

Tous les après-midis, elle travaille à la crèmerie de l'ile.

Dans sa dernière réforme de l'orthographe de 1990, l'Académie française propose dix nouvelles règles visant à simplifier ou à unifier certains points. Les deux nouvelles orthographes – l'ancienne et la nouvelle – sont acceptées.

RÈGLE 1

Les **nombres** sont **tous** reliés par des **traits d'union**.

ancienne orthographe	nouvelle orthographe
trente et un, quarante-deux, mille trois cents, six millions deux cents, vingt et unième, etc. (*cf.* Les nombres)	*trente-et-un, quarante-deux, mille-trois-cents, six-millions deux-cents, vingt-et-unième*, etc.

RÈGLE 2

Dans les noms composés (comportant un trait d'union) formés d'un **verbe + nom** (*un allume-cigare*) ou d'une **préposition + nom** (*un après-rasage*), le nom porte la marque du **pluriel seulement si le nom composé est au pluriel.** Le verbe reste invariable (*cf.* Le pluriel des noms composés).

ancienne orthographe	nouvelle orthographe
un lave-linge, des lave-linge *un porte-bagages, des porte-bagages* *un après-midi, des après-midi*, etc. (*cf.* Le pluriel des noms composés)	*un lave-linge, des lave-linge**s*** *un porte-bagage, des porte-bagage**s*** *un après-midi, des après-midi**s**,* etc.

 Le nom est invariable s'il est précédé d'un article singulier ou s'il comporte une majuscule : *un trompe-l'œil, des trompe-l'œil, un prie-Dieu, des prie-Dieu.*

RÈGLE 3

L'accent grave remplace l'accent aigu dans certains mots. Il s'agit d'harmoniser la graphie avec la prononciation (*événement* prononcé [evɛnmɑ̃] peut s'écrire désormais *évènement*). Sont aussi concernés le futur et le conditionnel des verbes qui se conjuguent comme *céder* (*il cèdera, il cèderait*) et enfin les formes à la 1ère personne du singulier de l'imparfait du subjonctif avec inversion du sujet comme *dussè-je* : *Je le ferai, dussè-je le regretter.*

ancienne orthographe	nouvelle orthographe
allégement	*allègement*
allégrement	*allègrement*
céleri	*cèleri*
crémerie	*crèmerie*
empiétement	*empiètement*
événement	*évènement*
réglementaire, réglementation	*règlementaire, règlementation,*
sécheresse	*sècheresse*
tu t'inquiéteras, il précédera,	*tu t'inquièteras, il précèdera,*
on repérera, vous opérerez,	*on repèrera, vous opèrerez,*
dussé-je, eussé-je, fussé-je,	*dussè-je, eussè-je, fussè-je,*
etc.	etc.

EXERCICES

1 Dites si ces nombres sont écrits selon l'ancienne orthographe (A), la nouvelle orthographe (N) ou les deux (A-N).

Ex. : Ludivine vient d'avoir <u>vingt-neuf</u> ans → ***A-N***

1. Payez contre ce chèque <u>dix-neuf-mille</u> euros. → _____

2. Le secret de l'énigme est révélé à la page <u>quatre-vingt-trois</u>. → _____

3. Mes parents fêtent leur <u>quarante-et-unième</u> anniversaire de mariage. → _____

4. Paris compte environ <u>deux-millions-deux-cent-mille</u> habitants. → _____

5. Tania est arrivée <u>deux cent dix-huitième</u> au marathon de Paris. → _____

2 Écrivez en lettres les nombres en respectant la nouvelle orthographe.

Ex. : 345 : ***trois-cent-quarante-cinq***

1. 691   : _____

2. 2090   : _____

3. 33 567   : _____

4. 7 278 641 : _____

5. 9 999 999 : _____

3 Accordez si nécessaire les mots composés suivants en respectant la nouvelle orthographe.

Ex. : *Parmi ses cadeaux de mariage, Laura a eu trois **grille-pains**.*

1. Tous les lave___-vaisselle___ que nous avons eus sont tombés en panne après deux ans.

2. Ces sans-abri___ trouvent que les passants ne sont que des sans-cœur___.

3. Dans ce restaurant de luxe, les serveurs passent le ramasse___-miette___ sur la table entre tous les plats.

4. Auriez-vous un rince___-doigt___, s'il vous plaît ?

5. Fabienne passe des après-midi___ entiers à la plage.

6. J'ai bien fait d'apporter mon sèche___-cheveu_, l'hôtel n'en a pas.

7. Ce cinéma propose souvent des avant___-première___.

8. Les sièges de la voiture sont équipés d'appuie___-tête___ réglables.

9. Le chauffeur du bus ne conduit pas bien, il conduit par à-coup___ et freine brusquement.

10. La manucure utilise un coupe___-ongle___ professionnel.

4 🎧 (11) Dictée (respectez la nouvelle orthographe). Les difficultés de Monsieur Couraud.

_____
_____
_____
_____
_____
_____
_____
_____

RÈGLE 4

L'accent circonflexe peut disparaître sur *i* et sur *u* (*une ile, il parait, le gout*).

ancienne orthographe	nouvelle orthographe
août, connaître, le coût, coûter, dîner, envoûtant, une flûte la fraîcheur, un fût, une île, un maître, la maîtrise, naître, une piqûre, un traître, etc.	*aout, connaitre, le cout, couter, diner, envoutant, une flute, la fraicheur, un fut, une ile, un maitre, la maitrise, naitre, une piqure, un traitre, etc.*

 L'accent circonflexe est conservé au passé simple (*vous prîtes*), à l'imparfait du subjonctif (*qu'il prît*) (*cf.* Le passé simple et l'imparfait du subjonctif), dans quelques cas pour éviter des confusions (*dû, mûr, sûr, jeûne, où*) et pour les formes du verbe *croître* (*je croîs, tu croîs, il a crû*, etc.). (*cf.* Les accents et le tréma).

RÈGLE 5

Tous les verbes en -eler ou en -eter se conjuguent sur le modèle de *geler* ou d'*acheter* (sans double consonne mais avec **è** : *Je renouvèle, tu feuillètes*, etc.), sauf *appeler, jeter* (*j'appelle, je jette*) et leurs dérivés *rappeler, interpeler* (ou *interpeller*), *rejeter*, etc.

ancienne orthographe	nouvelle orthographe
Tu cachettes, tu chancelles, il étiquette, je feuillette, il hoquette, on renouvelle, etc. Et les dérivés de ces verbes : *le chancellement*, etc.	*Tu cachètes, tu chancèles, il étiquète, je feuillète, il hoquète, on renouvèle*, etc. Et les dérivés de ces verbes : *le chancèlement*, etc.

RÈGLE 6

Les mots empruntés ont un accent et font leur **pluriel** comme les mots français.

ancienne orthographe	nouvelle orthographe
• **Mots d'origine latine :** *criterium, facsimile, media, memento, placebo, referendum, senior, veto,* etc. • **Mots empruntés à d'autres langues :** *allegro, brasero, diesel, peso, revolver, tremolo,* etc. • **Pluriel des mots empruntés :** *un gentleman, des gentlemen ; un match, des matches ; un minimum, des minima ; un scenario, des scenarii,* etc.	• **Mots d'origine latine :** *critérium, facsimilé, média, mémento, placébo, référendum, sénior, véto,* etc. • **Mots empruntés à d'autres langues :** *allégro, braséro, diésel, péso, révolver, trémolo,* etc. • **Pluriel des mots empruntés :** *un gentleman, des gentleman**s** ; un match, des match**s** ; un minimum, des minim**ums** ; un scénario, des scénari**os**,* etc.

RÈGLE 7

La soudure se fait pour certains mots composés : verbe + nom (ou mot *tout*) (*faitout, tirebouchon*) ou nom + adjectif ou adverbe (ou l'inverse) (*bassecour*).

ancienne orthographe	nouvelle orthographe

• **Verbe + nom :** *d'arrache-pied, un boute-en-train* (invariable), *un brise-tout* (inv.), *un couvre-pied (des couvre-pieds), un croque-monsieur* (inv.), *un passe-partout* (inv.), *un porte-crayon (des porte-crayons), un porte-monnaie* (inv.), *un tire-bouchon (des tire-bouchons)*, etc.
 • **Nom + adjectif (ou adverbe) / Adjectif (ou adverbe) + nom :** *un arc-boutant (des arcs-boutants), une basse-cour (des basses-cours), un haut-parleur (des haut-parleurs), un mille-feuille (des mille-feuilles)*, etc.
	• **Verbe + nom :** *d'arrachepied, un boutentrain, un brisetout, un couvrepied, un croquemonsieur, un passepartout, un portecrayon, un portemonnaie, un tirebouchon*, etc.
	  Le pluriel se fait en ajoutant un *s* (*des boutentrains*).
	 • **Nom + adjectif (ou adverbe) / Adjectif (ou adverbe) + nom :** *un arcboutant, une bassecour, un hautparleur, un millefeuille*, etc.
	  Le pluriel se fait en ajoutant un *s* (*des arcboutants*).

 Quelques onomatopées et mots expressifs sont aussi soudés : *blabla, bouiboui, coincoin, froufrou, grigri, kifkif, mélimélo, pêlemêle, pingpong, prêchiprêcha, tamtam, tohubohu, traintrain, la mouche tsétsé.*

E X E R C I C E S

1   Réécrivez ces mots selon la nouvelle orthographe (certains ne changent pas).

*Ex. : le goût → **le gout***

1. connaître   → _____

2. la brûlure   → _____

3. le théâtre   →_____

4. août   →_____

5. l'enchaînement → _____

6. le pôle   → _____

7. l'aîné   → _____

8. le maître   → _____

2   Les accents circonflexes de ces phrases ont été effacés. Remettez ceux qui sont obligatoires selon la nouvelle orthographe.

*Ex. : Chris est sûr d'obtenir sa **maitrise** d'italien.*

1. Le matin, Martine aime manger des oranges bien fraiches et bien mures.

2. L'infirmier est sur que la piqure vous fera du bien.

3. Nous avons mangé des huitres dans un restaurant sur une petite ile italienne.

4. Nous dumes aller chercher des buches pour allumer un feu de cheminée.

5. Les jeunes ont souvent du mal à respecter le jeune.

6. Les dirigeants ont cru que la production avait cru de vingt pour cent.

3   Mettez au présent les phrases suivantes (nouvelle orthographe).

*Ex. : Le bébé hoquetait en pleurant. → Le bébé **hoquète** en pleurant.*

1. Arnaud avait un job d'été dans un supermarché où il étiquetait les articles.

→ _____ .

2. Pierre feuilletait des magazines et les jetait aussitôt.

→ _____ .

3. L'homme a chancelé au moment où la police l'a interpelé.

→ _____ .

4   Trouvez les mots pour compléter ces phrases (nouvelle orthographe).

*Ex. : Des hommes qui jouent au rugby sont **des rugbymans**.*

1. Ce ne sont pas des juniors, ce sont des _____ .

2. Un pistolet ou un _____ .

3. Un moteur à essence ou un moteur _____ .

4. Des joueurs de tennis ou des _____ .

5. Le gouvernement peut demander son avis au peuple en organisant des _____ .

5   Écrivez les noms sous les images en respectant la nouvelle orthographe.

1. Des_____   **2.** Un_____   **3.** Des _____   **4.** Des _____

RÈGLE 8

Le tréma se déplace sur le *u* des suites **-güe-** et **-güi-** dans les mots féminins suivants.

ancienne orthographe	nouvelle orthographe
aiguë, suraiguë, ambiguë, ambiguïté, exiguë, exiguïté, contiguë, contiguïté, la ciguë.	*aigüe, suraigüe, ambigüe, ambigüité, exigüe, exigüité, contigüe, contigüité, la cigüe.*

 Au masculin, on ne rencontre pas de problème pour les adjectifs car ils n'ont pas de tréma : *aigu, suraigu, ambigu, exigu, contigu.*

Le tréma s'ajoute aussi sur le *u* des suites **-gu-** ou **-geu-** dans quelques mots rares afin d'en faciliter la lecture.

ancienne orthographe	nouvelle orthographe
une gageure [gaʒyr], *arguer* [argɥe] *(j'argue, nous arguons), une mangeure* [mãʒyr], *une rongeure* [rɔ̃ʒyr], *une vergeure* [vɛrʒyr].*	*une gageüre, argüer (j'argüe, nous argüons), une mangeüre, une rongeüre, une vergeüre.* ⚠ La prononciation reste la même que celle de l'ancienne orthographe.

RÈGLE 9

Le participe passé de *laisser* suivi d'un infinitif est **invariable**, comme celui de *faire*.

ancienne orthographe	nouvelle orthographe
La fille qu'il a laissée partir. *Elles se sont laissées tomber.* (*cf.* L'accord du participe passé – Cas particuliers)	*La fille qu'il a laissé partir.* *Elles se sont laissé tomber.*

RÈGLE 10

Plusieurs anomalies sont corrigées. Nous indiquons ici directement la nouvelle forme.
• Les mots en **-olle** s'écrivent **-ole** sauf *colle, molle* et *folle* (et composés) : *une corole, une fumerole, une girole, une guibole, un mariole,* etc.
• Les verbes en **-otter** s'écrivent **-oter** sauf s'ils viennent d'un mot en **-tte** (comme *botte/botter*) : *balloter, bouloter, dansoter, frisoter, greloter,* etc.
• Les mots en **-illier** (où le second *i* ne s'entend pas) s'écrivent **-iller** : *joailler, quincailler, serpillère,* etc.
Exceptions : les noms d'arbres et de végétaux (*groseillier, vanillier,* etc.).
• Le **e** n'est pas suivi d'une consonne double dans les mots : *interpeler* (*nous interpelons, j'interpelais* mais *j'interpelle. cf.* Règle 5), *lunetier, prunelier, dentelière,* etc.
• **Autres anomalies corrigées :**

absout/absout *et* ***dissout/dissoute*** (au lieu de *absous/ absoute, dissous/dissoute.*) (*cf.* Le participe passé – Cas particuliers) ***appâts*** (au lieu de *appas*) ***asséner*** (au lieu de *assener*) ***assoir, rassoir, sursoir*** (au lieu de *asseoir,* etc.) ***bizut*** (au lieu de *bizuth*) ***bonhommie*** (au lieu de *bonhomie*) ***boursouffler*** (et dérivés) (au lieu de *boursoufler,* etc.) ***charriot*** (au lieu de *chariot*) ***combattif*** (au lieu de *combatif*) ***douçâtre*** (au lieu de *douceâtre*) ***exéma*** (au lieu de *eczéma*)	***féérie*** (au lieu de *féerie*) ***imbécilité*** (au lieu de *imbécillité*) ***nénufar*** (au lieu de *nénuphar*) ***ognon*** (au lieu de *oignon*) ***papèterie*** (au lieu de *papeterie*) ***persiffler*** (et dérivés) (au lieu de *persifler*) ***ponch*** (au lieu de *punch*) ***prudhommal*** (au lieu de *prud'homal*) ***relai*** (au lieu de *relais*) ***saccarine*** (et dérivés) (au lieu de *saccharine*) ***sorgo*** (au lieu de *sorgho*) ***tocade*** (au lieu de *toquade*) etc.

E X E R C I C E S

1   **Réécrivez les mots soulignés en respectant la nouvelle orthographe.**

Ex. : Une crise aiguë → aigüe.

1. Un rendez-vous sans ambiguïté. → _____

2. Deux chambres contiguës et exiguës. → _____ , _____

3. Un propos ambigu. → _____

4. Socrate a été condamné à boire la ciguë. → _____

2   **Trouvez le mot de la même famille que le mot souligné (nouvelle orthographe).**

*Ex. : Un papier vergé contient des **vergeüres** (marques sur le papier).*

1. Un animal a rongé le bas de la porte, il y a des _____ .

2. Un défi difficile à relever, sans garantie, sans gage de réussir, c'est une _____ .

3. Si on avance quelque chose comme argument, on _____ .

3   **Choisissez la forme correcte (nouvelle orthographe).**

Ex. : En français familier, une jambe est une guib| ole | olle |.

1. « *Votre majesté est mal cul*| otée | ottée | ». (chanson du roi Dagobert)

2. Au supermarché, vous pouvez prendre un panier ou un cha| riot | rriot |.

3. Vous trouverez des clous et des vis chez un quinca| iller | illier |.

4. Le boxeur tunisien a été plus comba| tif | ttif | que le boxeur français.

5. Elle fait de la dentelle : la dente| lière | llière |.

6. Mince, j'ai fait tomber un œuf par terre. Où est la serp| illère | illière | ?

7. Pour moi, ce sera une omelette aux gir| oles | olles |. Elles sont fraîches ?

8. Le chauffage est en panne, nous grel| otons | ottons | de froid.

9. Sonia n'aime pas sortir quand il pleut car ses cheveux fris| otent | ottent |.

10. Jules est | fole | folle |ment amoureux de Manon.

4   **Charades. Trouvez les mots et écrivez-les selon l'ancienne orthographe (A) puis la nouvelle orthographe (N).**

1. Mon premier vient d'arriver au monde : _____

Mon deuxième n'est pas habillé :_____

Mon troisième est un projecteur (il y en a deux) à l'avant de la voiture : _____

→ Mon tout est une plante aquatique : A : _____ , N : _____

2. Mon premier est une femme imaginaire, belle et aux pouvoirs magiques : _____

Mon deuxième est la terminaison des participes passés des verbes en -er : _____

Mon troisième se consomme beaucoup, surtout en Asie : _____

→ Mon tout est le monde merveilleux de mon premier : A : _____ , N : _____

1 **Écrivez les chiffres en toutes lettres.**

En <u>1539</u>, _____ le roi

François 1er signa l'ordonnance de Villers-Cotterêts qui comprenait <u>192</u> _____

_____ articles.   _François 1^{er}_

Cette ordonnance instituait notamment l'utilisation de la langue française à la place du latin dans les documents de la vie publique.

2 **Complétez ce texte en ajoutant les apostrophes et les traits d'union aux groupes de mots soulignés, ou en soudant quelques mots.**

À la <u>mi juin</u>, Marc et Jeanne sont allés passer le <u>week end</u> dans la vieille ferme qu'ils veulent rénover <u>eux mêmes</u>. Elle se trouve près de <u>Clermont Ferrand</u>. <u>Jusque là</u>, ils étaient très enthousiastes mais en arrivant sur place, ils ont déchanté. Ils pensaient être seuls au milieu de la nature mais il y avait une usine en <u>vis à vis</u>. <u>Quelques uns</u> de leurs amis les avaient prévenus de ne pas acheter en n'ayant vu que des photos… Ils étaient tous <u>quasi certains</u> qu'il y aurait de mauvaises surprises. Et <u>y en a t il</u> eu ? Oui, beaucoup… La maison était délabrée, la grande <u>porte fenêtre</u> du <u>rez de chaussée</u> était à terre. Le sol était jonché de vieux objets de toutes sortes : un vieux <u>vélo moteur</u>, un sac éventré de <u>pommes de terre</u>, etc. Marc s'est senti déprimé. Était-ce vraiment une bonne idée, <u>s'est il interrogé</u> ? Marc est alors allé à sa voiture d'où il a rapporté du pain, un bon <u>saint nectaire</u>, une bouteille de vin et un <u>tire bouchon</u>…

<u>Donne m en un</u> peu, lui a dit Jeanne, cela va nous réconforter…

3 **Mettez des majuscules dans ce dialogue où cela est nécessaire.**

« Figure-toi que je viens de revoir maxime !

– Qu'est-ce qu'il devient ? Toujours dans le midi de la france ?

– Non, il habite en bretagne maintenant, à saint-brieuc. Il est marié avec une anglaise.

– Il est toujours directeur de banque ?

– Non, il travaille à la bibliothèque universitaire. Et il est devenu bouddhiste ! »

4 **Remettez les accents et les trémas sur ces mots.**

Ex. : Il préfère

1. Le succes

2. L'amitie

3. Le medecin

4. Ambigu

5. Aigue

6. Severement

7. L'epithete

8. La legerete

9. Les sommes dues

10. Le cout

11. La votre

12. Le lycee

13. Ça et la

14. La boheme

15. Il espere

16. Une tache de vin

17. Le proces

18. Du mais

19. Du vin en fut

20. Cette plante croit

21. L'extremite

22. Une pomme mure

23. Un pretexte

24. Deja

25. Un cable

5 **Remettez, si nécessaire, les cédilles dans les mots soulignés.**

Ex. : Les enfants jouent à la balançoire.

1. Simon et sa famille ont vécu quelques années à Madrid.

2. C'est ca qu'il me faut !

3. Il fait un vent glacial dehors.

4. Frédéric a de grosses gercures aux lèvres à cause du froid.

5. Louis est décu par l'attitude de son frère.

6. Un sourire de facade est un sourire hypocrite.

7. Sa mère dit que cela n'a pas d'importance.

6 **Choisissez la bonne abréviation.**

Ex. : Les chambres de cet hôtel ne font pas plus de vingt mètres carrés. → **20m²** ~~20ᵐᶜ~~

1. Notre TGV a un retard de trente minutes. → 30 min | 30 mn

2. Il fera dix degrés dans le Jura. → 10° | 10ᵈ

3. Vous serez reçus par Messieurs Dupré et Riva. → Ms | Mrs | MM.

4. Le fils de Pascal redouble sa troisième. → 3ᵉ | 3ième | 3ème

5. Henri sait faire toutes les cuisines : française, italienne, indienne, et cetera. → etc. | etc...

7 **Transcrivez les mots ou phrases suivants écrits en langage SMS.**

*Ex. : 1posibl : **impossible***

1. vazi : _____

6. T 5pa : _____

2. T CriE ? : _____ ?

7. tlm : _____

3. NRV : _____

8. bcp : _____

4. a12C4 : _____

9. alp : _____

5. dsl : _____

10. OQP : _____

8 **Écrivez le contraire.**

*Ex. : joindre : **disjoindre***

1. persuader : _____

4. harmonie : _____

2. associer : _____

5. hypercalorique : _____

3. ressemblance : _____

9 **Trouvez le mot.**

*Ex. : Cette histoire n'est pas réelle, elle est **irréelle**.*

1. Marie loue le même appartement que moi, elle est ma c_____ .

2. Cet achat n'est pas utile, il est i _____ .

3. Cet homme n'est pas moral, il est i _____ .

4. Le verbe *aller* n'est pas régulier au présent, il est _____ .

5. Yves n'est plus solidaire de notre groupe, il s'est d_____ .

10 Formez des adjectifs avec *-ciel, -tiel, -cieux, -tieux, -cial* ou *-tial* à partir des mots proposés. Un de ces mots a deux adjectifs différents possibles.

Ex. : circonstance → circonstanciel

1. confidence → _____
2. audace → _____
3. glace → _____
4. superficie → _____
5. artifice → _____

6. caprice → _____
7. initier → _____
8. infection → _____
9. province → _____
10. espace → _____

11 Les gros titres. Choisissez la bonne réponse.

Ex. : Grève des pharma ciens ~~tiens~~ *aujourd'hui.*

1. Projet de réforme des alloca cions tions chômage.
2. Expul sion tion de sans-papiers.
3. Le Premier ministre égyp cien tien en visite officielle à Paris.
4. Allocu sion tion du Président ce soir à vingt heures.
5. Interven sion tion de la police au domicile d'un forcené en banlieue parisienne.

12 Complétez les mots avec *-o, -ot, -eau, -ciaire* et *-ssière*.

Quentin a organisé un pique-nique pour sa copine Ariane. Dans sa **glacière**, il y a tout pour l'apér_____. Pour le repas, il y a du colin_____ froid et du filet de dindonn_____. Pour le dessert, un gâ-teau à la crème pâti_____ . Tout est très bon, c'est normal, Quentin est cuist_____. Ariane, elle, est l'assistante d'un administrateur judi_____.

13 Quel match ! Choisissez la forme correcte.

Ex. : **Quelle** ~~Qu'elle~~ *belle finale !*

1. L'équipe de France de basket-ball en finale ! Nous ne pensions pas quelle qu'elle arriverait jusque-là.
2. La salle est pleine, on compte quelque quelques dix mille spectateurs.
3. Depuis quelque quelques temps, les places se revendent à prix d'or au marché noir.
4. Malgré quelque quelques blessures, tous les joueurs sont là.
5. Quel que quelque soit le résultat, nous sommes fiers de nos joueurs.
6. Malheureusement, quelque quels que combatifs qu'ils aient été, ils ont perdu 99 à 85.

14 Reliez pour former des phrases.

Ex. : Gilles a gagné la partie de tennis

1. Chloé a promis de nous appeler   quoique
2. Fabien a mangé du poulet   quoiqu'
3. Valentine organise un pique-nique   quoi que
4. Ces bottes sont très confortables   quoi qu'
5. Gaëtan ne m'a jamais offert

a. il soit végétarien.
b. les prévisions météo soient mauvaises.
moins en forme que d'habitude.
c. en synthétique.
d. il arrive.
e. ce soit.

15 **Donnez au moins un homophone pour chaque mot.**

Ex. : auspices : hospices

1. hôtel : _____

2. art : _____

3. but : _____

4. balai : _____

5. cap : _____

6. air : _____

7. aussi tôt : _____

8. aller : _____

9. balade : _____

10. davantage : _____

les hospices de Beaune

16 **Écrivez les noms sous les images.**

1. Un _____ **2.** Un _____ **3.** Un _____ **4.** Un _____

17 **Choisissez le bon mot.**

Ex. : Les jeunes ~~jeûnes~~ *ont dansé jusqu'à cinq heures du matin.*

1. Pour la pendaison de crémaillère de Julien, je lui apporterai une plante grâce grasse .

2. Je ne pourrai pas venir à ton mariage, mais je serai avec toi en penser panser pensée .

3. La maison a été en parti partie rénovée.

4. Le western préféré de Max, c'est « *Pour une* poignée poignet *de dollars* » de Sergio Leone.

5. Quand on vole en montgolfière, on avance au gré grès du vent.

18 **Titres de livres. Choisissez le bon mot.**

Ex. : Le Vice ~~Vis~~ *-Consul de Marguerite Duras.*

1. *Vipère au* poing point *d'Hervé Bazin.*

2. *La* Reine Rêne *Margot d'Alexandre Dumas.*

3. *La Vie devant* soi soit *d'Émile Ajar.*

4. *Un Thé au* ris riz *amer de Jean-Pierre Dao.*

5. *Le* Port Porc *des brumes de Georges Simenon.*

19 Écrivez les noms sous les images.

1. Un m _____ 2. Un q _____ 3. Un c_____ 4. Une g_____

20 Écrivez en toutes lettres et selon la nouvelle orthographe.

Ex. : 541 spectateurs : cinq-cent-quarante-et-un spectateurs

1. L'année 2017 : _____

2. 1 255 km : _____

3. 881 euros : _____

21 Trouvez le mot correspondant à la définition, écrivez-le selon la nouvelle orthographe.

Ex. : Une machine qui sèche le linge : un sèche-linge.

1. On les utilise pour se couper les ongles : les _____-_____.

2. Des matinées, …. et des soirées : des _____-_____.

3. Des machines qui chauffent l'eau : des _____-_____.

22 Écrivez les mots en minuscules en remettant les accents et selon la nouvelle orthographe.

Ex. : ON ESPERERA → On espèrera

1. LA CREMERIE → _____

2. UN EVENEMENT → _____

3. DUSSE-JE → _____

23 Passez de l'ancienne à la nouvelle orthographe.

Ex. : Nous prîmes des croque-monsieur. → Nous prîmes des croquemonsieurs.

1. Ce porte-monnaie a coûté très cher.

→ _____ .

2. Le maître a jeté ses affaires pêle-mêle sur le bureau.

→ _____ .

3. Ces hommes sont de vrais boute-en-train mais ils restent des gentlemen.

→ _____ .

4. La jeune fille s'est laissée traiter de boulotte par une bande de mariolles.

→ _____ .

5. L'avocat feuillette le jugement pour s'assurer qu'il a été rédigé sans ambiguïté.

→ _____ .

TEST D'ÉVALUATION

1. Étonn[és][er] de ne pas avoir reçu leur convocation à l'examen, les étudiants viennent d'en inform[é][er] leur professeur. *(Verbes : -é, -ez ou -er ?)* …/2

2. Les voyageurs s'estiment trop peu inform[és][er] sur la cause de l'annulation de leur vol. *(Verbes : -é, -ez ou -er ?)* …/1

3. Sandrine a sédu[i][is][it] Alexandre et l'a conqu[i][is][it] pour la vie. *(Le participe passé – Cas particuliers)* …/2

4. Tania et Martin se sont parl[é][és] toute la soirée de la villa que leurs amis se sont achet[é][ée][és] à Nice. *(L'accord du participe passé – Rappel)* …/2

5. Les enfants que nous avons entend[u][us] jou[é][és][er] ne se sont pas [fait][faits] pri[é][és][er] longtemps, ils sont tout de suite reven[u][us] interprét[é][és][er] leur bis. *(L'accord du participe passé – Cas particuliers)* …/6

6. Christian s'est fait arrêter par la police chilienne car il se promenait sans papier__ et sans argent__. Heureusement, il n'a pas eu de problème__ car ses papiers étaient à son hôtel et il a pu rentrer sans encombre__ en France. *(L'accord du nom après SANS et PAS DE)* …/4

7. La plupart des cadres dirigeants [travaille][travaillent] dans l'entreprise depuis plus de dix ans. *(L'accord du verbe avec les sujets collectifs)* …/1

8. Le chien de la gardienne crain[d][t] tout le monde mais il mor[d][t]. Cela me surpren[d][t]. *(Les conjugaisons particulières)* …/3

9. *Napoléon n'[eut][eût] pas une pensée qui ne [fut][fût] une action.* (Anatole France) *(Le passé simple et l'imparfait du subjonctif)* …/2

10. Dès que j'entr__ dans la boutique, un vieux monsieur s'approcha et me demanda si j'aimer__ acheter l'objet le plus rare de sa collection. *(-ai, -ais ou -ait ?)* …/2

11. Tout le monde doute qu'il [ai][aie][ais][ait] les capacités de gérer seul cette entreprise. *(-ai, -ais ou -ait ?)* …/1

12. Réalis[ant][ante] qu'elle m'avait posé une question gên[ant][ante], Annie changea tout de suite de sujet. *(L'adjectif verbal et le participe présent)* …/2

13. Les policiers ont arrêté une voiture zigza[gant][guant] dangereusement sur le périphérique. Le conducteur leur a parlé d'une manière provo[cante][quante]. *(L'adjectif verbal et le participe présent)* …/2

14. [Quand][Quant] au march[and][ant], il a décidé de ne pas porter plainte contre l'autre commerç[and][ant]. *(-ant ou -and ?)* …/3

15. Gérard n'en peut plus de son chef qu'il trouve incompét[ant][ent] et péd[ant][ent]. *(Les adjectifs : -ant ou -ent ?)* …/2

16. Diverg [eant] [ent] d'opinions politiques, les deux hommes n'en sont pas moins d'excell [ants] [ents] amis. *(Le participe et l'adjectif : -ant et -ent)* .../2

17. Et voilà trois pains au chocolat [tout] [tous] chauds. – Je vous dois combien pour le [tout] [tous] ? – Quatre euros. *(Tout, toute, tous et toutes)* .../2

18. Patrick en a assez. C'est lui qui fait [tout] [tous] à la maison et sa femme lui fait [tout] [tous] [toute] [toutes] sortes de remarques désobligeantes. *(Tout, toute, tous et toutes)* .../3

19. [Leur] [leurs] enfants [leur] [leurs] ont conseillé de ne pas vendre [leur] [leurs] voiture. *(Leur et leurs)* .../3

20. Patricia et Ludovic ont repeint eux-[même] [mêmes] les murs de la cuisine et de la salle de bains. Mais ils n'aiment toujours pas ces pièces, [même] [mêmes] repeintes. *(Même et mêmes)* .../2

21. La jeune femme qui a disparu a les cheveux châtain___, les yeux noisette___ et elle portait une robe bleu___ à pois blanc___ et des baskets crème___. *(Accordez si c'est nécessaire.)* *(Les adjectifs de couleur)* .../5

22. Paul a mis des rideaux bleu___ et vert___ pour aller avec ses canapés bleu___-vert___. *(Accordez si c'est nécessaire.)* *(Les adjectifs de couleur)* .../4

23. Jean n'aime pas les fauteuils bleu___ roi___ et les coussins caca___ d'oie___ que sa femme a achetés. *(Accordez si c'est nécessaire.)* *(Les adjectifs de couleur)* .../4

24. Cette actrice est plus connue du grand publ [ic] [ique] pour sa plast [ic] [ique] que pour son talent. *(-ic ou -ique ?)* .../2

25. Le médecin de l'hôpital publ [ic] [ique] n'a pas encore fait son diagnost [ic] [ique] . *(-ic ou -ique ?)* .../2

26. Appar [amment] [emment], Steve est tombé folle [ment] [mment] amoureux de Dina, not [ament] [amment] depuis la fête de samedi dernier. *(Les adverbes : -ment ou -mment ?)* .../3

27. Son pendentif représente un scarabé___, il est de toute beauté___. *(Mettez un -e si nécessaire.)* *(-e ou non en finale : les noms)* .../2

28. Dans cette revu___, il y a un article sur les alpinistes qui ont passé une nui___ entière accrochés à la paroi___ rocheuse. *(Mettez la lettre finale si nécessaire.)* *(-e ou non en finale : les noms)* .../3

29. Personne ne pouvait prédir___ que ce prisonnier allait tenter de s'enfuir___. *(Mettez un -e si nécessaire.)* *(-e ou non en finale : les verbes)* .../2

30. Le mémoir___ de Sophie comptera deux cents pages, voir___ trois cents. *(Mettez un -e si nécessaire.)* *(-oir ou -oire ?)* .../2

31. Personne ne connaissait cet a___ocial qui vivait dans un studio à l'entre___ol de notre immeuble. *(Mettez s ou ss.)* *(s ou ss ?)* .../2

32. Monique a emme___é dî___er son ami qui l'a dépa___ée avec sa voiture. *(Mettez n ou nn.)* *(Les doubles consonnes en finale : nn)* .../3

33. Un cri_____e a été co_____is au dernier étage de cet i_____euble. (Mettez *m* ou *mm*.) *(Les doubles consonnes : mm)*	.../3
34. Louis a mis une crava_____ pour sortir avec notre fille cade_____ . (Mettez *-te* ou *–tte*.) *(Les doubles consonnes : tt)*	.../2
35. Émie_____ez les biscuits, foue_____ez les œufs, ajou_____ez-les au mélange avec une gou_____e de rhum, fai_____es cuire et goû_____ez . (Mettez *t* ou *tt*). *(Les doubles consonnes : tt)*	.../6
36. Une a_____arme a brisé la tranqui_____ité du vi_____age. (Mettez *l* ou *ll*.) *(Les doubles consonnes : ll)*	.../3
37. Le pu__ qu'il a trouvé dans la ma_____ avait un co_____ tout sa_____. (Mettez *l, le, ll* ou *lle*.) *(Les doubles consonnes : ll)*	.../4
38. L'assistante lui ⬚rappel⬚ ⬚rappelle⬚ qu'il a un ⬚vol⬚ ⬚vole⬚ pour New York demain à huit heures. *(Les doubles consonnes : ll)*	.../2
39. Ces petites pâtisseries de forme a_____ondie sont fou_____ées à la confitu_____e de mû_____es. (Mettez *r* ou *rr*.) *(Les doubles consonnes : rr)*	.../4
40. Mylène doit annu_____er son voyage, mais elle n'en a nu_____ement envie. (Complétez avec *l* ou *ll*.) *(Les anomalies orthographiques)*	.../2
41. Licencier quelqu'un sans préavi_____ est un abu_____. (Mettez la lettre manquante si nécessaire.) *(Le genre et le nombre de certains noms)*	.../2
42. Trouvez l'intrus : funérailles – fiançailles – volailles. *(Le genre et le nombre de certains noms)*	.../1
43. Ce poulpe géant à de ⬚grands⬚ ⬚grandes⬚ tentacules. C'est ⬚un⬚ ⬚une⬚ espèce assez rare. Il s'est fait prendre dans ⬚un⬚ ⬚une⬚ ancre de bateau. *(Le genre et le nombre de certains noms)*	.../3
44. Nous sommes tombés en panne de moteur et avons dû rentrer ⬚au⬚ ⬚à la⬚ voile. *(Le genre et le nombre de certains noms)*	.../1
45. Marc et Mélanie ont tout en double : deux grille_____-pain_____, deux sèche_____-cheveu_____, deux lave_____-linge_____, etc. (Accordez selon l'orthographe traditionnelle.) *(Le pluriel des noms composés)*	.../3
46. Marc et Mélanie ont tout en double : deux grille_____-pain_____, deux sèche_____-cheveu_____, deux lave_____-linge_____, etc. (Accordez selon la nouvelle orthographe.) *(Le pluriel des noms composés)*	.../3
47. Veuillez payer contre ce chèque la somme de (380) _____ euros. (Écrivez en lettres.) *(Les nombres)*	.../1
48. Il y a une belle église du (douzième) _____ siècle dans le (quinzième) _____ arrondissement. (Écrivez en chiffres.) *(Les nombres)*	.../2
49. Tu veux te marier avec lui ⬚.⬚ ⬚?⬚ – Tu le sais très bien ⬚.⬚ ⬚?⬚ *(La ponctuation)*	.../2

50. Dans l'après-midi de très fortes pluies sont attendues dans le sud de la France les manifestations ont été annulées les marchés aussi les habitants sont prévenus ils doivent rester chez eux (Mettez la ponctuation et les majuscules.) *(La ponctuation)* …/6

51. – Donne moi ce livre ci. – Prends le toi même et va t en. (Mettez des traits d'union et des apostrophes si nécessaire.) *(Le trait d'union et la césure)* …/6

52. Il y a une association pour les non voyants au rez de chaussée. (Mettez les traits d'union si nécessaire.) *(Le trait d'union et la césure)* …/3

53. – C'est ce livre là que tu devrais lire. – OK, je l'achète sur le champ. (Mettez les traits d'union si nécessaire.) *(Le trait d'union et la césure)* …/3

54. LE MATIN DU 14 JUILLET, LE PRÉSIDENT DE LA RÉPUBLIQUE DESCEND TRADITIONNELLEMENT LES CHAMPS-ÉLYSÉES. (Écrivez en minuscules en gardant les majuscules nécessaires.) *(Les majuscules)* …/6

_____

_____

55. LEURS ENFANTS ADORENT LE MAIS, LES NOTRES PREFERENT LES PATES. (Écrivez en minuscules en mettant les accents et les trémas.) *(Les accents et le tréma)* …/5

_____

_____

56. Personne n'a <u>cru</u> que c'était le garde <u>forestier</u> qui avait posé des pièges <u>ça</u> et <u>la</u> dans la <u>foret</u>. (Mettez les accents des mots soulignés si nécessaire.) *(Les accents et le tréma)* …/5

57. La <u>facade</u> n'est pas finie. Les <u>macons</u> nous l'avaient pourtant promis. Nous sommes <u>décus</u> et <u>agacés</u>. (Mettez une cédille aux c si nécessaire.) *(La cédille et l'apostrophe)* …/4

58. Les transports sont encore en grève, <u>ça</u> _____ en devient exaspérant. Je ne pensais pas que ça _____ allait être aussi perturbant. Et ça _____ arrive toujours quand j'en ai le plus besoin ! (Mettez c' ou ç' à la place de ça si possible.) *(La cédille et l'apostrophe)* …/3

59. Je vous présente _____ (Monsieur) Galtier qui est _____ (président-directeur général) de la société Socova et _____ (Mesdames) Lebrun et Vignal de l'_____ (Organisation du traité de l'Atlantique Nord). (Écrivez les abréviations et acronymes des mots entre parenthèses.) *(Les abréviations)* …/4

60. Slt mon frR. JariV bi1to : _____

_____

(Écrivez en toutes lettres.) *(Le langage SMS)* …/4

61. Il est souvent difficile de di dy ssocier l'économie et la politique. *(Les préfixes)* …/1

62. Les i in nombrables réformes qui ont été mises en œuvre se sont avérées in inn utiles pour la plupart. *(Les préfixes)* …/2

63. Ce jeune directeur est auda cieux tieux , mais parfois un peu trop préten cieux tieux . *(Les suffixes)* …/2

64. Tout étudiant pris en posse sion ssion tion de substances illicites sera condamné à l'expul sion ssion tion à vie de notre institu sion ssion tion . *(Les suffixes)* …/3

65. Une information de source polic‌iaire‌ ‌ière‌ fait état d'une mutinerie au sein d'un établisse-ment péniten‌ciaire‌ ‌tiaire‌. *(Les suffixes)*	…/2
66. Mon fils ne mange jamais de légumes, ‌quelqu'‌ ‌quels qu'‌ ils soient. *(Quelle(s) ou qu'elle(s), quelque ou quel que ?)*	…/1
67. ‌Quoique‌ ‌Quoi que‌ ses parents fassent ou disent, Victor n'est pas d'accord avec eux. *(Quoique ou quoi que ?)*	…/1
68. ‌Aussitôt‌ ‌Aussi tôt‌ que vous serez arrivés à New York, appelez vos parents. *(Les homophones)*	…/1
69. Les travaux n'étaient-ils pas ‌censés‌ ‌sensés‌ être terminés hier ? *(Les homophones)*	…/1
70. Si vous voulez une place assise à la conférence, vous devez arriver le ‌plutôt‌ ‌plus tôt‌ possible. *(Les homophones)*	…/1
71. Regarde, tu as fait une grosse ‌tache‌ ‌tâche‌ sur ta cravate. *(Les homophones)*	…/1
72. Il se passe des choses bi‌z‌ ‌zz‌a‌r‌ ‌rr‌es dans ce château. Il paraît qu'il y a des ‌f‌ ‌ph‌antômes. *(Les mots ou expressions souvent mal orthographiés)*	…/2
73. 300 421 : _____ (Écrivez en toutes lettres selon la nouvelle orthographe.) *(La réforme de l'orthographe de 1990)*	…/1
74. Toni est sûr que leur bébé va naître en août. _____ (Écrivez en toutes lettres selon la nouvelle orthographe.) *(La réforme de l'orthographe de 1990)*	…/1
75. Francis a acheté des figues fraîches, des oignons et des girolles au marché. _____ (Écrivez en toutes lettres selon la nouvelle orthographe.) *(La réforme de l'orthographe de 1990)*	…/3
76. Le patient présente un eczéma sévère. Il a les jambes boursouflées. De plus, il grelotte sans cesse. _____ _____ (Écrivez en toutes lettres selon la nouvelle orthographe.) *(La réforme de l'orthographe de 1990)*	…/3
TOTAL :	…/200

CORRIGÉ DU TEST D'ÉVALUATION

1. Étonnés – informer.
2. informés.
3. séduit – conquis.
4. parlé – achetée.
5. entendus jouer – fait prier – revenus interpréter.
6. papiers – argent – problème/problèmes – encombre.
7. travaillent.
8. craint – mord – surprend.
9. eut – fût.
10. entrai – j'aimerais.
11. ait.
12. Réalisant – gênante.
13. zigzaguant – provocante.
14. Quant – marchand – commerçant.
15. incompétent – pédant.
16. Divergeant – excellents.
17. tout – tout.
18. tout – toutes.
19. Leurs – leur – leur.
20. mêmes – même.
21. châtains – noisette – bleue – blancs – crème.
22. bleus – verts – bleu-vert.
23. bleu roi – caca d'oie.
24. public – plastique.
25. public – diagnostic.
26. Apparemment – follement – notamment.
27. scarabée – beauté.
28. revue – nuit – paroi.
29. prédire – s'enfuir.
30. mémoire – voire.
31. asocial – entresol.
32. emmené dîner – dépannée.
33. crime – commis – immeuble.
34. cravate – cadette.
35. Émiettez – fouettez – ajoutez – goutte – faites – goûtez.
36. alarme – tranquillité – village.
37. pull – malle – col – sale.
38. rappelle – vol.
39. arrondie – fourrées – confiture – mûres.
40. annuler – nullement.
41. préavis – abus.
42. volailles.
43. grands – une – une.
44. à la voile.
45. grille-pain – sèche-cheveux – lave-linge.
46. grille-pains – sèche-cheveux – lave-linges.
47. trois cent quatre-vingts euros (ou trois-cent-quatre-vingts euros).
48. XIIe – 15e.
49. ? – .
50. Dans l'après-midi, de très fortes pluies sont attendues dans le sud de la France. Les manifestations ont été annulées, les marchés aussi. Les habitants sont prévenus, ils doivent rester chez eux.
51. – Donne-moi ce livre-ci. – Prends-le toi-même et va-t'en.
52. Il y a une association pour les non-voyants au rez-de-chaussée.
53. livre-là – sur-le-champ.
54. Le matin du 14 Juillet, le président de la République descend traditionnellement les Champs-Élysées.
55. Leurs enfants adorent le maïs, les nôtres préfèrent les pâtes.
56. cru – forestier – çà et là – forêt.
57. façade – maçons – déçus – agacés.
58. c'en – ç' – ça.
59. M. – PDG – Mmes – OTAN.
60. Salut mon frère. J'arrive bientôt.
61. dissocier.
62. innombrables – inutiles.
63. audacieux – prétentieux.
64. possession – expulsion – institution.
65. policière – pénitentiaire.
66. quels qu'.
67. Quoi que.
68. Aussitôt.
69. censés.
70. plus tôt.
71. tache.
72. bizarres – fantômes.
73. Trois-cent-mille-quatre-cent-vingt-et-un.
74. Toni est sûr que leur bébé va naitre en aout.
75. Francis a acheté des figues fraiches, des ognons et des giroles au marché.
76. Le patient présente un exéma sévère. Il a les jambes boursoufflées. De plus, il grelote sans cesse.

N° de projet: 10260386 - Dépôt légal: Janvier 2020
Imprimé en Italie par Rotolito S.p.A.